シリーズ
転換期の国際政治 **10**

現代中東の宗派問題

政治対立の「宗派化」と「新冷戦」

酒井啓子 編著

晃洋書房

目　　次

序章　中東の「宗派」を巡る問題の視座　　1

はじめに　(1)

1　宗派対立を示唆する「シーア派」研究の登場　(5)
　　──イラン革命を契機に──

2　2003年までの社会的亀裂を説明する要因　(8)

3　転機としての2003年　(11)
　　──宗派間関係を巡る問題の出現──

4　シリア内戦とISによって加速する宗派主義　(16)

おわりに　(19)

第Ⅰ部　「宗派問題」を取り巻く前提状況
──定義上の問題，国際政治，情報技術革新──

第1章　宗派アイデンティティを脱神秘化する
──「宗派主義」と中東研究──　　31

はじめに　(31)

1　「宗派主義」／ターイフィーヤ　(34)
　　──「なんでもあり」の定義──

2　無益なだけでなく，危険な歪曲　(41)

3　定義不可能なものを定義するためにするべきこと　(49)

4　「宗派主義」から「宗派アイデンティティ」へ　(52)

第2章　シーア派／スンナ派政治における(宗派間／宗派内)ダイアローグ
——宗派主義化した新たな中東で，古典的アラブ冷戦を歴史的類推に用いること（の限界）について—— 63

はじめに　(63)

1　中東研究におけるアイデンティティ・ポリティクス　(64)

2　「アラブの春」と（新たな）アイデンティティ・ポリティクス　(66)

3　アイデンティティ・ポリティクスの弁別的および規範秩序的解釈　(70)

4　宗派主義化した新たな中東を古典的アラブ冷戦との歴史的類比によって説明することの効用と限界について　(72)

おわりに　(76)

第3章　中東のツイッター界にみる宗派的中傷の分布 83

はじめに　(83)

1　社会的に媒介された宗派主義の台頭　(85)

2　ツイッター上のヘイトスピーチの分布を把握する方法　(88)

3　分析の限界　(91)

4　調 査 結 果　(92)

5　ツイッター上の新たな宗派的ヒエラルキーか　(99)

おわりに　(100)

第4章　宗派問題のメディア的基層
——画期としての衛星放送時代—— 105

はじめに　(105)

1　地上波放送時代における宗派的言説の抑制メカニズム　(107)

2　衛星放送時代の到来とメディア空間の変容　(109)

3　多チャンネル化の進展と「宗派的メディア空間」の形成　(112)

4　「中東メディアの湾岸化」と宗派の政治的利用　(116)

おわりに　(119)

第Ⅱ部　事例研究
　　　——シリア，イラク，アラビア半島諸国，イラン，
　　　トルコにおける「宗派」問題——

第5章　シリア紛争の「宗派化」
　　　——ヒズブッラーの軍事介入の論理と実践——　　　129

は じ め に　（129）
　　　——シリア紛争は「宗派問題」なのか——
1　「宗派的起業家」としてのイスラーム主義組織　（130）
2　ヒズブッラーによるシリア紛争への軍事介入　（134）
3　「屈折した宗派的動員」と「宗派の罠」　（138）
お わ り に　（143）

第6章　宗派主義の拡大と後退の条件
　　　——イラク世論調査にみる政党支持構造分析から——　　　151

は じ め に　（151）
1　戦後イラク政治にみる宗派主義　（152）
　　　——仮説と世論調査データ——
2　宗派主義が台頭するとき，後退するとき　（156）
3　宗派主義を超える要因はあるのか　（160）
お わ り に　（168）

第7章　湾岸諸国と宗派　　　175

は じ め に　（175）
1　歴史的流れ　（178）
2　湾岸諸国の成立　（181）
3　20世紀の湾岸地域におけるシーア派　（183）
4　イラン・イスラーム革命と湾岸諸国のシーア派　（188）
5　湾岸戦争後の湾岸諸国のシーア派　（191）
6　イラク戦争と湾岸シーア派　（193）
7　「アラブの春」と湾岸シーア派　（194）

8　現代におけるクウェートのシーア派　　（197）

第8章　イエメンの内戦と宗派　　　　　　205

は じ め に　　（205）
1　内戦の経緯　　（206）
2　内戦の主体　　（210）
3　イエメン内戦への視座　　（219）

第9章　上からの宗派主義化への抵抗
　　　　——シーア派宗教国家下におけるクルド系国民とサラ
　　　　フィー主義——　　　227

は じ め に　　（227）
1　イラン革命後のシーア派「イスラーム共和国」への抵抗　　（229）
2　3波にわたるスンナ派サラフィー主義の浸透とその反響　　（232）
3　「イスラーム国」の台頭へのローカル・レベルでの反響　　（236）
お わ り に　　（238）
　　　——上からの宗教主義化への抵抗——

第10章　トルコにおける宗派主義的傾向
　　　　——公正発展党政権期の社会的分裂の観点から——　　　245

は じ め に　　（245）
1　公正発展党政権期の宗教政策とその変化　　（246）
2　アレヴィー派を巡る宗派主義的諸相　　（251）
3　スンナ派市民社会組織の他者化　　（255）
お わ り に　　（259）

あ と が き　　（263）
人 名 索 引　　（267）
事 項 索 引　　（269）

序章

中東の「宗派」を巡る問題の視座

酒井啓子

はじめに

2004年12月,ヨルダンのアブドゥッラー国王は「イランが戦後のイラクでの選挙に影響力を及ぼしてイスラーム政権を樹立し,中東におけるスンナ派,シーア派間の地政学的バランスをドラスティックに転換しようとしている」と発言し[1],中東地域における「宗派対立」がイラク周辺国において喫緊の問題として認識されていることが明白になった.この発言以降,サウジアラビアなどの湾岸アラブ諸国やエジプトなどにおいて,「シーア派の脅威」や「イラン拡張主義」などといった懸念を公に表す傾向が強まった.

こうした認識は,2003年にアメリカのイラク軍事攻撃によってフセイン政権が倒され,民選議会によって成立した戦後のイラク政府がシーア派イスラーム主義政党主導で組閣されたことによって,生れたものである.特に,イラク戦争直後にイラクでのシーア派宗教儀礼が大々的に復活したこと,シーア派宗教界の役割増大といった現象を受けて,中東域内や欧米メディアでの論調はもちろん,研究論文においても主にシーア派社会やそのイランとの関係について論じたものが多く発表された[Cole 2003; Cole, Katzman, Sadjadpour, Takeyh 2005].

しかし,宗派を巡る暴力的対立,紛争により注目が集まったのは,2006-7年,イラク国内で宗派対立と見られる内戦状態が発生して以降である.イラクでの内戦状況では,2006-7年の間に3万4000人の死者を出し[2],その内戦の過程で,単にイスラーム教徒であるか否かではなく,スンナ派,シーア派といういずれの宗派であるかを問題視する,「宗派性」が殺害動機となった[3].

こうした現状を反映して,現代中東研究学界においても次々に,宗派問題を

テーマとした研究，論考が発表されるようになった．現状分析としても学術的にも高く評価されている『中東レポート（MERIP）』は，2007年春号に「アラブ世界のシーア派」を特集した他[4]，北米中東学会の機関誌でもあり中東研究の最も権威のある学術誌である『国際中東研究ジャーナル（International Journal of Middle East Studies）』は2008年第40号で，「パンセ（Pansee）」という短稿のコーナーに「質問：宗派主義という概念は中東の歴史，社会，政治を理解する上でどの程度有用なのか」との問いを巡って，デイビスやマクディースィーら4人の研究者の寄稿を掲載した[5]．同じ時期，同様に中東研究専門誌である『中東ジャーナル（Middle East Journal）』でもダウィーシャがイラクの事例について，エスニック，宗派的選好を論じた論文を発表した［Dawisha 2008］．

　また研究書としては，ナスルの著作を嚆矢として［Nasr 2007］，ハッダードらにより［Haddad 2011; 2013; Marechal and Zemni 2013; Wehrey 2014; 2017; Hashimi and Postel 2017］，宗派関係に関する本格的な研究が進められた．後者2つは，2014年にシリアからイラクに勢力を拡大して世界を震撼させた「イスラーム国（IS）」が，激しい嫌シーア派姿勢を取り，そのISに対する戦いのなかでイラン・イスラーム革命防衛隊を主導として「シーア派」性を強く打ち出した勢力（イラクの人民動員隊やヒズブッラー）がその存在感を高めたことで，スンナ派・シーア派という宗派を軸にした対立関係が一層浮き彫りにされた，そうした状況を反映しての論考である．

　そのなかでも，宗派主義（sectarianism）の出現，激化に関して，宗派主義とは何か，宗派主義という用語自体の問題性を問う議論を含めて，多くの議論が交わされるようになった．その嚆矢となったのは上記『国際中東研究ジャーナル』での特集であり，そのディビスの議論を展開させた『国際現代イラク研究ジャーナル』の論考である［Davis 2010］．19世紀以来宗派体制を定着させてきたレバノンについては，マクディースィー［Makdisi 2000］や，ワイス［Weiss 2010］の著作があるが，イラクや湾岸諸国の宗派主義については，上述したウェーリーによる書籍に加えて，ゴウズ［Gause 2014］，マッティースン［Matthiesen 2013; 2015］などが代表作として続いた[6]．

　これらの論考のほとんどが問題にするのは，なぜ2003年以降突然宗派が対立の軸になったのか，なぜ激しい暴力を伴う紛争に発展したのか，という点である．宗派対立拡大の契機となったイラクでは，宗派的暴力が激化する最中にあっても，宗派による対立軸の存在を否定する傾向が強い[7]．そのため，宗派に

基づく対立軸は2003年のイラク戦争によって欧米から持ち込まれたものである，との議論が根強く存在する．その一方で，あまりにも急速かつ激烈な形で宗派を理由とした対立が出現したことで，従来否定されがちであった宗派の本質性について，これを再評価する論考も生まれている［Osman 2014］．

　本書は，この中東での宗派が原因と見える対立や紛争の，突然の出現を概観し，個別の紛争，対立事例を分析し，それぞれのケースについてその紛争，対立の原因は何か，なぜ宗派要因が紛争の主原因とみなされる構造が生れたのか，解明しようとする試みである．そこでの基本的な視座は，宗派に基づくアイデンティティ認識が永続的に中東社会の諸構成員の政治行動を規定するものではないし，宗派という出自背景に関わる要素が中東社会における対立を本質的に運命づけるものではない，という点にある．中東における紛争には，宗派という出自由来の要因にとどまらず，エスニシティや部族，社会階級や出身地の地縁集団，教育，職業格差，都市・地方間格差，文化的相違，歴史認識の相違など，他にもさまざまな社会的，政治的要因が対立軸としてあり，それが何らかの形で「宗派対立」として展開ないし解釈されていったもの，あるいはそうした諸要因によって発生した紛争や対立の結果，宗派意識が喚起されたものと考えられる．約言すれば，本章で後述するように，宗派対立をどうみなすかについては，本質主義的アプローチ（primordialism）と道具主義的アプローチ（instrumentalism）の間で論争が続いているが，本書では本質主義的議論に陥ることなく，同時に安易な道具主義に陥ることのない，構築主義的アプローチ（constructivism）を基本とする．

　こうした視座は，冒頭にあげた近年の宗派に関する諸論考においても，共有されている．ウェーリーは，「宗派」を前提に中東社会を論じる「モザイク社会論」などの本質決定論を「複雑かつ複層的な側面を持つこの地域に対して短絡的かつ簡便に過ぎるアプローチ」であると批判し，宗派分析において適切ではないと退けてきた［Wehrey 2017: 2］．その一方で，道具主義的アプローチに対しても，宗派主義が「ただ政治的，物質的目標のための闘争の手段にしかすぎない」とみなす点を批判する［Wehrey 2017: 6］．ディクソンは，道具主義的アプローチはともすれば，宗派紛争を解決するにはそれを道具として利用する政治主体（特に政権母体）を民主化する，あるいは排除する必要がある，という結論に陥りやすいとして，警鐘をならしている［Dixon 2017: 14-16］．

　しかしながら，実態として宗派意識や宗派主義が当該社会でどのように機能

し，それがいかなる政治環境の変化に伴っていかに変質しているのか，いずれのアプローチも一般像を描くことには成功していない．そこで必要とされているのは，道具主義的アプローチが前提視する「上からの宗派主義化」が，具体的にいかに展開され，いかに社会に浸透しているかを解明することであり，同時にその「上からの」作用に対して，社会が，受容であれ拒絶であれ，いかに呼応しているか，宗派主義の「日常化」がいかに進行しているかの実像を見ることである[8]．

　本書では，これらの論調を踏まえて，第Ⅰ部では宗派を巡る問題について，定義上の問題から国際政治の枠組のなかでの宗派問題，宗派を巡る言説空間上の流れについて，宗派問題の全体像を描く[9]．続く第Ⅱ部では，個別の紛争，対立事例について，紛争，対立の原因とその展開過程，そして宗派要因が紛争の主原因とみなされることになった背景を，シリア，イラク，イエメン，イラン，湾岸アラブ諸国について，論じる．

　以下，第1章以降展開される個別の議論に先立ち，本章ではまず宗派問題に関する先行研究が，中東全体の政治における宗派的要素をどのように理解し分析してきたかについて，概観しておこう．1970, 80年代の研究では，社会的対立軸として宗派的要因の重要性は大きく取り上げられてこなかったが，それは何故なのか．多宗派，多エスニック社会で発生する対立を宗派に起因するものと考えないとすれば，これまで何を対立軸とみなしてきたのか．それがなぜ，今宗派要因に注目されるようになっているのか．2003年以降宗派を巡る対立が蔓延するように見える現状において，その対立の影に隠される非宗派的要因は何なのか．こうした問いのもとに，先行研究のなかで「宗派」がいかなる文脈のなかで論じられてきたか，見ていく．

　先行研究のサーベイから導き出される結論は，「マイノリティ」，すなわち「抑圧された者」としてのシーア派研究として始まった宗派を巡る議論が，2003年のイラク戦争，および2011年のシリア内戦やISの登場を契機として，「抑圧された者としてのスンナ派」との視点が生れ，2つの宗派間の関係が社会的政治的対立の要因として取り上げられるようになったということである．

1 宗派対立を示唆する「シーア派」研究の登場
——イラン革命を契機に——

　まず，先行研究において宗派をテーマとする研究は，いつどのような契機で生まれてきたのか．現代の中東における宗派についての学問的関心が高まる契機は，3つあった．第1はイラン革命（1979年）であり，第2はイラク戦争（2003年），第3は「アラブの春」とシリアでの内戦開始（2011年）である．

(1) イラン革命の「シーア派性」と「革命の輸出」への危惧

　中東，あるいはイスラーム地域全体におけるスンナ派とシーア派のそれぞれの特質や差異，対立について，最初に国際的な関心が集まったのはイラン革命によってである．その際光をあてられたのは，宗派間の関係ないし対立というよりは，「シーア派」（とりわけ12イマーム派）という宗派の特質であった［Halm 1995; Momen 1985; Richard 1995］．それはイラン革命の「シーア派性」に注目が集まったことに起因する［Bill 1984; Arjomand 1984; Cole and Keddie 1986］．そこでは，シーア派ならではの儀礼（アーシューラーやアルバイーン，シーア派聖地への巡礼など）や，それに関わるウラマーと地元経済界（イランの場合におけるバーザール商人）などの密接な相互依存関係の革命成就における役割が着目された．

　また，シーア派の持つ信仰上，教義上の他宗派との差異に光が当てられた．こうした議論では，教義上の違いがそれぞれの宗派の宗教権威のあり方の違いを生み，それが信徒間関係を規定する，という点を強調する．そこでは，スンナ派諸法学とシーア派12イマーム派の法学（法解釈）が異なること，シーア派宗教権威（marjaʿīya，「模倣すべき源泉」の意味）がスンナ派宗教界に比べてヒエラルキー的性格を強く持つことが強調され，ホメイニーの「法学者の統治」理論などイラン革命を支えた思想的根幹が，こうしたシーア派宗教界の特徴に由縁すると論じられる［Arjomand 1988; Enayat 1983; Dabashi 1993］．

　それと同時に，イラン革命に対する警戒，危惧，脅威視が，特に欧米諸国のメディアや政策研究などにおけるシーア派に対する関心の高まりの土台にあった．その意味では，敵国（敵文化）研究としてのシーア派研究が増加した．メナシェリや［Menashri 1990］，フラーの議論は［Fuller 1999］，宗派間亀裂を強調し，その延長線でシーア派のトランスナショナルなネットワークに沿った革命

路線の拡大への危惧を指摘した．さらには，より安全保障に直結した議論を展開したものとして，チュービンなどの著作がある［Chubin 1994; Chubin and Tripp 1988］．

　その流れで，イラン以外の湾岸アラブ諸国におけるシーア派社会についての研究も，1980年代以来進められた．もともと研究の進んでいたレバノンの事例［Ajami 1986; Norton 1987］はむろんのこと，イランとの比較において革命の影響を最も受けやすいとみなされたイラクについての研究も増えた［Batatu 1981; Aziz 1993; Mallat 1993］．上述の，西欧諸国の安全保障的な研究視角からすれば，「イラン革命の輸出」が最も高い可能性で危惧されたのが，レバノンとイラクだったからである［Chehabi and Mneimneh 2006; Shanahan 2011］．

　その一方で，湾岸アラブ諸国のシーア派研究は，実証研究が困難であることもあり，2010年代半ばまで待たなければならなかった．ローエルが湾岸王政・首長政諸国のシーア派のトランスナショナルなネットワークについて分析した著作を発表したことを皮切りに［Louer 2008］，バハレーンとサウジアラビアのシーア派社会についてはマッティースンが［Matthiesen 2013; 2015］，クウェートについてはウェーリーが［Wehrey 2014］本格的な研究を発表している．イラン以外のシーア派社会に対する研究としては，中央アジアや南アジアの事例も扱われるようになった［Jones 2012; Monsutti, Naef and Sabahi 2007; Mervin 2011］．

(2)　「シーア派」のトランスナショナル性を論じる研究

　イラン革命の周辺国への波及可能性という安全保障上の関心は，革命が，ホメイニー思想に基づくイスラーム主義というイデオロギー的な共振性を別にしても，「シーア派」という宗派的共通性を介して周辺国に拡大する可能性を前提にしていた．すなわち，イラン革命の発生原因をシーア派という宗派の持つ文化的，教義的特徴に求めて，類似の社会的性格を持つであろうと想定される湾岸アラブ諸国やレバノン，南アジアのシーア派社会での革命の連鎖可能性の有無が，関心の核におかれたのである．

　その流れのなかで，まずは近代史研究において19世紀から20世紀前半におけるシーア派社会のトランスナショナルな移動を扱う歴史研究が相次いだ［Litvak 1998; Nakash 1994; Bengio and Litvak 2011］．これらは主として，イランとイラクの間でのウラマーや学生間の移動や巡礼，葬儀や遺体埋葬のための移動などが，イラン，イラク双方にまたがるシーア派聖地間を中心に頻繁に行われてい

たことを分析している.

　こうした分析の結論は，イラン，イラクともに近代化が進行する過程で，国家による国境と国籍管理の厳格化，近代教育の普及による宗教界の役割低下が進み，国境を越えた宗派ネットワークに沿った移動は20世紀半ばには停滞した，というものであった. それを踏まえて，前述した2008年以降に出版された湾岸アラブ諸国におけるシーア派社会の研究においては，シーア派としてのトランスナショナル性に着目しながらも，近代国家成立後のそれぞれの国での独自性，ナショナル性を強調している. 特にマッティースンは，湾岸のシーア派社会は基本的にそれぞれの国内でのスンナ派社会，政権との共存を中心に考え，イランとのつながりは希薄であったとの結論を出している［Matthiesen 2015］. ローエルは，ホメイニー思想を追究するイランのシーア派社会や，ムハンマド・バーキル・サドルとダアワ党を主流とするイラク，およびそれらと同系列のレバノンのヒズブッラーと異なり，湾岸アラブ諸国はムハンマド・シーラージーの勢力が強い影響力を誇り，イデオロギー面においてもイラン，イラクと隔絶しているという側面を指摘している［Louer 2012］.

　これらの論点は，シーア派としてのトランスナショナルなネットワークの歴史的連続性に留保をつけ，イランを核としたシーア派社会内の自動的な連動性を前提にせず，もしそのような連動性が現代社会で存在するとすれば，それはシーア派という宗派の持つ本質的な要因とは別の要素を考慮しなければならない，という含意を持っているといえよう. それは，前述したようにイラン革命への共鳴性であったり，後述するように「抑圧された者」としての共通性だったり，あるいは域内覇権抗争の結果であったりする.

(3) スンナ派不在の宗派研究

　このように，1980年代以降イラン革命への関心の高まりから活発化した宗派研究は，専ら「シーア派とは何か」を解明するために進められ，そこではイラン革命の「輸出」志向とシーア派の教義が持つ思想的特徴，そしてシーア派社会の歴史的トランスナショナル性が相まって，国家に対抗する反体制的，脱国家的存在として「シーア派」を見る視座が作り上げられていたといえよう.

　ここで重視すべきことは，この時期の，遅くとも2003年までの宗派に関する研究が「シーア派」研究であり，「スンナ派」研究と決して並列して行われたものではない，ということである. つまり「シーア派」研究としての宗派研究

は，それが特に宗派対立について論じられるとき，あくまでも（イスラーム世界全体における）マイノリティ研究であり，マジョリティに関する研究を必要としないものであった．言い換えれば，第一次大戦以降の中東における諸国家体制の土台にあるスンナ派イスラーム社会については，「既存体制」の枠組みのなかで捉えられる一方で，「シーア派」については，イラン革命に代表されるように既存の諸国家体制を揺るがす可能性を持つ非／脱国家的な存在とみなす，という，宗派的に不均衡な視座のなかで研究が展開されたといえよう．

その意味では，1980年代から2003年までの宗派についての研究は，「宗派間関係」についての研究ではなかった．それが「宗派間」に光があてられる，あるいは「シーア派」に対する「スンナ派」についての研究が進められるのは，後述するように，2001年のアメリカ同時多発テロ事件（9・11），さらに2003年のイラク戦争以降のことである．つまり，それまでは，宗派面でのマイノリティとマジョリティの関係は，宗派対立としてではなく別の視座をもって分析されてきた．だとすれば，それはいかなる視座だったのだろうか．中東における宗派が関連する社会対立は，いかなる要因によって発生したものと理解されてきたのだろうか．

次節では，中東，特にイラクを中心とする湾岸アラブ社会に関する社会的亀裂を，非宗派的要因で説明する議論の流れをまとめておく．

2　2003年までの社会的亀裂を説明する要因

第1節で，イラン革命がシーア派研究に特化した宗派研究の展開の契機となったと指摘したが，忘れてはならないのは，イラン革命は「シーア派」の特殊性に光を当てた以上に，宗派を超えた「イスラーム革命」として認識されたということである．イラン革命の思想的超宗派性は，革命直後にムスリム同胞団（エジプトおよびシリア）が，後にトルコ公正発展党（AKP）のエルバカン首相がイラン・イスラーム政権の成立に支持を表明したこと（1996年）など，スンナ派のイスラーム主義勢力が表明した共感性を見てもわかる［Abd-allah 1983］．イスラーム主義勢力にとっては，イラン革命は「（スンナ派イスラーム主義勢力の眼には）西洋の影響を受けた世俗の政権を組織的な力によって転覆することができる」ことを証明した事件だったのである［Marechal and Zemni 2013: 228］．

さらには，パレスチナのPLOが真っ先に支持を表明したことは［McHugo 2017]，イラン革命が，イスラーム主義であろうと世俗的ナショナリズムであろうと，既存体制に対する挑戦，抑圧されたものの革命とみなされて広く共感を得たことを示している．その意味では，イラン革命は「抑圧された者の革命」として認知されたといえよう．

その「抑圧された者」，「犠牲者」意識が宗派意識に転化されると，「虐げられた宗派主義（aggrieved sectarianism）」が出現する，とヒンネブッシュは指摘する [Hinnebusch 2016: 126]．とはいえ，「抑圧された者」としての意識は常に「宗派」と結びついていたわけではない．本節では，1970-80年代に宗派ではなくいかなる論理が「抑圧」を説明してきたのか，いかなる政治勢力が「抑圧された者」を代弁してきたのかを見る．

(1) 階級対立としての宗派間格差

中東，特にイラクやレバノン，湾岸諸国などにおける国内の抑圧・被抑圧関係を説明する枠組みは，1970-80年代には，専ら階級関係に原因を帰するものであった．ラカー [Laquer 1956] が指摘するように，王政末期のイラクは他に類を見ない階級社会であり，封建的収奪の激しい国であった．地理的条件や灌漑に依存せざるを得ない農業構造，部族的慣習の強固さや大土地所有制度の進行などが，特に南部農村地域の経済発展を阻害し，一方で都市部の近代化，工業化が進んだことから [Warriner 1962; Batatu 1978]，40年代，南部とバグダードなど都市部との間の貧富格差が拡大した．南部農村地域からは困窮した小作民が首都バグダードに流入，スクウォッターを形成して都市貧困層となり [Batatu 1978]，イラク社会の最底辺を構成したが，彼らは出自の上ではシーア派であった．国家の制度化過程や社会経済的発展の過程で，疎外され辺境化（marginalised）されたこうした人々が，南部と都市スラムのシーア派貧困層に合致したのである．

彼らの社会経済的不満は階級対立という形で表出したため，彼らの利害を代弁した政党は，1950-70年代は主としてイラク共産党だった．共産党は，シーア派宗教界の中心であるナジャフを含めて南部諸地域の，特に若者層に支持を広げ [Naef 2001]，またバグダードの貧困地域であるサウラ地区でも活発な活動を行った．こうした社会経済的貧困地域とシーア派居住地域が重なるというパターンは，レバノンやバハレーン，サウジアラビアでも見られる [Ismael and Ismael 1999; Matthiesen 2015: 67-75]．バハレーンでは50年代からしばしばシーア派

住民を中心に反政府活動が繰り広げられたが，それは70年代までは主として労働運動として展開された［Lawson 1989］．レバノンでは，イスラーム主義を抱えるヒズブッラーが登場する前の内戦期初期において，南部シーア派社会の支持を集めていたのは，より世俗性の強いアマル（'Amal）であった．

しかし1970年代半ば以降は，いずれの地域においても左派勢力に代わってシーア派イスラーム主義政党が「被抑圧者としてのシーア派」を代弁する立場に立ち，支持を広げるようになった．そこにはイラン革命の影響もあるが，特にイラクにおいては，70年代バアス党政権のもとでイラク共産党が共闘戦線に参加することを選択，入閣したため，バアス党政権に不満を持つ勢力にとって共産党が反政府の代弁者になりえなくなっていた，という変化があったことも看過すべきではなかろう［酒井 2003］．

さらにイラクでは，1980年代以降イラン・イラク戦争，湾岸戦争という2つの戦争により南部地域が最も戦争被害を受けたのみならず，戦費の肥大化，経済制裁によって国内開発に向けられる予算が削減されたため，政府の開発計画から切り捨てられた．こうしてシーア派地域は，2003年まで一貫して疎外された層としての性格を強めていき，その代弁者としてイスラーム主義政党が台頭してきたのである．

以上を踏まえて，多くの論者は，イラクやレバノン，湾岸地域の宗派対立の顕在化の原因として，社会における階級差，貧富間格差が宗派的差異や民族的差異に合致して現れ，社会経済的不満が宗派的な疎外意識にすり替えられたことを指摘してきた．つまり，実態として階級対立であるにもかかわらず，宗派，民族対立として回収され定着したと，彼らは主張する［Batatu 1981; Jabar 2003; 酒井 2005］．これらの議論の特徴は，紛争や対立が見た目の上で宗派対立的様相を呈したとしても，対立の根源的要素は宗派に起因するものではなく，社会経済的要因であると考える点にある．

(2) 政治的代表性を巡る抗争としての宗派対立

社会経済的側面での格差が宗派・エスニック的差異に反映されるならば，政権を担う統治者層がその社会経済的格差を解消ないし糊塗するために，政治エリートへの人事登用において宗派・エスニック的バランスをある程度考慮し，非主流集団へのコオプテーション政策を取るだろうことは，容易に想像できるだろう．とりわけ，イラクのバアス党政権のように，ナショナリズム，革命性

を掲げる権威主義体制は，政権自体こそが「抑圧された者」を代弁し，多様な出自を持つ社会集団の政治的代表性を確保しているとのスタンスを取るため，政治エリート人事における「見た目」の包括性を重視する [酒井 2003].

　その点に注目して，政権エリートの出自から宗派・エスニシティ関係を分析する研究が，主として1980年代には主流となった [Marr 2004; Baram 1981; 1989]．シーア派出身者は他の宗派，エスニック集団と同様に，「政治的マイノリティ」として政治的代表性を確保されるべきものとみなされたのである．イラクの政治エリートに関する宗派・エスニシティ出自分析の多くは，1958年の共和政成立以来，カースィム政権期（1958-63年）を除き，一貫して政治要職におけるスンナ派の占める比率が人口比率に比して多かったこと，すなわちスンナ派政治エリート優遇の役職配分がなされていたことを指摘している．

　こうした視点に基づけば，宗派・エスニック集団間で緊張状態が発生した際に，役職配分の比率を変更したり，関連するマイノリティ出身者を要職に登用することが，宗派・エスニシティ対立を回避する手段として有効だ，ということになる [酒井 2003]．このことは，特に人口的に少数派の宗派・エスニック集団が政治エリート層における多数派を占めている場合（シリアにおけるアサド政権のアラウィー派出身者やイラクにおけるバアス党政権のスンナ派出身者）において，とりわけ多く見られる [Baram 1981; 1989; Marr 1985; Hinnebusch 2001; Van Dam 1996]．反英運動，労働運動の激化など政治不安が高まったイラク王政末期の，1947年に初めてシーア派のサーリフ・ジャブルが首相に任命されたことや，1991年湾岸戦争後に発生した全国的な反政府暴動（インティファーダ）直後にイラク首相にシーア派の党重鎮であるサアドゥーン・ハンマーディが任命されたことなどは，辺境化されたマイノリティ出身者に対する政治的コオプテーションの文脈で解釈されよう．すなわち，主として世俗的イデオロギーのもとで運営される権威主義体制においては，「抑圧された者たち」が属する宗派・エスニック集団は，その出自を持つ世俗的政治家を政権や軍など要職に登用することでコオプテーションが可能な対象だとみなされていたといえる[15]．

3　転機としての2003年
——宗派間関係を巡る問題の出現——

さて，従来階級格差として，あるいは「マイノリティ」問題としてしか扱わ

れてこられなかった「宗派」が，スンナ派対シーア派という「宗派間関係」と
して，特にその緊張関係について論じられるようになったのは，冒頭で述べた
通り，2003年のイラク戦争以降である．イラクでフセイン政権の転覆により，
行政府，軍が解体され旧政権エリートがパージされた結果，国家エリートにお
けるスンナ派の優位性が崩され，選挙制度の導入によって立法府とそれに依拠
する行政府において，人口比率を反映してシーア派が多数を占めることとなっ
た．そのため，アメリカのイラク占領および戦争の結果成立した新政権に対す
る反対運動は，往々にして「パージされたスンナ派によるシーア派に対する反
発」とみなされ，イラク国内のみならずシリア，サウジアラビアなど周辺国か
ら反米武装勢力がイラクのスンナ派地域に流入，駐イラク米軍および新生イラ
ク治安部隊との間で衝突を繰り返したのである[16]．

　その後ファッルージャを中心としてイラク西部のアンバール県では，ア
ブー・ムスアブ・ザルカーウィー率いるメソポタミアのアルカーイダが反米，
反シーア派活動を主導し，ザルカーウィー死後（2006年）は IS の前身である
「イラクのイスラーム国（al-Dawla al-Islāmīya fī-l-ʿIrāq）」が武装活動を担った．イラ
ク戦後統治を巡る反米・反政府武力抗争は，2006年にサマッラーのアスカリ・
モスクが爆破されたことで宗派間衝突として衝突が本格化し，シーア派勢力の
なかではとりわけサドル潮流（Tayyīr al-Ṣadr）の民兵であるマフディー軍（Jaysh
al-Mahdī）が，イラク国内で反米活動を展開するザルカーウィー系のスンナ派武
装勢力との間で抗争を繰り広げた．その間，首都バグダードとその周辺地域な
どの宗派混住地域では，宗派に基づく住民移住を強制する脅迫や誘拐などが頻
発，内戦ともいえる状況が発生した [Krohrey 2015]．イラク・ボディカウント
の推計によれば[17]，2006年のイラク人民間人の死者は 2 万9517人で前年の 1 万
6582人から 8 割増，2007年も 2 万6078人という高水準が続いた[18]．

　このように，イラク一国において「シーア派」の政治的台頭とそれに対する
「スンナ派」反体制活動の武力を伴う衝突が深刻化する一方で，域内政治レベ
ルでもこの時期，「シーア派の台頭」とみなしうる出来事が相次いだ．2006
年，イスラエルとの交戦においてレバノンのヒズブッラーが善戦したことは，
ヒズブッラーおよび党首ハサン・ナスルッラーの知名度と評判を，スンナ派人
口の多い国々を含めてアラブ社会全体で広めることになったのである[19]．イラク
の戦後政権の与党を務めるシーア派政党連合や，レバノンのヒズブッラーの背
後に，強いイランの影響力があることから，こうした変化は特にアラブ諸政権

にとってはシーア派政治勢力の台頭の一部と映った．冒頭のヨルダン国王の発言は，こうした域内，特に湾岸地域における地域大国としてのイランの影響力の拡大が，周辺国の脅威意識を刺激した典型的な例である[20]．

このように，国内レベルでも域内レベルでも「宗派」を理由とした対立軸を前提とした中東の紛争が展開する現状を目の当たりにして，「宗派間関係」を分析する研究が一斉に花開いた．そして，ほとんどの研究者はその現状に対して，なぜ突然「宗派」が対立軸となったのか，いかなる要因が「宗派」に基づく対立を生んでいるのかを解明することに集中した．そしてそこでは「宗派」に基づく対立が本質的なものなのか，それとも権力によって利用される「道具」にすぎないのかの議論が展開された．多くの論考は，「本質主義でも道具主義でもない第3の道」を志向しているが［Wehrey 2017］，その議論には大きな幅がある．

以下では，その論点に沿って主要な分析傾向をまとめておこう．

(1) 「上からの宗派化」との視点——宗派主義化される宗派アイデンティティ——

2003年以降の急速な宗派関係の緊張化を説明するために，多くの研究者は「上からの宗派化 (sectarianization)」，すなわち政治権力による宗派アイデンティティの動員というアイデンティティ政治の問題を指摘する．サウジアラビアおよび湾岸アラブ諸国においてシーア派社会を研究対象とするマッティースンは，宗派主義を「国民を支配し，広範囲の反政府活動を阻止し，人口の中核となる集団内部の忠誠心を確保するための方法」とみなす［Matthiesen 2017: 7］．彼が具体的に想定しているのは，ワッハーブ派の公的見解ではイスラーム教徒とみなされていないサウジアラビアの東部油田地帯に居住するシーア派社会であり，人口に7割を占めながら社会経済的な劣位に置かれているバハレーンのシーア派社会である．

「上からの宗派化」が行われるのは，国家によるマイノリティ社会統治のためのみではない．イラク戦争後のイラクの状況を踏まえれば，政権を担う支配層のみならず，反体制派も含めて，各種政党が自派勢力の拡大，支持基盤確保のために，「宗派化」が行われる．ハーシミーとポステルは，宗派化を「ある特定の文脈の中で，なんらかの（宗教的）アイデンティティを示す指標に基づいて大衆動員を行い，政治的目標を達成しようとする政治主体によって形作られるもの」と定義するが［Hashemi and Postel 2017: 4］，こうした過程を経て宗派

関係は「制度化され，再生産される」のである［Mansour 2017: 15］．ディビスは，こうした宗派化の推進要因として「宗派的起業家（sectarian entrepreneurs）」という概念を導入した［Davis 2008: 556］．

こうした動員材料としての「宗派」の起用は，特に政治的空白状況において効力を発する．ディビスは「市民に必要な社会サービスも提供できず，保護することもできない，ないししようとしないという国家不在状況によって政治的空白が生じるが，宗派的起業家はその政治的空白を利用する」と指摘している［Davis 2008: 557］．ドッジも同様に国家の要素に注目し，国家主体が不在でも宗派化が進むし，また国家主体自身が宗派化の推進要因ともなりうることを指摘している［Dodge 2007: 29］．こうした議論の背景にあるのが，イラクでの宗派化の例である．イラクで宗派化が進んだ原因の1つに，選挙制度を早い段階で導入した結果，国家が社会サービスを提供できない状態で国家に代替してサービスの提供を行い得る集団——すなわち宗派ネットワークに基づく宗教団体——が得票において有利に立場にたち，結果的にそうしたサービス提供能力を持つ宗派偏向性の強い政党（初期においてはシーア派）が選挙に勝利した，ということが挙げられるからである．

その意味では，「上からの宗派化」は「上からの宗派主義化」とほぼ同義と言えるだろう．そして宗派主義化された宗派アイデンティティは，国際政治レベル，域内レベル，国家レベルそれぞれで「安全保障化」（securitisation）の道具に利用されがちである［Malmvig 2015］．国内でのマイノリティに対するコオプテーションに否定的，消極的な政策がとられる場合に，マイノリティと位置づけられた宗派集団（湾岸諸国のシーア派など）を，国家が「イランの手先＝国家安全保障を損なうもの」と名指してこれを弾圧対象とするといったケースは，バハレーンでの「アラブの春」に対する政府および周辺国の対応においてみられる［Matthiesen 2013］．酒井もまた，2006-7年のイラクにおける宗派対立的様相を呈した内戦状況において，与党ダアワ党と野党イラク・イスラーム党の敵認識を分析し，そこで政敵をそれぞれ「宗派主義者（tā'ifī）」「背教徒排斥主義者（takfīrī）」といった形で名付け，政党間の権力抗争を安全保障化する過程を浮き彫りにした［酒井 2015］．

(2) 下からの宗派化——「日々の宗派主義」——

一方で，宗派意識すべてを政治勢力により上から「構築されたもの」とみな

すことは，日常生活のさまざまな部分で慣習や文化として存在する宗派性を否定することになる．それは「宗派的なるもの」の文化的，社会的側面を過小評価し，下からの宗派化の過程を見逃してしまう．ベイルートのアルメニア社会において詳細なエスノグラフィックな調査を行ったナチョは，「人々の日常的交流を通じて」宗派的コミュニティが生産・再生産されていくことに注目し [Nucho 2016: 5-6]，宗派的アイデンティティがシンボルや儀礼，文化的慣習等，広く日常的高位のなかでレパートリーとして繰り返され定着することを指摘している[21]．

　ところで，宗派主義を，攻撃的なまでに宗教的シンボルを起用して自己主張する攻撃的宗派主義（assertive sectarianism），できるだけシンボルの表象を回避し必要な時だけ弁明的に自己主張する受動的宗派主義（passive sectarianism），およびバナル宗派主義（banal sectarianism）に分類し，バアス党政権期から戦後にいたるまでのシーア派の宗派主義の出現を分析したハッダードの議論は，興味深い．彼が言うバナル宗派主義とは，ビリグが提唱したバナル・ナショナリズムの議論を宗派主義に当てはめたもので[22]，「自身の宗派的アイデンティティを知っており，また日常的な儀礼において（他の宗派との）区別する簡単な指標がある，ということを知っているという程度」の意識を意味する [Haddad 2011: 27]．そして，そのバナル宗派主義だけでは政治化し他者との対立要因にはならないものの，社会経済的環境や外部環境によっては，それは消極的宗派主義にも積極的宗派主義にも変質しうる，とする [Haddad 2011: 206]．ここにも，「宗派的アイデンティティが一過性や社会的，政治的，経済的コンテキストと切り離されて定義することはできない」とのディビスの視点が通底しているといえよう [Davis 2010: 240]．

(3)　宗教性に力点を置く視点

　一方で，今起きている宗派対立が，「バナル」ないし「受動的」宗派主義が活性化され再起動されているものなのであれば，それが何によって活性化されているのかが問いの中心にくるのは当然であろう．ここで注目されるのは，次節にも関連するが，宗教的要因を再評価する論考が，特に2011年以降増えていることである．

　道具主義的，あるいは構成主義的視座に立つ論者の多くは，宗派主義あるいは宗派に基づく対立は政治的要因によって喚起されたものであり，宗教的要因

による対立ではない，と主張する．ハードが「宗教を無冠化する（dethroning religion）」必要性を主張しているのは，その例である［Hurd 2015: 64］．

　それに対して，宗教的要因，特にウラマーの言説や行動が宗派主義や宗派対立を喚起するとの視点に立つのが，アブドゥやイスマーイールの議論である［Abdo 2017; Ismail 2016］．アブドゥは，宗派対立の「しぶとさ，見た目の手に負えなさは……宗教的差異とそれにまつわる宗教的アイデンティティから直接発生するものと理解すべきである」と述べ［Abdo 2017: 12］，ウラマーのナラティブがいかに民兵集団を動員，過激化させることに影響力を持つかを強調している．スンナ派の宗派主義化については，次節で述べる通りスンナ派サラフィー主義者の「ワラーとバラー」（al-walāʾ wal-barāʾ，イスラーム教徒とのみ関係を持ち，不信仰者には近づかない，の意）概念がその根幹にあるとして，宗教的側面を強調する議論も少なくない［Wagemakers 2009; Maher 2016］．

　一方で，宗派的ナラティブが社会の宗派化，宗派対立を加速化するという現象については，非ウラマーによるナラティブを含めて，SNSに焦点を絞って分析が行われている．ネット空間では他宗派に対するヘイト表現が多様化，過激化していることが特徴的だが，2014年段階でツイートで交わされたヘイト表現を分析したシーゲルは［Siegel 2017: 162］，なかでも反シーア派ヘイトツイートにクウェート発信が多かった，との結論を出している．同様のテーマについてより新しい事例を扱った研究は，本書第3章でジョーンズが行っている．

4　シリア内戦とISによって加速する宗派主義

　これまで見てきたように，宗派に関する学術的議論は，2003年の中東域内の勢力バランスの変化を契機として，これまで「マイノリティとしてのシーア派という宗派」との観点から，宗派間関係を巡る議論へと転換し，そこで発生する対立関係の起源は何か，という問いが主流となった．それでもなお，主たる研究対象は，対立関係発生の背景にあると考えられる国家レベル，域内レベルでの「シーア派の台頭」という現象を解明するための，「シーア派研究」が中心であった．それが，暴力的宗派間対立の起源は何か，との問いに対して「スンナ派」を研究対象にするようになったのは，2011年のシリア内戦と，その後のISの台頭（2014年）が契機となっている．

　「スンナ派」が議論の対象となったのは，2001年の9.11アメリカ同時多発テ

ロ事件に遡ることができる．同事件の犯人の全員がスンナ派，なかでもサウジアラビア出身者が多いということで，スンナ派イスラームの厳格なワッハーブ派イスラームの影響がしばしば取り上げられるようになったからである．サウジアラビアにおけるムスリム同胞団の浸透と，その結果として成立したサフワ（Ṣaḥwa Islāmīya，覚醒の意）について論じたラクロワの研究は，そうした背景のもとで理解できよう [Lacroix 2011]．[23]

　しかしながら，2011年以降の顕著な特徴は，IS を始めとして，シリア内戦を含む「アラブの春」を契機に活動を活発化させたスンナ派のサラフィー・ジハード主義勢力（Salafi-Jihadist）が，明確に「反シーア」を掲げ，これを背教徒視する姿勢を公けにした点にある．2003年のイラク戦争以降，イランの影響力増大による域内パワーバランスの変化や，域内におけるアメリカの存在感の高まり（イラクにおける駐留），さらにはアラブ・イスラエル紛争におけるイスラエルの圧倒的優位などから，スンナ派のみならずイスラーム社会全体に相対的剥奪感が広がっていた．この相対的剥奪感は，戦後のイラクにおける米軍や戦後政府のスンナ派住民に対する対応において，とりわけ明白であった．上述したファッルージャを中心としたスンナ派地域に対する米軍・イラク治安部隊の鎮圧活動は，特に国外のスンナ派社会に対して，スンナ派に対する「集団的懲罰」と映った．[24] ハッダードは，「2003年までのイラクのスンナ派は，自分たちが犠牲者であると考えたこともない」と述べ，イラク戦争によって始めてスンナ派が「マイノリティ」＝犠牲者としての自覚を持ったことを指摘している [Haddad 2014: 149]．その意味では，前述したような1970年代の社会経済的劣位からくる階級差が「抑圧されたもの」としてのシーア派を準備したことと同じように，戦後のイラクのスンナ派社会が「抑圧された者」として自覚し，かつその認識が周辺諸国のスンナ派社会に波及したということができよう．[25]

　こうしたスンナ派の劣位化をもたらした原因とみなされたのが，米軍の存在であるとともに，それに協力してイラクで政権を獲得した（とスンナ派の眼には映る）シーア派であった．ここで「シーア派＝アメリカの手先」認識が成立し，本来反米・祖国防衛運動だったスンナ派中心のイスラーム運動が，シーア派を社会のなかから排除，追放する反シーア派運動に容易に転換される可能性を帯びることになったのである．ステインバーグによれば，ザルカーウィーは「シーア派はアメリカ人と共闘して真理に反する戦いを行っている」と認識していた [Steinberg 2009: 111]．保坂は，アルカーイダはザルカーウィーや IS と異

なりシーア派に対する攻撃には消極的ないし反対だったとし，アルカーイダの
ジハード主義と異なりザルカーウィーは，「グローカルなジハード主義」を以
て「近くの敵」，すなわちシーア派を炙り出し攻撃することに力点を置いた，
としている［保坂 2017: 142］．

　イラク戦争を契機とした反シーア派傾向は，ザルカーウィーから IS へとつ
ながっていくが，「シーア派＝敵（アメリカ）の手先」という観点は，シリアで
は1980年代末から生まれていた．前述したように，ムスリム同胞団はシリアの
それも含めてイラン革命当初はイランのイスラーム政権に対して支持，賞賛を
表していた．だが，87年にはシリアの同胞団イデオローグ，サイード・ハウ
ワーがホメイニー主義を批判し，イラン，ひいてはシーア派への敵対心を醸成
したとされる［Hatina 2011: 204］．ステインバーグもまた，イラン・イラク戦争
でイランがアサド政権を支持したことで，イラン＝シーア派をアサド政権＝敵
の手先とみなす認識枠組みが，同胞団の中に生まれた，と指摘している［Stein-
berg 2009: 116-120］．このようなスンナ派の相対的剥奪感は，シリア，イラクだ
けではなく，他のアラブ諸国でも見られる．レバノンでは，シリアによる実質
的支配によって北部に居住するスンナ派住民の間に辺境化されたとの意識が生
れ，それは2005年のハリーリー暗殺事件によって一層強められた［Rougier 2011］．

　すなわち，2003年以降は，かつて「抑圧された者」であったシーア派と，
2003年以降「抑圧された者」となったスンナ派の間で，「どちらがより犠牲者
であるか」を巡る競争が発生し，2011年以降はそれが両者ともに暴力的な形で
衝突に発展したといえよう．

　ではなぜ，その衝突が暴力化し排斥的となったのか．両者にとっての「抑圧
する者」は，権威主義体制であり，戦争であり，外国の介入である．どちらの
側も自らの「犠牲者性」を訴えるためには，「敵」の非道さをより強調しなけ
ればならない．その結果，シーア派はスンナ派がシーア派を「背教徒」視する
者（takfīrī）であるとして，スンナ派はシーア派を宗派主義者（ṭāʾifī）であるとし
て，ともにイスラームの共同体を分断するものとして糾弾しあうのである．こ
の双方の非妥協性が，多文化共生の原点となる共存志向の障害となり，暴力的
な他者排除行為につながっているといえる．

おわりに

　さて，冒頭で，なぜ1970-80年代の研究が，社会的対立軸として宗派的要因の重要性をあまり大きく取り上げなかったのか，多宗派，多エスニック社会で発生する対立を宗派に起因するものと考えないとすれば，これまで何を対立軸とみなしてきたのか，との問いを立てた．この問いは，ある意味では，2003年以前の，宗派は関連するが主要要因ではないとされる社会対立と，2003年以降の宗派が前面に出た社会対立の間に連続性を見ることが可能かどうか，という問いでもある．それについて，本章では，「抑圧された者」という犠牲者意識を分析視角として導入し，社会経済的劣位，辺境におかれた（人口的側面は別にして）「マイノリティ」が国家に対して挑戦する，という点で，連続性があることを見てきた．

　しかし，そこで重要なのは，現在我々が目撃している宗派問題は，単なる「マイノリティ」問題ではないということである．スンナ派，シーア派ともに犠牲者意識を競い合い，「抑圧された者」と自認する者同士が対立する，宗派間関係を巡る問題となった．冒頭に前提視したように，宗派間関係は，それぞれの宗派が持つ本質的な「なにか」を巡って本源的に対立するものではないが，それが犠牲者意識の競争から発して犠牲者性を裏付けるそれぞれの宗派に特有な文化的，歴史的，教義的特質が動員され，活性化される．

　ここに，酒井が提示する，「埋め込まれた関係」という概念を適用することは，本質主義か道具主義か構築主義か，といった分析枠組みを巡る論争から離れて，一定の有効性を持つものと考えられる［酒井 2018］．すなわち，宗派間関係が緊張する過程は，多種多様な社会的亀裂が犠牲者性のよりどころとして宗派意識に連結されるという，「埋め込まれた本質主義的関係性」としての「宗派」を喚起するものとみなしうる．また，ある対立が，歴史的，空間的に類似した対立との連想のなかで「宗派対立」と分類され，その異なる宗派に属する政敵との対立関係がアメリカに代表される西欧植民地主義との対立に連結されて認識されるというように，「歴史的空間的記憶としての埋め込まれた関係性」が掘り起こされる．米軍統治下でのイラクのスンナ派のマイノリティ化，犠牲者化が，周辺アラブ諸国の間で反植民地主義，反米主義の文脈で解釈され，対立構造が広い範囲に拡大したのは，その例である．さらには，辺境

化，排除されたり安全保障化されたりといった他者からのまなざしによって，宗派的なるものが再生され，名付けられ，あるいは他者からの名づけを想定して自己認識を先取りすることによって，活性化される．それによって諸社会の認識構造のなかに抑圧された者＝犠牲者としての「宗派」が定着するのである．このように考えれば，宗派性を本質や道具として捉えるのではなく，「埋め込まれた関係」の変化によって変質し消滅したり定着したりするものとして分析することができる．

　このように，宗派を巡る対立，緊張関係を理解するには，それぞれの宗派を本質的に理解することに力点を置いてきた過去の研究視座から脱却し，両派の二者間関係のみならず，イランとサウジアラビアの勢力バランスの変化，域内覇権抗争といった域内関係や，それぞれの宗派の持つトランスナショナルな関係，さらには国際政治全体のなかの位置づけなど，宗派を取り巻く関係性に注目した視座を導入することが必要であろう．

注

1 ）発言内容とそれが反映する「シーア派の脅威」への危機意識については，Wright and Baker［2004］，Satloff［2005］を参照．

2 ）イラク・ボディカウントによる（www.iraqbodycount.org，2018年11月28日閲覧）．

3 ）2006 − 7年の内戦期においては，路上で民兵の検問に会い身分証明書を提示させられ，その名前から宗派を確認した上で殺害する，といった事例が多数報告されている．

4 ）2007年春号の *MERIP* 第37巻は "The Shi'a in the Arab World" というタイトルで特集を組んでいる．

5 ）Pensee 1 として Peteet［2008: 550–52］を冒頭に，Pansee 2 に Joseph［2008: 553–554］，Pansee 3 に Davis［2008: 555–58］，Pansee 4 に Makdisi［2008: 559–60］が論考を寄せている．

6 ）その他，European Parliament, Directorate General for External Policies, Policy Department, *Workshop Sectarianism in the Middle East*, pp.15–20（http://www.europarl.europa.eu/RegData/etudes/IDAN/2017/603843/EXPO_IDA（2017）603843_EN.pdf，2018年11月28日閲覧）などの宗派問題に関する報告書も多く出版された．

7 ）母親が「私はスンナ派」，父親が「私はシーア派」，娘が「私はスーシー」と書いたプラカードを掲げて居間でくつろぐ写真が，2014年 6 月19月ブルッキングス研究所の研究員，ルワイ・ハッティーブ（Luay al-Khatteeb）のツイッターで掲載され，多くのリツイートを得て話題になったことは，その証左と言える（https://twitter.com/AL_Khatteeb/status/479568233901871104?ref_src=twsrc%5Etfw%7Ctwcamp%5Etweetembed%7Ctwterm%5E479568233901871104&ref_url=https%3A%2F%2Ffusion.tv%2Fstory%2F5988%2Fraw-sushi-sunni-shia-iraqi-family-photo-wins-twitter-but-not-the-war%2F，2018年11月28日閲覧）．

8）ワイスは，「上から」を「国家の宗派主義」，「下から」を「路上 street の宗派主義」と表現している［Weiss 2017］．

9）なお，宗派（ṭā'if）という際，オスマンが述べるように［Osman 2014: 40］，もともとは1000人以下のマイノリティ集団をさす用語として使用されてきており，必ずしもスンナ派・シーア派というイスラーム教内宗派のみを意味するものではない．ハッダード（本書第1章）が指摘するように，「宗派」が近現代史の上で政治社会問題として注目された代表的な事例はレバノンの「宗派体制」であり，その場合はキリスト教やドゥルーズを含む．またエジプトにおけるコプト教徒社会を巡る問題も，「宗派」問題として議論される．しかしながら，近年域内，国際政治の政治変動に大きな影響を持つとみなされているのがスンナ派・シーア派というイスラーム教社会内の宗派間関係であることから，本書では，議論をキリスト教徒社会まで広げず，主としてスンナ派・シーア派関係に焦点を絞って論ずることとする．

10）アーシューラー（āshūrā）はイマーム・フサインが殉教したムハッラム月10日を意味し，これを追悼するためのさまざまな宗教行事が行われる．アルバイーン（arba'īn）はイマーム・フサインが殉教した日から40日後にカルバラーのフサイン廟に詣でる追悼行事．

11）コルブズはむしろ現代イラクのウラマー家のトランスナショナルな活動形態を，ハキーム家とフーイー家を事例として調査しており［Corbiz 2015］，シーア派宗教ネットワークの現代的なトランスナショナル性に着目している点が興味深い．

12）ムハンマド・シーラージーは，シーア派ウラマーの最高権威であるマルジャアを，いかなる政治組織をも超越しウンマを指導する存在として位置づけることを思想の中核とし，当初その運動はマルジャーイーヤ運動と呼ばれた．1976年にイスラーム行動組織（Munaẓẓama al-'Amal al-Iislāmī）を設立したが，それはシーラージーを支持するカルバラ出身者が主流を占めることからシーラージー派とも呼ばれた．本部はテヘランにあるが，国外ではシーラージー支持者の多いサウジアラビア東部，バハレーンにも影響力を持つ．

13）ハッダードは「2003年までの宗派主義の問題は，国家とシーア派の関係であった」と述べている［Haddad 2014: 147］．

14）世俗的，社会主義型の社会経済政策を取るバアス党政権は，エスニシティ，宗派によらぬ党ヒエラルキーを昇進の原則としていたことから，あえてマイノリティの登用を強調した．キリスト教徒（ターリク・アズィーズ外相）やクルド少数民族（ターハ・ムヒェッディーン・マアルーフ副大統領など）を要職登用したのが，その例である．

15）アラブの権威主義体制の多くが，その発祥起源に軍人へのアラブ・ナショナリズムの浸透と彼らによる軍事クーデタの経験を持つことから，軍における宗派的偏向を指摘する研究も少なくない．例として，Tarbush［1982］を参照．

16）2004年4月，11月のファッルージャでの米軍による大規模軍事攻撃とそれに対する対米武装抵抗運動の高揚は，その初期の事件である．

17）https://www.iraqbodycount.org/database/（2018年11月28日閲覧）．

18）死者数は2007年秋頃から減少し始め，2009年以降四年間は，年間5000人程度と，戦後初めて治安の安定を見た．これが再度増加して年間2万人の大台にのるのが2014年で，

IS による北・西部制圧により，治安が悪化した．

19) 2006年および2008年にエジプト，ヨルダン，レバノン，モロッコ，サウジアラビア，UAE を対象に実施された世論調査では，「世界の誰を最も尊敬するか」との問いに対して，ナスルッラーとする回答が第一位だった [Telhami 2013: 80-81]

20) ポターは，こうした周辺国のイランに対する認識を「イランの失地回復運動」への脅威とみなしている，と指摘している [Potter 2014: 1].

21) ナチョの議論を踏まえて，長期にわたるレバノンでの参与観察の調査結果をまとめた池田 [2018] は，「町の人びとが示す独特の相互行為の現象を「流れ」あるいは「流れをよそおう」という言葉で記述・解釈し，それによって……レバノン社会の理解において用いられる傾向にある宗派主義的な枠組み（集団論的枠組み）を，個々人の行為の角度からとらえ返す可能性」を模索している [池田 2018: 11].

22) ビリグは，バナル・ナショナリズムを「ネーションらしさ (nationhood) は常に再生産されるものであり，究極的な犠牲を求めうるものであり，日々その象徴や前提とするものが掲げられるものである」[Billig 1995: 8-9] と定義し，また「……諸国家がそれによって再生産されるようなイデオロギー的な慣習を覆い包むものとして導入されたものである．……これらの慣習は日常的生活から切り離されたものではない」[Billig 1995: 6] としている．

23) その他，Al-Rasheed [2007] なども参照．

24) 2004年4月，ファッルージャで地元住民と米軍が激しく衝突した際，米軍の包囲作戦と攻撃を当時の国連特使ブラヒミは，「集団的懲罰」と呼んだ．

25) もっとも，ファッルージャでの米軍の攻撃という同一事実を対象としていたとしても，イラク国内のスンナ派社会が抱く「被抑圧者意識」と周辺諸国のスンナ派社会が抱くそれとは，同じではない．周辺アラブ諸国の間で喚起される「スンナ派の被抑圧者意識」は，しばしば過去の反植民地運動や反米活動，アラブ・ナショナリズムなどと関連づけられて，イラク国内のスンナ派社会の政治的方向性と異なる展開を示す場合がある [酒井 2017].

26) イラクの多宗派，多エスニック社会としての特質がレバノンのそれに類似しているとして，戦後イラクをレバノンの「宗派体制」と同一視する視点がその例である．

◆参考文献◆
邦文献

池田昭光 [2018]『流れをよそおう　レバノンにおける相互行為の人類学』春風社.

酒井啓子 [2003]『フセイン・イラク政権の支配構造』岩波書店.

―――― [2005]『イスラーム地域の国家とナショナリズム』（イスラーム地域研究叢書5），東京大学出版会.

―――― [2015]「イラクの「宗派問題」」，大串和雄編『21世紀の政治と暴力――グローバル化，民主主義，アイデンティティ』晃洋書房.

―――― [2017]「戦後のイラクで何が対立しているのか――関係性の結果としての宗派」『国際政治』（特集　地域研究と国際政治の間），189号.

―――― [2018]「グローバル関係学」試論：「グローバルな危機」分析のための「関係

学」を模索する」『新学術領域「グローバル関係学」オンライン・ペーパー・シリーズ』第 1 号 2018年 5 月20日（http://www.shd.chiba-u.jp/glblcrss/online_papers/onlinepaper20180520.pdf, 2018年11月28日閲覧）.

保坂修司［2017］『ジハード主義』岩波書店.

外国語文献

Abd-Allah, U. F. [1983] *The Islamic Struggle in Syria*, Berkeley, CA: Mizan.

Abdo, G. [2017] *The New Sectarianism: The Arab Uprisings and the Rebirth of the Shi'a-Sunni Divide*, Oxford and New York: Oxford University Press.

Ajami, F. [1986] *The Vanished Imam: Musa al Sadr and the Shia of Lebanon*, Ithaca, New York: Cornell University Press.

Al-Rasheed, M. [2007] *Contesting the Saudi State: Islamic Voices from a New Generation*, Cambridge: Cambridge University Press.

Arjomand, S. A. [1988] "Ideological Revolution in Shi'ism," S. Arjomand, ed., *Authority and Political Culture in Shi'ism*, Albany: SUNY Press.

Arjomand, S. A. ed. [1984] *From Nationalism to Revolutionary Islam*, Albany, New York: State University of New York Press.

Aziz, T. M. [1993] "The Role of Muhammad Baqir Sadr in Shii Political Activism in Iraq from 1958 to 1980," *International Journal of Middle East Studies*, 25(2).

Baram, A. [1981] "The June 1980 Election to the National Assembly in Iraq: An Experiment in Controlled Democracy," *Orient*, 27(3).

———— [1989] "The Ruling Political Elite in Ba'thi Iraq, 1968–1986, The Changing Features of a Collective Profile," *International Journal of Middle East Studies*, 21(4).

Batatu, H. [1978] *The Old Social Classes and the Revolutionary Movements of Iraq: A Study of Iraq's Old Landed and Commercial Classes and of Its Communists, Bathists, and Free Officers*, Princeton, NJ: Princeton University Press.

———— [1981] "Iraq's Underground Shia Movements: Characteristics, Causes, and Prospects," *Middle East Journal*, 35(4).

Bengio, O and M. Litvak ed. [2011] *The Sunna and Shi'a in History: Division and Ecumenism in the Muslim Middle East*, London: Palgrave-Macmillan.

Bill, J. A. [1984] "Islam, Politics, and Shi'ism in the Gulf," *Middle East Insight*, 3(3) (January-February).

Billig, M. [1995] *Banal Nationalism*, London: Sage Publications.

Chehabi, H.E. and H. I. Mneimneh [2006] "Five Centuries of Lebanese-Iranian Encounters," H. E. Chehabi ed., *Distant Relations: Iran and Lebanon in the Last 500 Years*, London: I.B. Tauris.

Chubin, S. [1994] *Iran's National Security Policy: Capabilities, Intentions and Impact*, Washington, DC: Carnegie Endowment for International Peace.

Chubin, S., and C. Tripp [1988] *Iran and Iraq at War*, London: I.B. Tauris.

Cole, J. [2003] "The United States and Shi'ite Religious Factions in Post-Ba'thist Iraq," *Middle East Journal*, Autumn 57(4).

Cole, J. R. I. and N. R. Keddie [1986] *Shi'ism and Social Protest*, New Haven, CT: Yale University Press.

Cole, J., K. Katzman, K.Sadjadpour, R. Takeyh [2005] "A Shia Crescent: What Fallout for the United States?," *Middle East Policy*, Winter, 12(4).

Corboz, E. [2015] *Guardian of Shi'ism: Sacred Authority and Transnational Family Networks*, Cambridge and New York: Cambridge University Press.

Dabashi, H. [1993] *Theology of Discontent: the Ideological Foundation of the Islamic Revolution in Iran*, New York: New York University Press.

———— [2008] "A Sectarian Middle East?", Pensee 3: Imagining the "New Middle East"," *International Journal of Middle East Studies*, 40(4).

Davis, E [2010] "Introduction: The Question of Sectarian Identities in Iraq," *International Journal of Contemporary Iraqi Studies*, 4(33).

Dawisha, A. [2008] "The Unraveling of Iraq: Ethnosectarian Preferences and State Performance in Historical Perspective," *Middle East Journal*, 62(2).

Dixon, P. [2017] "Beyond Sectarianism in the Middle East? Comparative Perspectives on Group Conflict," F. Wehrey ed., *Beyond Sunni and Shia: The Roots of Sectarianism in a Changing Middle East*, Oxford and New York: Oxford University Press.

Dodge, T. [2007] "State Collapse and the Rise of Identity Politics," M. E. Bouillon, D. M. Malone, and B. Rowswell, eds., *Iraq: Preventing a New Generation of Conflict*, Boulder, CO: Lynne Rienner.

Enayat, H. [1983] "Iran: Khumayni's Concept of the 'Guardianship of the Jurisconsult'," J. Piscatori ed., *Islam in the Political Process*, New York: Cambridge Univ. Press.

Fuller, G. [1999] *The Arab Shi'a: The Forgotten Muslims*, New York: St. Martin's.

Gause, G. [2014] "Beyond Sectarianism: The New Middle East Cold War," Brookings Doha Center, July 22 (https://www.brookings.edu/research/beyond-sectarianism-the-new-middle-east-cold-war/, 2018年11月28日閲覧).

Haddad, F. [2011] *Sectarianism in Iraq: Antagonistic Visions of Unity*, London: Hurst.

———— [2014] "A Sectarian Awakening: Reinventing Sunni Identity in Iraq After 2003," *Current Trends in Islamist Ideology*, vol. 17.

Halm, H. [1995] *Shi'ism*, Edinburgh: Edinburgh University Press.

Hashimi, N. and D. Postel eds. [2017] *Sectarianization: Mapping the New Politics of the Middle East*, Oxford and New York: Oxford University Press.

Hatina, M. [2011] "Debating the "Awakening Shi'a: Sunni Perceptions of the Iranian Revolution," O. Bengio and M. Likvak eds., *The Sunna and Shi'a in History*, London: Palgrave Macmillan.

Hinnebusch, R [2001] *Syria: Revolution from Above*, London: Routledge.

———— [2016] "Sectarian Revolution in the Middle East," *Revolutions: Global Trends and Regional Issues*, 4(1).

Hurd, E. S. [2015] "Politics of Sectarianism: Rethinking Religion and Politics in the Middle East," *Middle East Law and Governance*, 7.

Ismael, T. Y., and J. S. Ismael [1999] *The Communist Movement in Syria and Lebanon*, Gainesville, FL: University Press of Florida.

Ismail, R. [2016] *Saudi Clerics and Shi'a Islam*, Oxford and New York: Oxford University Press.

Jabar, A. F. [2003] *The Shi'ite Movement in Iraq*, London: al-Saqi.

Jones, J. [2012] *Shi'a Islam in Colonial India: Religion, Community and Sectarianism*, Cambridge and New York: Cambridge University Press.

Joseph, S. [2008] "Sectarianism as Imagined Sociological Concept and as Imagined Social Formation Pensee 2: Imagining the "New Middle East"," *International Journal of Middle East Studies*, 40(4).

Krohley, N. [2015] *The Death of the Mehdi Army: The Rise, Fall, and Revival of Iraq's Most Powerful Militia*, Oxford: Oxford University Press.

Lacroix, S. [2011] *Awakening Islam: The Politics of Religious Dissent in Contemporary Saudi Arabia*, Cambridge, MA: Harvard University Press.

Laquer, W. [1956] *Communism and Nationalism in the Middle East*, London: Routledge and K. Paul (ラカー，W・武田信一・二宮信親訳『中近東の内幕——ナセルへの道』(1958) 角川書店).

Litvak, M. [1998] *Shi'i Scholars of Nineteenth-Century Iraq: The 'Ulama' of Najaf and Karbala,'* Cambridge and New York: Cambridge University Press.

Louer, L. [2008] *Transnational Shia Politics: Religious and Political Networks in the Gulf*, London: Hurst.

———— [2012] *Shiism and Politics in the Middle East*, London: Hurst.

Maher, S. [2016] *Salafi-Jihadism: The History of an Idea*, Hurst: London.

Makdisi, U. [2000] *The Culture of Sectarianism: Community, History and Violence in Nineteenth-Century Ottoman Lebanon*, Berkeley, CA: University of California Press.

———— [2008] "Moving Beyond Orientalist Fantasy, Sectarian Polemic, and Nationalist Demial, Pensee 4: Imagining the "New Middle East"," *International Journal of Middle East Studies*, 40(4).

Mallat, C. [1993] *The Renewal of Islamic Law: Muhammad Baqer as-Sadr, Najaf, and the Shi'i International*, Cambridge and New York: Cambridge University Press.

Malmvig, H. [2015] "Coming in from the Cold: How We May Take Sectarian Identity Politics Seriously in the Middle East without Paying to the Tunes of Regional Power Elites," *POMEP*, August 19, 2015 (https://pomeps.org/2015/08/19/coming-in-from-the-cold-how-we-may-take-sectarian-identity-politics-seriously-in-the-middle-east-without-playing-to-the-tunes-of-regional-power-elites/, 2018年11月28日閲覧).

Mansour, R. [2017] "Sectarianism in Iraq: A Struggle between Identity and Issue Politics," European Parliament, Directorate General for External Policies, Policy Department, *Workshop Sectarianism in the Middle East* (http://www.europarl.europa.eu/RegData/etudes/IDAN/2017/603843/EXPO_IDA (2017) 603843_EN.pdf, 2018年11月28日閲覧).

Marechal, B. and S. Zemni eds. [2013] *The Dynamics of Sunni-Shia Relationships: Doctrine, Transnationalism, Intellectuals and the Media*, Hurst: London.

Marr, P. [1985] *The Modern History of Iraq*, Boulder, CO: Westview Press.

Matthiesen, T. [2013] *Sectarian Gulf: Bahrain, Saudi Arabia, and the Arab Spring That Wasn't*, Stanford, CA: Stanford University Press.

——— [2015] *The Other Saudis: Shiism, Dissent and Sectarianism*, Cambridge and New York: Cambridge University Press.

McHugo, J. [2017] *A Concise History of Sunnis and Shi'is*, London: al-Saqi.

Menashri, D. ed. [1990] *Iranian Revolution and the Muslim World*, Boulder, CO: Westview Press.

Mervin, S. ed. [2011] *The Shi'a Worlds and Iran*, London: Saqi.

Momen, M. [1985] *An Introduction to Shi'i Islam: The History and Doctrines of Twelver Shi'ism*, New Haven, CT: Yale University Press.

Monsutti, A., S. Naef and F. Sabahi [2007] *The Other Shiites: From the Mediterranean to Central Asia*, Bern: Peter Lang.

Naef, S. [2001] "Shīī-shuyūī or: How to Become a Communist in a Holy City," R. Brunner and W. Ende, eds., *The Twelver Shia in Modern Times: Religious Culture and Political History*, Leiden: Brill.

Nakash, Y. [1994] *The Shi'is of Iraq*, Princeton, NJ: Princeton University Press.

Nasr, V. [2007] *The Shia Revival: How Conflicts within Islam Will Shape the Future*, NY: W. W. Norton & Company.

Norton, A. R. [1987] *Amal and the Shi'a: Struggle for the Soul of Lebanon*, Austin, TX: University of Texas Press.

Nucho, J. R. [2016] *Everyday Sectarianism in Urban Lebanon: Infrastructures, Public Services, and Power*, Princeton, NJ: Princeton University Press.

Osman, K. [2014] *Sectarianism in Iraq: The Making of State and Nation Since 1920*, London and New York: Routledge.

Peteet, J. [2008] "Question: How Useful Has the Concept of Sectarianism Been for Understanding the History, Society, and Politics of the Middle East? -- Pensee 1: Imagining the "New Middle East"," *International Journal of Middle East Studies*, 40(4).

Potter, L. G. [2014] *Sectarian Politics in the Persian Gulf*, Oxford and New York: Oxford University Press.

Richard, Y. [1995] *Shi'ite Islam: Polity, Ideology, and Creed*, Cambridge: Blacwell.

Rougier, B. [2015] *The Sunni Tragedy in the Middle East: Northern Lebanon from al-Qaeda to ISIS*, Princeton, NJ: Princeton University Press.

Satloff, Robert [2005] "King Abdullah II: 'Iraq is the Battleground--the West against Iran,'" *Middle East Quarterly*, Spring, 12(2), p73–77.

Shanahan, R. [2011] *The Shi'a of Lebanon: Clans, Parties and Clerics*, London: I.B. Tauris.

Siegel, A. [2015] "Sectarian Twitter Wars: Sunni-Shia Conflict and Cooperation in the Digital Age," Carnegie Endowment for International Peace, Dec. (https://carnegieendowment.org/files/CP_262_Siegel_Sectarian_Twitter_Wars_.pdf, 2018年11月28日閲覧).

Steinberg, G. [2009] "Jihadi-Salafism and the Shi'is: Remarks about the Intellectual Roots of Anti-Shi'ism," R. Meijer ed., *Global Salafism: Islam's New Religious Movement*, London:

Hurst.

Tarbush, M. A. [1982] *The Role of the Military in Politics: A Case Study of Iraq to 1941*, London: Kegan Paul International.

Telhami, S. [2013] *The World Through Arab Eyes: Arab Public Opinion and the Reshaping of the Middle East*, New York: Basic Books.

Van Dam, N. [1996] *The Struggle for Power in Syria: Politics and Society under Asad and the Ba'th Party*, London: I.B. Tauris.

Wagemakers, J. [2009] "The Transformation of a Radical Concept: *al-wala' wa-l-bara'* in the Ideology of Abu Muhammad al-Maqdisi," R. Meijer ed., *Global Salafism: Islam's New Religious Movement*, London: Hurst, pp.81–106.

Warriner, D. [1962] *Land Reform and Development in the Middle East: A Study of Egypt, Syria, and Iraq*, London: Oxford University Press for the Royal Institute of International Affairs.

Wehrey, F. [2014] *Sectarian Politics in the Gulf: From the Iraq War to the Arab Uprisings*, New York: Columbia University Press.

——— eds. [2017] *Beyond Sunni and Shia: The Roots of Sectarianism in a Changing Middle East*, London: Hurst.

Weiss, M. [2010] *In the Shadow of Sectarianism: Law, Shi'ism, and the Making of Modern Lebanon*, Cambridge: Harvard University Press.

——— [2017] "The Matter of Sectarianism", A. Ghazal and J. Hanssen eds., *The Oxford Handbook of Contemporary Middle Eastern and North African History*, 10.1093/oxfordhb/9780199672530.013.23.

Wright, R. and P. Baker [2004] "Iraq, Jordan See Threat To Election From Iran: Leaders Warn Against Forming Religious State," *Washington Post*, December 8

第 Ⅰ 部

「宗派問題」を取り巻く前提状況

——定義上の問題、国際政治、情報技術革新——

第1章

宗派アイデンティティを脱神秘化する
——「宗派主義」と中東研究——

ファナル・ハッダード

はじめに

「宗派主義」（sectarianism, アラビア語で 'ṭā'ifīya ＝ターイフィーヤ）は——中東に対する汎用的な説明文句としてであれ，オリエンタリストや新植民地主義者が使う不埒な道具の1つとしてであれ——，現代の中東に関する解説や主張の中に遍在する概念であるが，「宗派主義」が何を意味するのかという定義付けへの関心がほぼ皆無であったことには，驚きを禁じ得ない．特に2003年のアメリカのイラク侵攻以降，「宗派主義」を巡り，激しい議論がいくつも起きている．そもそも実体として存在するのか？　その原動力は何か？　その役割とは？どの程度説明可能なのかなど，枚挙にいとまがない．それにもかかわらず，議論の前提として「宗派主義」の実態を明らかにする試みは，ほとんど見られない．定義を怠れば，その現象の原因，推進要因や関連する変数を捉えようもない．これだけ多く議論されているにもかかわらず，充分な研究がなされていない理由は，まさに「宗派主義」の定義が見落とされているからである．分析対象が何なのかという定義について合意がない状態で，今日の中東における「宗派主義」を理解しようとすることは，例えばスローガンの解釈を，見る人それぞれに委ねることに等しい．

　したがって，宗派主義／ターイフィーヤが，その語法の多用さにおいて一貫性を欠いているとしても驚くには当たらない．例えば名詞として使われる場合は，21世紀におけるアラブ世界は「開かれた，不快な宗派主義に特徴づけられる」といった具合に使われる [Brunner 2012: 27]．ある行為を記述する場合には，「宗派主義を実践する」となる[1]．また，一部の学者は，「宗派主義」は国家

政策であり，社会的または宗教的な現象というより執行されるものであるとする．その一例に，ある研究論文は「宗派主義」を，「政治目的のために宗派に基づく忠誠心を促進し意図的に活用すること」と定義している［Ayub 2013: 2］．また，他の論考では，1つの統治システムを指し，「国家を民族および／あるいは宗教の帰属に基づいた集団に区分する」ことを意味するとする［Bashkin 2010: 306］．この「宗派主義」に対するかなり限定的な理解は，特にレバノンを扱ったアラビア語の文献群に顕著に見られる．そこでは，ターイフィーヤ[2]は，レバノンの政治システムを表す代名詞として使われることが多い．既存の「宗派主義」をエリート層が操作，政治化していると主張する学者がいる一方で，宗派アイデンティティの政治化の帰結という枠組みで捉える論考もある[3]．「宗派主義」の語法の多様性は，とどまる所を知らない．

　しかしながら，ここに学問的関心や意味論だけに収まらない重大な問題がある．「宗派主義」という語は，一貫性がないだけでなく，危険なまでに物事を歪めてしまう．その理由は主として，曖昧性と情緒的否定性が組み合わさったことによる．結果として語法は最大化され，広範な結論をもたらす変形自在な性質を備えることになる．本章で論じる通り，「宗派主義」は，曖昧性と否定性の両側面ゆえに，敵を周縁化し，政敵の正当性を奪い，支持者を動員し，不服従を罰し，宗派外の集団をスティグマ化するための手段となる．「宗派主義」は定義の欠落と，その無謀なほど広範囲な使用があいまって，実際はまったく正当な宗派アイデンティティや宗派中心性の表出であっても，それらをスティグマ化する．さらにいえば，この学問分野が「宗派主義」という用語にほぼ無批判に依拠している状況は，宗派アイデンティティおよび宗派関係のダイナミクスに関する理解を妨げてきた．そして最後に，この用語の無限性は，現代中東地域の国家および社会に関する研究において他の変数を見えにくくしている．そのため，宗派アイデンティティに少しでも関連しようものなら，否定性を帯び，価値観に染まった，明確でないこの「宗派主義」のブラックホールに吸い込まれていく．こうして，増幅し続ける一連の変数——社会経済的格差，リージョナルな差異，ローカルなダイナミクス，宗教的ドグマ，地政戦略的考察等——は，「宗派主義」という用語の推定的で自明的な叙述力に包摂されてしまうのである．

　「宗派主義」という用語が，明らかに問題含みで糾弾調，かつ強い道徳的告発性を帯びているにもかかわらず，この語の定義を検討したり，その意味を限

定的に捉える必要性を認識しているのは、比較的少数の研究者や、ごくわずかな評論家だけである。200を超える「宗派主義」／「ターイフィーヤ」に関わる研究を調査したところ、70%近くは定義すら試みられていなかった[4]。これを無害な怠慢、知的惰性と称せるかどうかはさておき、「宗派主義」の定義や代替名称を探ることに抵抗する学者も少なくない。さほど前ではないが、ある学会で出会った年輩の学者は「宗派主義」を定義する必要性を退け、「ハードコア・ポルノ」の定義に関するアメリカの判事の見解を引き合いに出した。つまるところ、「実物を見れば分かる」のだと[5]。この面白い言い分には、もし次の事実がなければ、いくらかの真実があったのかもしれない。その事実とは、「ハードコア・ポルノ」と違い、「宗派主義」は中東に関する政策議論に浸透している用語であり、地域内で数多くの軋轢を生じさせてきたというものである。例えば、2011年にバハレーンとシリアで起きた大規模デモに対する反応を見ると、アラブ諸国間で明らかに「宗派主義」の解釈が異なる。これまでも、特定の宗派特有の儀礼や宗派アイデンティティの表出は、果たして「宗派主義」なのか、どのような文脈であればそうなのか、といった解釈の相違は存在してきた。このようなことが、アラブ世界におけるアイデンティティ形成や宗派関係において実質的な影響を及ぼしてきたのだ。一目瞭然のハードコア・ポルノと違い、（言葉としての）「宗派主義」は、アイデンティティそのものと同様に、多面的で曖昧である。この曖昧性と、この語に付着している容赦ない否定性が結合することによって、「宗派主義」は、政権維持、政治的排除、社会的分断の道具として利用されてきた。「宗派主義」の定義に話が及ぶと、「またか」と、ため息をつきたくなる人は多いだろう。というのも、それぞれが考える概念は明瞭だからだ。当然のことではあるが、ある人にとって、いくらその概念が明瞭であったとしても、これだけ融通性の高い概念であれば、他人がそれを共有しているとは限らない。しかし、そのこと以上に重要なのは、「宗派主義」の政策への適用可能性と乱用がもたらす実質的な結果であり、それゆえに定義の問題がきわめて重大になってくる。

　私は「宗派主義」を定義するつもりはない。むしろ用語そのものを早急に放棄することを主張する。その過剰なまでに政治化され、乱用され、否定性を帯び、感情をかきたてる言葉は、救いようがない。「宗派主義」の今日的語法は、無害な宗派中心性から、宗派共同体間の暴力まで全てに適用されており[6]、主観的解釈と個人的衝動に左右されすぎるために、学術的問いのカテゴリーと

しては，もはや有用ではなくなっている．ここで問われているのは，現代中東研究における宗派に関連したアイデンティティや意味，関係の妥当性ではなく，それらの問題関心に対して使われる語彙であることに留意されたい．つまり提起したいのは，「宗派主義」という包括的な用語の代わりとなる語彙的枠組みなのである．多くの場合，これは宗派関係，宗派統一，宗派協力，宗派対立というように「宗派」に，別の言葉を組み合わせるだけで解決できる．ただし，宗派アイデンティティは，そのいくつかの局面において，更に明確に特定しえる．例えば，ある宗派に関連するシンボルを表す場合，「宗派的（sectarian）シンボル」という用語の使用は避けるべきだ．なぜなら，全く正当な特定宗派のシンボルを，「宗派主義」がもつ非難と嫌悪に満ちた色に染めてしまいかねないためである．そのような場合，「宗派固有の（sect-specific）」とすれば，より正確で，曖昧性も少ない．他の文脈においても同様で，「宗派中心的（sect-centric）」という言葉と組み合わせることで，意味がより明確化され，価値判断として誤解されることもなくなる．例えば，「宗派的政党」でなく，「宗派中心的」政党とすれば問題は格段に小さくなる．「宗派的政党」は，特定宗派の諸問題に取り組む政党派閥から，他宗派に対する嫌悪を煽る政党まで，いかなる解釈も可能になってしまうからである．

　初めに断っておくが，これ以降の文章は，引用されている研究者に対する批判ではなく，「宗派主義」という用語そのものに対する批判である．また，その用語の使用が，学術的貢献の価値を損なうことはない．事実，ここで引用される文献の多くが，スンナ派／シーア派関係のダイナミクスを捉える上で，重要な先行研究となっている．本章の目的は，学術研究の中で用いられる用語としての「宗派主義」の正当性を問題として提起し，その用語の一貫性，妥当性，有用性，適用性を問うことであって，文中で取り上げている研究者の業績を軽んじることではない．

1　「宗派主義」／ターイフィーヤ
──「なんでもあり」の定義──

　この15年間で「宗派主義」に関する学術研究の数は急増した．中東における宗派的ダイナミクスに対する理解は，かつてないほどに深まっているといえよう．しかし，最も重要な先行研究をとってみても，宗派関係のメカニズムや宗

派的ダイナミクスが政治的重要性を増す過程については鋭い考察がなされていても，「宗派主義」の定義はすっぽり抜け落ちている．また，「宗派（sect）」やアラビア語の「ターイファ（ṭāʾifa）」が詳細に定義されていても，「宗派主義」や「ターイフィーヤ」は定義されない場合もある．それをよく表している一例が，2015年に発表されたオスマンのイラクにおける宗派間関係についての研究だ．「ここで当然，宗派主義とは何かという疑問が生まれる」と述べた後，彼は「宗派」と「ターイフィーヤ」を巧みに解説し，そこから未定義の「宗派主義」へと滑らかに移行した［Osman 2015: 39-42］．このような事例では研究者は，宗派を定義すれば「宗派主義」の意味が自明になると考えているようである．実際にある研究者は，「宗派主義と宗派の関係は，エジプトとエジプト人の関係と同じ」［Al-Nifis 2008: 44］という論理で，このことを明確に主張している．しかしながら，宗派アイデンティティや宗派関係の現れようはあまりにも多岐にわたるため，このように融通性が高く，論争的な用語１つに全てを包含させるには所詮無理がある．もし「宗派主義」が「宗派」と直接関係することに同意してしまえば，その意味するところは当然，信仰，儀礼，シンボル，連帯から，宗派に基づく差別，能動的憎悪や暴力までを含むことになる．

　「宗派主義」／ターイフィーヤを定義しようとする試みは比較的まれであり，かつ／あるいは表面的ではあるが，それでも直接的または推測的な意味を手がかりに，この用語が使われる際の矛盾をいくつか特定することは可能である．かなり広義にとらえるアプローチにおいて「宗派主義」は，宗派アイデンティティに関するもの全てを包含する語として用いられる［Osman 2013; Al-Qarawee 2013; Nu'man 2013: 159-60; Sabahi 2012: 163-78］．そういった場合，「宗派的」と「宗派主義」が，同義語として使われることもある．また，解釈の範囲を宗教あるいは準宗教カテゴリーの外にまで広げると，「宗派主義」は，サブナショナル――宗教的，準宗教的，エスニック，政治的あるいはリージョナル――な集団間の対立関係を表すために用いられ，結果的にこの用語の必然性が失われる［Al-Nifis 2008: 43-71, 95-131; Al-Shar' 2008: 43-71; 95-131; Ismael and Ismael 2010: 339-56; Al-Khayyun 2011; Potter 2013: 1-30］．この他の非限定的な用法には，さまざまな形態の宗派中心性に関連するものがある［Taqi al-Din 2013: 59-66; Machlis 2014］[7]．「宗派主義」をより限定的に用いるアプローチでは，最も顕著な例として人種主義（racism）の宗派版がある．更に狭義に解釈する例では，宗教やエスニックなアイデンティティを基盤とする政治システム――レバノンにあてはまるが，

それに限らない——を「宗派主義」と捉える文献群が存在する[8]. 最後に, 重層的定義を考案することで,「宗派主義」の意味を解明しようとする学者もいる [Bilqiz 2013: 9-18, 78-81; Ibrahim 1996; Gengler 2013: 31-66; Warner 2013; Nasr 2000: 171-90]. これらの研究は多くの場合, 種々の「宗派主義」を区分する類型論を含み, 単一定義にこだわらない [Weiss 2010: 2-3, 11-15; Haddad 2011: 25-29]. もちろん, こうした試みを通じて, 宗派的ダイナミクスに関する我々の理解は深まったかもしれないが, 用語として問題をはらんでいるために, 解明には至っていない. 例えば「社会的宗派主義」や「暴力的宗派主義」等,「宗派主義」をタイプ別に特定する試みも見受けられるが, それはしかし, 修飾語を取った後に残る「宗派主義」とは何なのかという疑問が当然残る.

　このような語彙的違和感を解消するために「宗派主義」の定義を, 宗派アイデンティティと政治の交点に留める試みもある. これが今のところ, この問題に対するアプローチの中で最も重用されている. このアプローチは単純明快で, コントロールしやすく,「宗派主義」とされるものが, 実のところ, 古代の宗教ではなく, 現代政治の帰結なのだという事実も浮き彫りにする. またこのアプローチは, 優雅で明確に線引きされた「宗派主義」の理解をもたらしてくれる. その例がマクディースィーによる次の定義である.「宗派主義とは, 宗教的伝統を, 近現代における政治的アイデンティティの主要なマーカーのひとつに据えることである」[Makdisi 2000: 7]. これは, 有用なアプローチではあるが,「宗派主義」という用語の厄介な特性までは抑えることができない. 政治と宗派アイデンティティの交点だけに焦点を絞る「宗派主義」の定義には, 共通して最低でも3つの問題点がある. 第1に, 鶏が先か卵が先かという難問だ.「宗派主義」は, 政治の「外」に, 政治化に先立って存在するのか, それとも政治の「所産」なのか? 例えば, ハイユーンが著した『宗派主義の政治利用』の中で「宗派主義」は, 政治化とは別に, 政治化される以前から存在するものと想定されている [Al-Khayyun 2010]. より一般的には,「宗派主義」は宗派アイデンティティの政治化の所産と示唆されている. ただし, このような相違が議論を二分させていると考えるのは見当違いである. むしろこの相違は, 語彙の一貫性の欠落と当該領域における軽率な使用がもたらした結果なのである. 第2に, このアプローチは, 宗派的ダイナミクスを上からみるという内在的傾向をもつ. 政治と政治化に焦点が当たるため, 大抵の場合——もちろん全ての場合においてではないが——過度に政治権力に注目していると捉えら

れている．それゆえ，しばしば「宗派主義」は，政治目的のために宗派集団を利用するかれこれの邪悪な国家権力が生み落としたものであると示唆される[9]．権力をもった政治主体によって揮われ，無力な人々にぶつけられるものとして「宗派主義」を捉えれば，このアプローチが広く受け入れられている理由は，ある程度説明できる．これは，社会が被った「宗派主義」という嫌疑（しかしそれが何かということは，ほとんど未定義のままだが）を晴らしてくれるからである．

　最後に第3の問題点として，「宗派主義」の理解を宗派アイデンティティと政治の合流点に限定してしまうことにより，宗教，宗教教義，宗教的正統性および宗教観念を，結果的に排除してしまう懸念がある．例えば，「宗派主義」を政治の道具化として厳密に解釈することが，果たして一般的な宗派に基づく偏見や，教義的他者性に基づき宗派的憎悪を駆り立てるウラマーらの命令を説明できるだろうか[10]．この用語を保持することに固執するとして，「宗派主義」の解釈からこのような事例を排除することはできるのだろうか[11]．

　宗派的ダイナミクスは，信仰や宗教と同様に，政治に限定されることもない．すなわち政治に焦点を絞りすぎると，宗教的真理とされる領域の重要な要素を見落とすことになり，宗教的教義に焦点を絞りすぎると，宗派間の関係や競争における政治的側面を見過ごしかねない．一例として政治学者のピエレが書いた2014年の論評を取り上げよう [Pierret 2014]．この論評は，シリア政府は「宗派的でない」と主張したジャーナリストのニール・ローゼンによる取材記事を批判したものである．ここに，この言葉の根本的な問題性が明示されている．その言葉の融通性ゆえに，一方で，シリアの政権は宗派中心的な熱狂的信者の集まりではないから宗派主義的ではない，というローゼンの議論が可能となり，同時にもう一方では，そもそもシリアの政権が宗派的対立を恒常的に操作しているのだから，そのような論点は的外れであるというピエレの議論も可能となるのだ．明確な定義がないため，双方の主張それぞれに一貫性がある．「宗派主義」と教義上の宗教とをより強く関連づけるほど，ローゼンの観点は筋が通ってくる．また，宗教集団に存在する社会政治的側面を包含するほど，ピエレの疑問も説得力を増す．究極的に，「宗派主義」と関連している多くにおいて，明確な定義の不在は，このような問題を個人の選好に委ねてしまう．

　宗派的とは何であり，また「宗派主義」とは何かを特定しようとする際，よく引き合いに出される宗教対世俗という二分法は，ほとんど意味をなさない．国民国家が主流の時代における宗派的ダイナミクスに関しては，とりわけそう

と言える．この時代の宗派間競争は，宗教上の諸真理によって煽られている
というよりもそれ以上に——とまではいわなくとも同じ程度に，宗教と対抗関
係にあるナショナルな枠組での真理によって煽られやすい．今日のシリア，
イラク，レバノン，バハレーンの状況からも明らかなように，宗派的連帯や宗
派的偏見は，教義や法学よりも，階級，リージョナリズム，ローカリティと
いった動機からはるかに影響を受ける．その意味では，世俗的な人であって
も，あるいは熱心な無神論者さえも，特定宗派に対して根深い偏見を抱いてい
れば，「宗派的」になりうる[12]．マクディースィーの定義に戻ると，政治的な行
動が「宗教的伝統を，近現代における政治的アイデンティティの主要なマー
カーの１つに据え」なくても，「宗派中心的」になる（したがって「宗派主義」の
表出とみなされる）ことは可能で，そういった布置に断固として抵抗する一方で
同時に宗派中心的たりえるのだ．これが最も如実に現れたのは，シリア（1963
〜）および，イラク（1968〜2003）の政権政党であった，バアス党（アラブ社会主
義復興党）の構成と政策である．いずれの事例においても宗教的伝統が政治的
アイデンティティの指標の１つとされたり，宗教的正統性に関する諸概念が政
治的包摂のための前提条件とされたりすることはなかった．むしろ両政権は，
宗派的特異性をあらわにすることを極端に嫌った．しかし，このような嫌悪
は，程度の差はあるが，シリアおよびイラクの政権党の宗派中心性の表出を妨
げなかった．このことに関係するのは，「アラウィー派政権」「スンナ派政権」
という誤った名称が示唆するような宗派アイデンティティだけではなかった．
むしろ，部族，地域，そして階級的連帯が関係していたのである．両政権共
に，その宗派中心性と「宗派主義」を批判されてきたが，それは政府が特定の
宗派アイデンティティを強く主張したからというよりは，単独の宗派集団（あ
るいは，より具体的には，その宗派に属する部族や地域を基盤にした小集団）に有利に働
く一連の権力関係を持続させ，他集団を抑圧し，スティグマ化したからで
ある[13]．要は，シリアとイラクにおけるバアス党の事例は，どちらも公然と世俗
主義を掲げ，宗派的固有性の可視化に嫌悪を示しておきながら，政権内部およ
び政権自体は，宗派中心性や「宗派主義」的認識を遮断できなかったというこ
とを示している．

　おそらくそのような問題を克服するために，一部の研究者は「宗派的」と
「宗派主義」を包括的に理解するという選択をしてきたのである．そうすれば
確かに宗派的ダイナミクスの全ての様相を包摂しうるが，同時にこの用語に対

するわれわれの理解も一層不分明になってしまう．ここで思い起こされるのは，「エスニック」という語が包括的なフレーズになったことで，意味を失してしまったという，文化人類学者グッディの嘆きである．

> 「エスニック」という語が社会科学における流行語になってしまい，日常会話でも多少の同質性をもっているようにみえる集団を大まかに指すに際に，しばしば使われるようになった．……エスニシティの概念が，これだけ広範囲に受け入れられている理由は，ある人間集団を——エトノスのことであるが——他のそれと区別する要素が何か，という定義の問題を避けて通れるからである．エスニシティは，全てをカバーすると同時に，全てをカバーアップする（覆い隠す）[Goody 2001: 8]．

「宗派」，「宗派的」そして，特に「宗派主義」という用語は，同じように変幻自在な性質をもっており，宗教的区分に限定されないあらゆる現象と，集団を言い表してきた．例えば，2013年のある論考ではこう述べられている．「今年，中東域内で起きた事件によって，サウジアラビアの国家宗派主義の標的は，シーア主義（Shi'ism）からスンナ派的政治的イスラーム主義へと急転回した」[Hammond 2013: 9]．

このように，「宗派主義」の輪郭がぼやけることは多々ある．これまでも研究者は，スンナ派とシーア派，アラブ人とクルド人の両対立に関して，この用語を当てはめてきた[14]．政治的対立（例えばファシスト対左翼）さえも，宗教あるいは宗派に基づく対立と共に「宗派主義」に含む研究者もいる[Marechal and Zemni 2012: 308n39]．また，他の研究者は「宗派主義」の定義を広げ，「社会階級，職業，人種のみならず，意見や部族，ジェンダーなどに基づく」あらゆる集団に対する不寛容な行為も含まれるとする[Al-Khayyūn 2011: 7]．また，1つの研究の中に「宗派主義」の定義が3つ示されるものもある．まず「ある宗派，団体，あるいは集団に対する厳格かつ極端な忠誠」．次に，政治経済あるいは文化的な目的を達成するための宗教的多様性の活用．そして，途方もないのだが，最後に「宗派主義の政治化（tasayis al-ṭā'ifīya）」と定義されている[Al-Shar' 2008: 95, 102, 113][16]．最も分析的な価値のあるいくつかの研究においても，宗派アイデンティティや宗派的ダイナミクスの様々な表出について述べる際には，融通性の高いこの用語が用いられている．カラウィーが2013年に発表した，現代中東における宗派的ダイナミクスに関する洞察に満ちた分析がその一

例だ．カラウィーは「宗派主義」の構成基準は明らかにしないが，基本的な部分において，宗派固有の動員と宗派連帯の強化を意味する際にこの語を明確に用いている．しかし，2003年以前のイラクにおける「宗派主義」の存在とその適用可能性に及ぶと，この語が宗派中心性の意味合いを含むのか，あるいは，積極的な宗派動員に限定されるのかが明瞭でない．「宗派主義」を決定づけるのは，敵対的な宗派連帯だけなのか，それとも宗派的範疇に基づき自らの同一性を確認しようとする意識の高まりも，その意識が敵対的でない場合，同じことが言えるのか．ある箇所では，宗派間の好戦的態度が「宗派主義」の特徴として強調され，また別の箇所では，宗派内の連帯が強調されているのである [Al-Qarawee 2013: 4, 5, 10, 12]．[17]

　前述したとおり，「宗派主義」に取り組むに際しては，人種主義の一般的な理解を投影する研究者もいる．このパラダイムの一例において「宗派主義」は，「偏狭な偏見が生み出す感情で，多くの場合，自分と違う宗派やエスニック集団に属す人に対する，不寛容，差別，憎悪を生む」と定義される [Kadhim 2010: 276]．このアプローチは将来的に，宗派関係に関する研究に成果をもたらすかもしれない．もしこのアプローチが，人種，人種関係，批判的人種論といったはるかに成熟した研究の高みに達することができたら，の話である．例えば，人種主義に関する研究は，暴力や公然の差別といったあからさまな示威のみならず，制度的人種主義，構造的人種主義，そして人種関係における法律や権力の位置づけといった捉えにくい表現にも注目する．[18]「宗派主義」を，人種主義の宗派版として理解したいのであれば，宗派関係の研究レベルも人種関係の研究の高みに匹敵しなければならない．実際のところ，宗派アイデンティティと宗派関係に関する深い分析がなされていない状況それ自体が，中東の「宗派主義」は2003年以降の現象だとする見解を存続させているのである．[19]現実には，「宗派主義」に対する理解を暴力や能動的な憎悪だけに限定できないほど，宗派関係は複雑なのであって，それは人種主義の適切な理解が暴力の示威に限定されないことと同じである．このような限定的アプローチは，宗派や人種関係の微妙な側面を見えなくし，権力関係，経済状況，記憶，偏見，そして個人および集団的バイアスの位置づけを曖昧にさせてしまう．

　数多くの学者が研究に力を注ぎ，また近年多数の論考が発表されているにもかかわらず，「宗派主義」の意味は，善と悪ほどの振幅があり，美の基準ほどに主観的で，悪の概念ほどに定義し難い．対象文献を調査した結果，「宗派主

義」の用法，定義，解釈の多くは，その範囲が最も包括的なものから限定的な
ものまで，大きく6つのアプローチに分けられる.

1．宗派アイデンティティに関わる全てのための，包括的な用語として.
2．宗派間の敵対的関係に関する全てのための，包括的な用語として（場
　　合によっては，宗派，部族，人種，エスニシティ等といった帰属を表す指標の種
　　類にかかわらず，あらゆる集団間の対立も含む）.
3．宗派中心性──有害無害にかかわらず，さまざまな形態を表す言葉と
　　して.
4．人種主義の宗派版として.
5．宗派アイデンティティと政治の交点として.
6．重層的かつ多面的な概念として.

　前述したように，これは単なる意味論を問題としているのではない.「宗派
主義」は，これほど政策との関わりが大きいにもかかわらず，明確な定義を欠
いていることだけでも十分問題なのであるが，この定義の曖昧性が「宗派主
義」の否定性という，広く普及している前提と結びつくときは，単なる非一貫
性に留まらず，分析における歪曲，政治的危害，社会的分断をもたらすのであ
る.

2　無益なだけでなく，危険な歪曲

　「宗派主義」の性質をめぐって，理解と誤解が入り乱れるなか，ただ1つ，
安定しているようにみえるものがある．それは，この用語がもつ否定性をほぼ
誰もが認めていることである．この否定性は，「宗派的」という用語を用いて
組織，メッセージ，あるいは，個人に言及する際にも及んでいる.「宗派主
義」や「宗派的」が，憎悪，差別，暴力への言及時に使用されるだけなら，そ
の否定性は正当性を有するであろうが，現状はまるで違う．実際，この用語が
使用されると，宗派アイデンティティの全く正当な面やその表現さえも，しば
しば「宗派的」や「宗派主義」と同様の否定性を帯びることになる．そこには
根本的な問題が立ちはだかっている．いくつかの争点や主体は，宗派的なコー
ド化をしないでおくことが，不可能でないにしても多くの場合困難なのであ
る．例えば，ある特定宗派の政治的権利を求める運動を議論する際，宗派関係

という波乱含みの語彙を避けられるであろうか．騒乱やデモ，蜂起において，もし1つまたは全ての当事者が宗派中心性の片鱗を見せていたら，宗派コード化は避けられないのではないか．実際，時として，宗派アイデンティティがそのような動きの推進要因となる場合，宗派コードははたして避けられるべきものなのだろうか？　問題は，「宗派的」や「宗派主義」という用語が連想させる否定性ゆえに，ある運動や集会を宗派でコード化するだけで（例えばシーア派運動，スンナ派政党などのように），否定的な含みを帯びてしまうことにある．2011年に起きたバハレーンの「シーア派抗議運動」や，シリアの「スンナ派デモ」の結果に，それが充分すぎるほど現れている．英語であれアラビア語であれ，「宗派主義」あるいはその関連語の「宗派的」等から，語源的，歴史的，政治的ファクターに起因する根深い否定性を削ぐことは，きわめて難しくなっている．

　オスマンは，イラクにおける宗派関係に関する研究の中で，次のように指摘している．すなわち，欧米の社会学は常に，宗派——ひいては「宗派主義」——を，大きな宗教から分裂した分離宗派集団に結びつけてきた．それによって，宗派という概念を「常軌を逸した，あるいは異常な集団」と，ほぼ同義にしてしまった［Osman 2015: 39］．同様に，アラビア語のターイファも，大きな全体の一部分に関係づけられている[20]．このような関係づけは，価値判断と切り離された単なる集団規模の問題ともとれるが，ターイファの概念を派閥主義，組織内対立や不和というくくりで捉えてきた知と宗教の歴史とも合致する．近代国民国家，それ以前のイスラームの時代においても，ターイファ（ひいてはターイフィーヤ）は，宗教的またはナショナルな規範からの逸脱を連想させるため，そもそも否定的に解釈される傾向があった．ターイファの語源について，アナリスト兼評論家であるディーニーが主張するように，「したがって，我々が論じている対象も，主流［アラビア語では sa'īd］から外れた少数派であることを意味する量的な概念である」［Al-Dīnī 2010: 10］[22]．

　世俗主義，近代性，反植民地主義の名の下に，あるいは統一の必要性から，近現代の権威主義的なアラブの国民国家は，宗派別にアイデンティティをわけるというやり方を非難してきた（エスニック・宗教的アイデンティティに関しても，同様のパターンが見てとれる）．その中で，レバノンはやや例外的であったが，その例外主義が暴力に帰結したことにより，他の中東諸国は分化した諸宗派アイデンティティに対するスティグマをより強固にしたともいえよう．このような

潜在意識が，宗派意識に基づくアイデンティティ形成を，近代的，進歩的，世俗的な理想の国家建設とは真逆に位置づけてきたように思われる[23]．それゆえ，20世紀にシリア，エジプト，イラクなどに存在した諸政権において多元主義が公式的には謳歌されていた一方で，これらの政権を含むアラブ世界の独裁政権は，自国民の亀裂構造を，包摂ではなく希薄化で乗り越えようとしていたのである．「多元主義」は，すでに他の学者らが論じているように，国家によって非常に限定的に，かつ高圧的に定義された「統一性」に対する脅威とみなされることが常であった．「統一性」は，国民の多様性にうわべでは賛同しながらも，差異化された集団アイデンティティをさかんに周縁化し封印しようとする [Safouan 2007: 8-11; Al-Nifis 2008: 45-49; Matar 2003: 23-42]．共同体の多様性に加えられたこのような失策の大きな負の遺産の1つは，異なるアイデンティティに対するアレルギーの蔓延である．近年，宗派アイデンティティが関わる場で，このアレルギーが顕著に見られる．宗派と関連することをすべて不自然なまでに，そして事実に反する形で回避したがる人がいるのである．例えば，法学者のシャアバーンは，イラクにおけるアイデンティティに関し，次のように説明した．すなわち，イラク人総体としての多元性は，「ネーションと民族の区分」（顕著な例に，アラブ人とクルド人），または宗教的差異（具体的には国内のイスラーム教徒マジョリティと，より小規模の宗教的マイノリティ）から定義することができる．そしてこう結論づけた．「これが歴史的，統一的，包摂的［jamī］イラクの真の姿である．かいらい国家や地域宗派，エスニシティからなる仮のイラクではない……」［Sha'ban 2010: 50-52］．ここで無視された誰もが知っている重要な事実，とりわけイラクの宗派集団（特にシーア派とスンナ派）に関しては，すべての言及が徹底的に回避されている．このような排除は，読み手のイラクに対する理解を妨げるばかりか，イラク内の対立する共同体間の問題を改善することにならない．

　「宗派主義」の否定性を巡るもう1つの非生産的な反応は，躍起となって「宗派主義」を社会と宗教から切り離そうとする人々の間で見受けられる．特にアラビア語の文献では，宗教を免責することが目的とされている．このような試みで最も典型的なのは，外部主体や要因を得体の知れない「宗派主義」を煽ったかどで非難する方法，もしくは，「政治的宗派主義」に囲い込むことで，表向きには宗教と社会を無縁たらしめる方法である．そもそも政治と社会を明確に線引きできるのかという基本的な問題はさておき，この前提も，歴史

的，知的，法学上の現実を意図的に無視している．また他の論考は，過度な道具主義的アプローチに依拠し，「宗派主義」を専ら上からの命令によるトップダウンの現象として捉える［Salloukh 2017; Al-Rasheed 2017: 35-54, 143-58; Hurd 2015: 61-75; Gause 2014］．たとえエリートが，一部で信じられているように，本当に宗派主義の黒幕であるとしても，エリートもまたかなりの程度社会の鏡でありその所産であるという事実は変わらない．同様に，宗教と「宗派主義」を切り離そうとする試みも，同程度の問題を含んでいる[24]．これは，宗教と歴史に対する高度に選択的な解釈を要する一方で，次の事実を無視している．ほぼ全ての宗教は——イスラーム教各宗派の分派も含む——それぞれが有する伝統的な寛大さとの共存や矛盾の中で，他者の分断と糾弾を標榜してきたのである[25]．宗教と社会にかけられた「宗派主義」という嫌疑を晴らさなければならない，という一部の学者による認識は，この言葉がもつ毒性と軽卒な語法に起因している．それに拍車をかけてきたのが，定義の欠如である．

「宗派主義」の否定的な意味あいは，時として，宗派固有のシンボル，儀礼，宗派アイデンティティの悪魔化につながった．ここで留意すべきは，それぞれの宗派は同じ土俵に立っているわけではないことである．つい最近まで論争の的となりうるようなスンナ派アイデンティティなど（種々のシーア派アイデンティティに比肩するようなアイデンティティは言わずもがな）ほとんどなかったという事実は，宗派アイデンティティの表出に関する諸問題が本来，シーア派の問題であったことを意味する．アーシューラーといった宗教儀礼，シーア派イマームの肖像，シーア派図像に表される聖者など，シーア派アイデンティティを誇示する行為は，大半のアラブ世界で問題視され，しばしば「宗派的」あるいは「宗派主義」の一例とされてきた．単なる問題視にとどまらず，シーア派アイデンティティの集団的表出を安全保障の問題として警戒する傾向も見受けられる．これは，アラブとイランの対抗関係という地政学的要因と宗派アイデンティティとの交錯に大きな要因がある．より基本的な次元においては，漠然とした「宗派主義」によって，本来正当であるはずの宗派アイデンティティの表出がスティグマ化されるという，そのありようによって助長されている．このようなことはかなり恒常的に起こっており，その事例は枚挙にいとまがない．例えば，イラク治安部隊が「宗派的横断幕」や「宗派的旗」（イマーム像のようなシーア派のシンボル）を掲げた，というメディアによる糾弾はよくあることで，そのような事例が「宗派主義」の証拠として捉えられている．これを，世

界中の兵士が掲げるような幸運と守護を願うお守りの一例としてみる発想はない．同様のパターンが意外な場所でも見受けられる．2015年，エジプトの宗教ワクフ省は，カイロのフサイン・モスク（預言者ムハンマドの孫で，シーア派第3代イマームが埋葬されているとされる場所のうちの1つ）を3日間閉鎖した．それは，エジプト国内に住むごく少数のシーア派によるフサイン追悼行事を阻止するためであった[26]．最近では，2017年にダマスカスでシーア派住民がアルバイーン（カルバラの戦いでの殉教から40日目）を追悼している行事の映像記録が問題視された．人気の高いある評論家は，このフィルム映像へのリンクと共に「新生シリアは宗派的で醜い」とツイートした（49秒の動画クリップでは，上半身裸の男たちがリズミカルに「フサイン」と唱えながら，胸部をたたいている[27]）．これはシーア派アイデンティティの表出に対する広範囲な嫌悪を示している．こういった他者性の表明を敵対的態度の表明と捉えることが，アラブ世界の宗派的多元性をより複雑にしている．

　多元的社会において，宗派固有のシンボル，儀礼，あるいは諸事一般を擁護することを悪魔化するのは，到底現実的ではない．そのような行為はせいぜい宗派中心的とみなされるにせよ，そもそも宗派中心性は，敵対的でない限り問題視される必要はない．ある程度の宗派中心性は，何らかの宗派アイデンティティに傾倒する人にとっては，ごく当たり前のことであろう．それゆえに，当たり障りのない，無害な種類の宗派中心性を定義上「宗派主義」の渦に放り込むことは，宗派アイデンティティや宗派的儀礼を暗にスティグマ化することになる．前述の例は，20世紀のアラブ世界においてほぼとぎれることなく続けられてきた，外集団への抑圧パターンを再現している．この免れようのない否定性の正体を定義しない限り，このようなパターンは繰り返されるであろう．そして何よりも有害なのは，容認できる（特に外集団の）宗派アイデンティティと，容認できない「宗派主義」の間の境界線が，曖昧なまま放置されることである．

　「宗派主義」が否定性を含意するがゆえに，国家や政治的保守勢力は，その用語にかこつけて，本来正当であるべき政治活動から正当性を奪う．それを劇的に証明するのが，2011年にバハレーンとシリアで起きた大規模な抗議活動に対する両政府の反応だ．いずれのケースにおいても，両政権にとって自らが直面している政治的脅威を無効化し，デモ参加者を不法化し，政権支持の気運を回復するための手段は限られていた．そのことを正しく判断した両政府は，拡

大する諸抗議運動に「宗派主義」のレッテルを貼ることで，当初の目的を達成したのである．レッテル貼りとは言っても，デモ参加者の宗派を暗に仄めかした程度ではあるが，社会の広い範囲で，それを難なく受け入れてしまう人々が出現した．それは，次のような現実を反映している．すなわち，「上から」見るにせよ「下から」見るにせよ，他宗派の一部は何らかの，定義なしの（それでいて疑いようもなく邪悪な）「宗派主義」ゆえに有罪であると信じる相当数の意見が存在するという現実である．そこで問題が生じる．では宗派的外集団は，「宗派主義」御用達との中傷を受けることなく，いかにして自らの利害を推し進め，あるいは，権利の拡大を訴えることができるのか．マッティースンが，2011年のバハレーンに関して以下のように論じている．「これは，初めからシーア派の抗議運動だったのだろうか．参加者の大多数はシーア派だったが，そもそもバハレーン市民の大多数がシーア派である．その点で，参加者の割合は驚くに値しない．より注視すべき点は，デモ参加者の要求が少なくとも初期においては宗派的でなかったことである」[Matthiesen 2013: 12].

　通例に反し，政治においては，宗派アイデンティティの強調が必要な場合もある．政治と宗派アイデンティティの交点は，否定性を帯びた「宗派主義」の一例である必要はなく，宗派固有の差別や不正義に対する正統な取り組みとなりうる．世界中で権利擁護団体や政治運動体が，集団固有の問題を掲げて運動しているが，例えば，我々は人種固有の問題や組織に対して，やみくもに「人種主義」という言葉を当てはめたりはしない．通常であれば，まず問題となる人々の主張や言説を確認する．そうでなければ「人種主義」は，クー・クラックス・クラン（KKK）から，全米有色人種地位向上協議会（NAACP）まで，全てを言い表すのに使われてしまうからだ．このようなアプローチが問題なのは，動員の様態，言説の中身，争点の正当性の如何にかかわらず，特定の宗派に属している人々が結集しようとしてもそれが「宗派主義」と糾弾され，それに立ち向かうこともできず効果的に封じられてしまうことにある．

　残念ながら，「宗派主義」の矛盾は，この病弊に対する診断と解決策にもしばしば反映されている．例えば，本来宗派アイデンティティに関する洞察を提供するはずの議論は，次のように突拍子もない診断となる．そこでは，古代メソポタミアにおける牧羊民と農耕民の争いから，アッバース朝におけるアラブ部族の「カフターン系列」と「アドナーン系列」の違い，現代イラクにおけるスンナ派とシーア派の対立までが，直接関連づけられる [Al-Rubay'ī 2011: 48].

もし「宗派主義」の概念が多少なりとも確固としていれば，このような神秘化は回避しえたかもしれない．同様に問題なのは，この用語の非一貫性が，提示される解決策にもしばしば反映されることにある．例えば，イラクのダアワ党は，1992年に公表した綱領（「Barnāmijnā」──「我々の計画」）に，「宗派的少数派 [al-aqallīya al-ṭā'ifīya al-ḥākima] の覇権というイラク統治秩序を特徴づける特異な状況に取り組むことを目的とし……」という一文を盛り込んでいる．[Razzaq 2010: 80-81]．言うまでもなく，これは宗派的な（この言葉がもつ一般的な否定的意味で言うのだが）イラク人の中の少数派，あるいは少数宗派という意味として捉えることができる．換言すれば，そして綱領作成者らの背景とアイデンティティを踏まえれば，これをスンナ派のスティグマ化とも解釈しうる．皮肉なことに，この13年後にも同じ問題が浮上する．イラクの新憲法の第一草案の前文に「専制的集団により多数派に加えられた宗派的抑圧」（al-qam' al-ṭā'ifī min qibal al-tughma al-mustabidda ḍid al-aghlabīya）を遺憾とする文章が著されたのである．これはサッダーム・フセイン政権のみならず，スンナ派全体を暗に非難していると一部で解釈された[28]．

　同様に，「宗派主義」の全面禁止を求める声の中にも，非一貫的で非生産的な解決策の提案が多く見受けられる[29]．「宗派主義」が定義されない限り，そのような呼びかけに効果はないものの，この未定義状態ゆえにこの用語の融通性と操作しやすさの陰で当局に法的威力を行使させてしまう危うさがある．暴力的あるいは破壊的な宗派関連の示威行動が犯罪とされれば，次は宗派アイデンティティの表現それ自体に及びかねない．事実，1970年代にイラク政府がシーア派の行進を禁止したという前例がある．法学者のシャアバーンは，イラクにおけるアイデンティティを考察した研究の補遺で，「イラクで宗派主義を非合法化 [taḥrīm] し，市民権を強化する」ことを目的とした法律案を詳細に概説した．その法律案の前置きは次の通りである．「イラク社会の凝集性を再構築する上で必須とされる第1の行程は，宗派主義のあらゆる形態や表出を廃絶 [ilghā'] し，非合法化することである」[Sha'ban 2010: 98]．17条からなるこの法案には，良識的な提案も盛りこまれている．例えば，政府および非政府組職における宗派割当採用の禁止（第4条），宗教系の学校を教育省の権限下におく（第12条）などである．それにもかかわらず，ここには「宗派主義」に関する大多数の主張や解説と同様の問題が横たわっている．この法案のどこにも「宗派主義」の定義が示されていないのだ．明確な定義がなければ，そのような法律

が，宗派的な諸アイデンティティを標的とせず，またそれらの表出を犯罪とみなさずにいられるのか，確認することができない．「廃絶」または「非合法化」されるべき「宗派主義」に，宗派特有のシンボルや儀礼は含まれるのか．どうあろうとすでに現実化しているとおり，文脈次第では，そういった儀礼は，宗派的他者とされる人々のなかに，排斥あるいは包囲の恐怖を生みかねない[30]．また，初代から3代までのカリフを正統と認めるか否かという，政治性とは無縁の信条は「宗派主義」とみなされるのか．この問題に関して，シャアバーンの法案は，マキシマリストのアプローチを採っている．例えば，第2条は以下のような内容となっている．

> 公然であれ暗黙的であれ，宗派主義あるいは学派主義（madhhabīya）[31]を広める目的をもつ全ての活動および政治行動は，特に構成員が特定の宗派集団に限定されているか，あるいはその集団を代表あるいは援助することを公言している場合，それが政治的，政党的，社会的，専門的等の，いかなる名目の下であっても，禁止するものとする [Sha'ban 2010: 99]．

　当然ながら，このような法律は濫用されやすい．ウラマーというだけで「宗派主義」あるいは，「学派主義」を広めているといえるだろうか．結局のところ，ウラマーも社会・政治活動を行うが，通常その役割は，特定の宗派集団に限定される．さらに非常に重要な問題に関して言えば，宗派特有の差別が実際に存在する場合はどうなのか．その場合，劣位に置かれている宗派集団の権利を擁護せよと声を上げることは，犯罪とみなされるのか．この法案は，まさに宗派アイデンティティを周縁化し，中傷する意図があるようにも解釈できる．第3条には「宗派的または学派的（madhhabī）目的で，宗教的儀礼や実践を行うこと，シンボルを使用することは禁止する」[Sha'ban 2010: 99]とあるが，「宗派的」な目的が，非宗派的なそれと，どう違うのかは示されていない．

　たとえ定義づけを伴うものであっても，「宗派主義」の全面禁止という提案は全くもって実現不能であった．サウジアラビアのウラマー，マフフーズは，「宗派主義」の解決策として，各集団における聖性の保護を提起した．「宗派主義とタクフィールの言説［例えば，他集団を背教的だと非難すること］のジレンマに終止符を打ち，憎悪の伝播を止めるには，他者の聖性を侮辱した者を処罰するという，単純明快な法律を制定するほかにはない」[Al-Maḥfūz 2009: 12]．しかし，ある集団にとって聖なるものだとしても，そこに他集団の信仰を真っ向か

ら冒とくするような要素が含まれている場合はどうなのか．ウマイヤ朝初代カリフのムアーウィヤを称賛すること，または，西暦680年にカルバラの戦いでフサイン・イブン・アリーを倒した息子ヤズィードを中傷することは——前者はスンナ派，後者はシーア派の一部のグループにとって，避けられない立場だ——「宗派主義」とみなされるのだろうか．「宗派主義」を断ち切るという名目なら，ウラマーのことを悪くいうことも犯罪とされるのか．もしそうであれば，そのような法律は，宗派間の緊張関係を和らげるどころか，悪化させるだけであろうことは，イラクの国会を見れば明らかである．イラクの国会議員らの間では，イラク国内外のウラマーなどを軽蔑したという事実や言い掛かりをめぐる小競り合いが，一度ならず起きている．[32]「宗派主義」という概念は，あまりに否定的で錯綜的なために，解決は困難であると思われる．

3　定義不可能なものを定義するためにするべきこと

　「宗派的」であることの意味は何か．答えは，本章で取り上げた研究者のどの意見に賛同するかによって変わってくる．「宗派的な人」は，自宗派に偏向的で，他宗派の人を積極的に憎悪する人かもしれない．他宗派を攻撃する宗教論争を消費したり拡散する人であったり，宗派固有の組織に属する人，あるいは自宗派以外のこと全てに対し知的に偏狭で排他的な人かもしれない．この多義性は「宗派主義」という用語がもつ非一貫性の所産である．

　本章は，「宗派主義」という用語に対するさまざまなアプローチ，その一般的な理解と語法が及ぼしてきた悪影響について，概念および実用面から概略を試みた．第1に，この用語には明確な定義がないため，変幻自在な性質が備わっている．その適用範囲はきわめて広範囲で，問題，行動，表現様式，組織，人々，行事に及んでいる．第2に，この用語が帯びている否定性ゆえに，「宗派主義」という主張は1つの効果的なツールに転化する．それによって，宗派アイデンティティの諸表現は，必要に応じて封じ込められ，周縁化させられ，そして甚だしい場合は犯罪とみなされる．これは政治参加や政治的直接行動に関わる事柄に，特に大きなダメージを及ぼしてきた．この漠然とした，総じて悪評高い「宗派主義」と意図的に結合すれば，政敵や政治的困難は，多くの場合，うまく収束し得たからである．第3に，この用語の一般的理解の特徴である定義上の無法状態は，分析の焦点を本質的な問題から遠ざけてきた．そ

の本質的問題が社会経済的であれ政治的であれ，代わりに流動的な「宗派主義」に焦点を当てれば，その融通性ゆえに，宗派アイデンティティにほとんど関連しない問題をスケープゴートに祭り上げることができる．いうまでもないが，この状況は，宗派関係のダイナミクスとより広い社会経済や政治問題に対するわれわれの理解が著しく損なわれることを意味し，その結果，これらの問題に対する診断と解決策を見誤ってしまう．最後に，「宗派主義」に対する複雑で多角的な考え方によって，中東の宗派関係研究には矛盾が蔓延しているとの印象がつけられてしまった．さらにいえば，この状態は，中東の宗派研究が人種やエスニシティ研究と比肩する学術分野として広く認められる可能性を阻んでいると言えるかもしれない．繰り返しになるが，強調しておこう．全くもってこれは，ある研究者の意味論に対する執着の問題ではない．宗派アイデンティティによってかつてないほど引き裂かれた中東政策議論に，いかにこの用語が浸透しているかに鑑みれば，「宗派主義」に対するわれわれの歪んだ解釈に対処することこそが，喫緊の課題なのである．

　「宗派主義」を無用な概念として退ける者に対する，ゲングラーの批判は正しい．なぜなら，目下流通しているこの用語を退けることは，宗派的ダイナミクスを見過ごすことに等しいからである［Gengler 2013: 33］．宗派アイデンティティ，またはその他の集団的アイデンティティの潜在的な関連や影響を否定し得ないからこそ，この問題にアレルギー反応を示すことは，それに取り憑かれることと同様に非生産的である．宗派関係で中東を説明することはできないが，その関係性はオリエンタリストの想像の産物でもない．それゆえ，「宗派主義」という語を検証することは，今日の中東社会にまたがる多くの問題の中心に宗派的ダイナミクスがあることを否定することにはならない．ここでの問題は，無限の融通性を帯びた包括的な用語たる「宗派主義」の範疇に入る諸現象ではなく，この用語が実際は複雑な宗派アイデンティティの表現と宗派関係を言い表すために短絡的に使われているという事実なのである．一部の研究者は，この問題の複雑性を身近に説明しうる定義的枠組み提示しようとしてきた．[33] その結果，多くの場合，複数の「宗派主義」からなる類型論が提示され，それぞれが特定の文脈に適用されることとなった．同様に有用な代替アプローチに，「宗派主義」から暴力や憎悪といった価値観含みの意味を取り除き，用語として単純化された解釈を適用しようとする試みがある．この場合「宗派主義」は，単なる宗派中心性を意味する．これは換言すれば，起こりう

る結果を前提とせずに，現代の政治的アイデンティティの印として，宗派アイデンティティを採用することである［Makdisi 2000: 7; Sluglett 2010: 258n1; Gengler 2013: 33; 42; 64］．

　こういったアプローチの妥当性を損なうつもりはないが，それでも筆者は「宗派主義」という用語を完全に放棄する必要があると考える．2011年に，筆者はこの言葉の冗長さ──「役に立たない」とさえ言い切った──を主張したのだが，当時はこの用語の語彙としての不可避性には時として屈さざるを得ないと考えていた．そこで筆者が示したこの用語の類型論（積極的，受動的，バナル（banal）「宗派主義」）［Haddad 2011: 25, 53］から，「宗派主義」の用語を完全に廃棄し，攻撃的，受動的，バナル「宗派アイデンティティ」としたのなら，はるかに効果的であったことだろう．というのも，本質的にはそれこそが筆者の意味するところであったのだ．このように「宗派主義」の語法を放棄すれば，代わりにこの用語に含まれる数多くの現象の中で何がわれわれの問題関心となっているのかを明らかにすることができるのである．そもそもこの用語の使用を必須とするような，宗派関係やアイデンティティの表現などない[34]．より一貫性ある語彙的枠組みを構築しようとするなら，まず「宗派」という用語が前提とする集団の種類を特定しなければならないだろう．宗派を定義したら次は，宗派集団の全てあるいは一部分の要素に対して「宗派主義」を用いるのではなく，当該集団のどの側面に関心があるのかを的確に示す必要がある．それは多くの場合，「宗派的」のあとに適切な単語を加えるだけで事足りる．例えば，宗派アイデンティティ，宗派的団結，宗派動員といったように．ただし，冒頭で述べたように，宗派アイデンティティの諸側面をより一層明確にするには，特定宗派との直接の関連性やその中軸を示す「宗派固有の（sect-specific）」，「宗派中心的（sect-centric）」といった用語の使用が可能である．

　おおよそこれで「宗派的」という言葉は，他の語を修飾しない限り無意味なものとなる．実際のところこの言葉自体，否定的な意味合いを帯びすぎていて，実用的ではない．先の例に戻ろう．誰かを宗派的だと言うとき，通常その意味するところは何なのか．その一般的な使用においては，通常，かれこれの宗派に属する人々に対する蔑視感情が暗示されており，危害を及ぼす意図，感情，行動に結びつきかねない．しかし，それはまた，宗派中心性が多少強まったものとして捉えることもできる．例えばそれは，自宗派アイデンティティに対するナルシスト的な愛着を伴うが，宗派的他者に対する好戦的態度を必ずし

も伴っているとは限らない．人々，組織，政策が宗派中心的である場合（したがってこれらは，紛らわしくも「宗派的」だと，決めつけられるのだが），他宗派に対して必ずしも憎悪や攻撃心を抱いているわけではない．自宗派に対する強い偏見に彩られた歪んだ世界観をもっていることはあるかもしれない．それは他者の考えを無視することの一歩手前の，攻撃性のない無関心を伴うものだが，だからと言ってこれが，ある人を宗派的というときの典型的なイメージに近いかと言えば程遠い．

「宗派主義」という用語が，我々の理解を深めるどころか妨げていると主張するのは，私が初めてではない．フーリーは，この用語の全廃を主張する手前で止まって以下のように指摘した．「アイデンティティ形成の一分析カテゴリーとしての宗派主義は，ものごとを解明するだけでなく見えなくもする．知的生産者のみならず，政治主体によって，この語がどのように使われているか，個々の具体的な文脈の中で常に分析されなければならない」[Khoury 2010: 325]．それ以上に強力で単刀直入なのは，この言葉を拒否するレバノンの研究者メッサーラだ．彼の考えではこれは「[理解可能な]概念ではなく，診断，分析，解決に用いるには適切でない．結局のところ『宗派主義』の用語は，分析における知的怠慢を表しており，多くの場合，前提となるイデオロギー的立場の表明にすぎない．1920年代以降，『宗派主義』という用語は，誰もが不愉快に感じるものを捨てるゴミ箱と化してしまった．このゴミ箱の中身はバラバラで，矛盾に満ち，分類や調整を欠いている．そのなれの果てが，この用語のイデオロギー，紛争，論争のゴミ埋め立て地化である．」[Messarra 2013: 51; 92]

4 「宗派主義」から「宗派アイデンティティ」へ

「宗派主義」は，どう解釈しても，認識可能な実在ではない．むしろ，宗派アイデンティティに関連するシンボル，習性，行動，態度等，さまざまな現象を端的に表すものである．すなわち，現在急増中の研究が「宗派主義」として論じているものは，実際には，宗派アイデンティティとその多数の側面であるため，ここを概念的起点とすべきであろう．「宗派主義」という囂を誘発する用語から自由になることで，われわれはようやく宗派「アイデンティティ」の働きについて考察し始めることができる．それは（政治的および／あるいは哲学的）イスラーム思想の一表現なのか．政治的構築なのか，それとも象徴政治の

一機能なのか．階級的ダイナミクスのアバターなのか，それとも政権保持および地政学的競争の手段なのか．このような類の問いはさまざまな論考に頻繁に登場するものだが，結局のところそれらは全て部分的には正しく，それぞれがパズルの一ピースを担っているのであろう．したがってここで求められているのは，宗派アイデンティティの概念を広げることにより，宗派的な諸アイデンティティが機能する全ての枠組みを特定し理解することにある．そのためにわれわれは，宗派アイデンティティを複合的かつ重層的アイデンティティとして捉えなければならない．すなわち，これは1つではなく，また（政治または宗教または社会的アイデンティティといった）単一のレベルで機能するものでもない．むしろ，これら全てであり，これらだけにとどまらない．現代の宗派アイデンティティは，いくつもの相互に依存的・情報提供的・補完的レベルまたは層において，想像され，形成され，動員され，現れる．

1．宗教／宗教的教義：宗教および宗教的真理のレベルにおいて．言い換えれば，ある一連の宗教的真理をめぐって編成されるアイデンティティとして，そして，グローバルな，またはナショナルでないアイデンティティとして．

2．サブナショナル：一定のナショナルな環境内のローカルなレベルにおいて．

3．ナショナル：国民国家のレベルにおいて，またナショナル・アイデンティティが媒介されるプリズムとして．

4．トランスナショナル：国際関係，国家間／トランスナショナルな連帯，戦略地政学的競争のプリズムとして．

　各層間の相互依存性，境界の流動性，恒常的な相互作用に鑑みれば，これらを位階的に捉えるべきではないし，それらの間に固定的な因果関係を設定することは不可能である．そのため，このアプローチは宗派アイデンティティを，いわゆる宗派アイデンティティ版マズローの段階説的なピラミッドではなく，これら4つの構成要素または層の総体として捉える．玉ねぎのように大きさの異なる層が，核あるいは中心部を包んでいるのではなく，これら4つの等しく重要な層とレベルで宗派アイデンティティは機能する．宗派関係を進展させるのは，これらの層のうちの1つか複数の組み合わせであり，個々の層の相対的な重要度は文脈に完全に依拠する．このような重層的概念は，アイデンティ

ティを研究する者にとってはなんら特別ではない．宗派関係の研究者もこれに倣い，否が応でも重層的な現象に，単調な概念を当てはめるのは避けるべきである[36]．この枠組によってわれわれは，現代の宗派アイデンティティを構成している動的要素の布置がどうなっているのか，またその宗派アイデンティティが，相互に連結しつつも非常に異なる複数の認識領域においていかに作用するのかを想像できるようになる．宗派アイデンティティは，あまりに広範囲で，流動的で，不便なカテゴリーであるため，何か１つを代表するものとして厳密に捉えることができない．分析上有益であるために，宗派アイデンティティの概念は，上で提起されたように区分化および階層化されたアプローチが要求される．宗派アイデンティティと宗派関係の，複数のレベル——宗教，ナショナル，サブナショナル，トランスナショナル——における交互かつ同時的作用を認めることで，宗派関係の論考を支配してきた非現実的な二者択一思考を回避することができる．それは，例えば，上からか／下からか，道具主義者か／原初主義者（primordialists）か，宗教か／政治か等，である．ここで示した枠組みが，宗派アイデンティティに関する議論を，この研究を長らく支配してきた無力なプリズムの先へと推し進める一助になることを願う．宗派アイデンティティがいかに機能するのかに関する理解は，「宗派主義」とは何たるかをめぐる理論化の試みを乗り越えたところにある[37]．

注

1）宗派主義を実践［*yumāris al-ṭā'ifiya*］する人が目的としていることは，必ずしも宗派的とは限らない［Al-Ḥaj 2009: 77］．

2）「レバノンにおけるターイフィーヤ（*al-ṭā'ifiya fi Lubnān*）」といった場合は，政治における共同体的分担システムを指す．この用法の一例は Al-Zu'bī［2010: 47-65］参照．

3）例えば，Shūman［2013: 12-15］参照．

4）これは，2017年に *The Middle East Journal* 71巻３号に掲載した調査の延長であり，本章もこれに基づいている．当初行った調査では，125（アラビア語63，英語62）の研究を対象にし，その内83の論考においてこの語が定義されていなかった．今回の調査では，研究対象を202（アラビア語80，英語122）に拡大し，そのうち138の論考においてこの語が定義されていなかった．

5）2015年にワシントン D.C. で開催されたカーネギー国際平和財団のワークショップにて．引用は *Jacobellis v. Ohio*, 1964年（米国最高裁判決）より．「その略称［ハードコア・ポルノ］で呼ばれる対象物についての定義は，本件ではこれ以上試みないが，そもそも私には明解な定義をすることは無理かもしれない．だが見れば分かるのだから，その意味において本件の映画はそれに該当しない」．詳細は，以下のリンク参照（https://

supreme.justia.com/cases/federal/us/378/184/case.html, 2018年11月28日閲覧).

6）トーマス・ピエレ（Thomas Pierret）のインフォーマントのあるシリア人の発言は，興味深い一例である．モスクの炎上と，西暦657年にイスラーム教徒間で勃発した最初の戦いの記念行事について触れた際，同じ流れの中で「宗派主義」を用いている．「イラクで200ものモスクが2日間で焼け落ちた……ラッカ（Raqqa）で開かれるスィッフィーン（Siffin）の戦いの記念式典に招待された！［そして彼は叫んだ］なんとスィッフィーンだ!!……宗派主義は，東から潜入しているというわけだ」[Pierret 2012: 108].

7）スラグレットによれば，「宗派主義」は，「生まれながらの宗教あるいは宗派的帰属が…その人の他のアイデンティティを圧倒する心理状態，また『他』宗教あるいは宗派の構成員に対抗するために『同宗信徒』と団結させる心理状態であり，多くの場合これは，政治的代表あるいは政治的権利を獲得したり否定したりすることを目的としている」[Sluglett 2010: 258n1].

8）ある研究はターイフィーヤを「レバノンのように，異なる宗教集団間で政治権力の比例配分が制度化されている宗派（confessional）秩序」と定義する Marechal and Zemni [2012: 253n4]．同様のアプローチを採用している研究は Bashkin [2010], Al-Zu'bī [2010] などがある．

9）この点に関するアラビア語圏での議論の概要は Wehrey [2014: x-xi] 参照．

10）例えば，al-walā' wa-l-barā'（忠誠と否定：イスラームの教えを守ることを受け入れ，守らないことを受け入れない）という概念は，一部のウラマーらによって次のように利用されてきた．すなわち，宗派的他者は信仰の敵であるから少なくとも排除されなければならない，という形によってである．同様に一部のシーア派組織では，預言者ムハンマドの教友らに対する敵意を宗教的義務と捉えられている．それに対して今度は一部のスンナ派のウラマーが，これを根拠にシーア派に対する敵意を義務とした．

11）例えば，ある研究者は「（宗教的な敵対関係ではない）宗派主義の台頭」について述べているが，これは，激しく時に有害な，広く蔓延しているスンナ派とシーア派の宗教論争を「宗派主義」研究から排除することを意味する．Yousif [2010: 357]参照．

12）このテーマに関しては，Haddad [2014] 参照．

13）シリアおよび（1968年以降の）イラクのバアス党における宗派アイデンティティの役割に関して，より微妙なニュアンスを捉えた論考は，Van Dam [1980: 42-57] を参照．またシリアの文脈では，Van Dam [1981: 25-27], Hinnebusch [2015: 114-115] を参照．イラクの文脈では Batatu [1978: 1078-93] 参照．

14）例えば，Davis [2010: 234], Mitchell [2014], Beauchamp [2016], Coghlan and Smith [2016] 参照．

15）この広義に捉えるアプローチの中でも，より一般的で理にかなっているものは，宗教，民族（エスニック），部族の対立に限定されている [Potter 2013: 1-2].

16）この最後の定義は，ターイフィーヤの理解をより一層混乱させている問題の1つを浮き彫りにしている．というのもこれが「宗派主義」と，ṭā'ifī（宗派的／sectarian）の女性名詞の単数形（そして人間以外の名詞の複数形）——例えば，qaḍīya ṭā'ifiya（宗派的問題／sectarian issue）や，qawānīn ṭā'ifiya（宗派に基づく（イスラーム）法／sectarian laws）——の2つを意味するからである.

17）宗派的ダイナミクスについての優れた分析であるにもかかわらず，宗派関係に関する幅広い問題を指す言葉として「宗派主義」を用いている，もう1つの例は Nasr［2000: 171-90］.

18）学術分野としての人種に関する有益な概論は Delgado and Stefancic［2017］，Back and Solomos［2000］参照.

19）この論調は，特に大衆メディアに顕著にみられる．例えば，Ramadani［2014］，Al-Gharbi［2014］，Jamail［2008］.

20）オスマン［Osman 2015: 40］は，そういった通念に対して確信的に意義を唱える．「突き詰めていくと，分離集団だけではなく，その宗教界全体が，ある確固とした宗派主義的エートスに染まってしまう」.

21）初期イスラームの時代で ṭā'ifa は1000人に満たない集団を指した．ṭā'ifa の定義を巡る議論は，Taqī al-Dīn［2013: 60-61］，Osman［2015: 40-41］，Al-Khayyūn［2011: 16］参照.

22）宗派主義を巡る議論の中で，エジプトの研究者でシーア派アクティビストの Aḥmad al-Nifis は，この数的要素が「宗派主義」を暗に少数集団だけに関連づけてしまうと指摘する．Al-Nifis［2008: 45］参照.

23）本テーマについては，Makdisi［2000: 5-8］，Weiss［2010: 5-6］も参照.

24）例えば，宗教に関しては次の Ḥusayn［2011: 16］による説明をみよ．「宗派主義は自己利益追求のために宗派間の違いを利用してきた政治的傾向であるため，宗教とは無関係である」.

25）宗教を「宗派主義」から解放する試みの例は，Al-Shar'［2008: 100-101］も参照.

26）詳細は，以下参照．Walīd 'Abd Al-Raḥmān によるシャルクルアウサト紙（Al-Sharq al-Awsaṭ Oct. 23, 2015, http://aawsat.com/node/480636, 2018年11月28日閲覧）の "Al-Awqāf Tughliq Masjid al-Ḥusayn fi-l-Qāhira wa Tatawa'aḍ al-Shi'a bi-Ijrā'āt Ḥazīma Hal Mukhālafātihim al-Qānūn,"（宗教ワクフ省がカイロのフサイン・モスクを閉鎖，法を犯せば厳しく対処する，とシーア派住民に警告）と題する記事を参照．近年高まりつつあるエジプトにおける反シーア派意識の背景については，［Saleh and Kraetzschmar 2015: 545-562］参照.

27）以下の動画をみよ（@hxhassan, Nov. 10, 2017, https://twitter.com/hxhassan/status/929067738995322881, 2018年11月28日閲覧）.

28）最後の「マジョリティに対する」という文言は，草案段階で削除され，最終版では見られなかった．Al-Kubaysī［2013: 6］参照.

29）レバノン憲法第95条は，内戦後の1990年に修正され，「政治的な宗派主義を廃止する」（ilgha' al-ṭā'ifīya al-siyāsīya）ための委員会設立を明記した．以下，レバノン国民議会のウェブサイト参照（https://www.lp.gov.lb/CustomPage.aspx?id=26&, 2018年11月28日閲覧）．この文脈における宗派主義は，政治における共同体別配分システムというレバノンに特化した政治システムを指すものと一般的に解釈されるため，他と比べて問題性は低い.

30）「アラブの春」における宗派ダイナミクスに関する研究の中で，ウィメンは確信をもって次のように指摘した．「公共行動における革新的で独創的な形式には，常に宗教

的イメージに包まれた抗議レパートリーが伴うものである……しかし，宗教色の強いレパートリーや礼拝する場所から関連する宗派が明らかにされるため，運動と宗派集団が同一視されることになる．それによって，運動の包摂的言説の真意のほどが疑われてしまうのである」．［Wimmen 2014: 26］．

31）「宗派主義」という意味に対し，ターイフィーヤと互換的に用いられることもある学派主義（*madhhabīya*）は，*madhhab* の派生語で，ほとんどの場合，宗教法学的見解の範囲内でイスラーム法学の主要学派（シャーフィイー，ジャアファル，ハナフィー等）の１つを指す．ターイフィーヤと学派主義の違いがあるとすれば，後者において問題とされる宗派は，イスラーム教となる傾向が強く，またそれと関連する問題も宗教法学的見解の１つとされることである．このように，明確な定義ではなく，ニュアンスでしか区分されないため，両者は互換的に用いられている．

32）例えば，2012年，イラクの国会議員 M. アルワーニーによる，レバノンのシーア派組織ヒズブッラー書記長ハサン・ナスルッラーを侮辱する発言が問題となった．"Ḥadathan fi Usbu' Yakshifan Ikhtilālāt al-'Irāq al-Jadīd'"（さっそく一週間の内に事件が２件も勃発，「新イラク」の不協和音），*Al-Ḥayat*, Aug. 9, 2012,（www.alhayat.com/Details/425331，2018年11月28日閲覧）の記事を参照のこと．また最近では，イランの初代最高指導者の故ルーホッラー・ホメイニーを中傷する発言を巡り，イラク国会で殴り合いの喧嘩が起きている．以下参照．"'Irāq bi-l-Aydī Khilāl Jalsa li-Majlis al-Nuwwāb al-'Irāqī bi-Sabab al-Khumaynī（イラク国会会期中にホメイニーに端を発した殴り合い），" *Al-Ḥurra*, Aug. 26, 2013, www.alhurra.com/content/Iraq-fight-inside-parliament-khomeini/231389.html, 2018年11月28日閲覧).

33）「宗派主義」の定義を巡る問題の解決を最初に試みた研究には Bilqiz［2013］，Taqī al-Dīn［2013: 9-18; 78-81］，Ibrāhīm［1996: 23-24］が含まれる．

34）イラクにおけるスンナ派・シーア派関係における初期の研究で，最も説得力のある論考の１つが「宗派主義」という言葉を一切用いていないことに留意されたい［Sluglett and Farouk-Sluglett, 1978: 79-87］．

35）【訳注】心理学者アブラハム・マズローによる欲求段階説．人間の欲求はピラミッド状に段階的に積み上がっている，とした．

36）集団的アイデンティティへの重層的アプローチの一例は，［Abdelal et al. 2006: 695-711］参照．

37）この点は，筆者の近刊書籍で深く掘り下げる（*Understanding 'Sectarianism': Sunni-Shi'a Relations in the Modern Arab World*, London: Hurst & Co.）．

◈参考文献◈

Abdelal, R., Herrera Y. M., Johnston, A. I. and McDermott R.［2006］"Identity as Variable," *Perspectives on Politics*, 4(4).

Al-Dīnī, Y.［2010］"Mafhūm al-Ṭā'ifīya bayna al-Tajāthub al-Dīnī wa-l-Siyāsī（宗教的動態と政治的動態における宗派主義の解釈)," Al-Mesbar Studies and Research Centre ed., *Al-Ṭā'ifīya: Ṣaḥwat al-Fitna al-Nā'ima*（宗派主義：眠れる確執の覚醒), Beirut: Madarek.

Al-Gharbi, M.［2014］"The Myth and Reality of Sectarianism in Iraq," *Al-Jazeera America*, Aug.

18, 〈http://america.aljazeera.com/opinions/2014/8/iraq-sectarianismshiassunniskurdsnouria lmalaki.html, 2018年11月28日閲覧〉.

Al-Ḥaj Ṣāliḥ, Y. [2009] "al-Ṭāʾifīya wa-l-Siyāsa fi Sūrīa（シリアの宗派主義と政治）," Ḥāzim Saghīya ed., *Nawāsib wa Rawafiḍ*, Beirut: Dār al-Sāqi.

Al-Khayyūn, R. [2010] "al-ʿIrāq: Tawẓīf al-Ṭāʾifīya Siyasīyān（「イラク：宗派の政治的役割」）," Al-Mesbar Studies and Research Centre eds., *Al-Ṭāʾifīya: Ṣaḥwat al-Fitna al-Nāʾima*, Beirut: Madarek.

———— [2011] *Ḍid al-Ṭāʾifīya: Al-ʿIrāq — Jadal mā Baʿd Nīsān 2003*（宗派主義に抗う：イラク——2003年4月以降の課題）, Beirut: Madarek.

Al-Kubaysī, Y. [2013] "Al-ʿIrāq: al-Iḥtijājāt wa Azma al-Niẓām al-Siyāsi（イラク：抗議活動と政治制度の危機）," Arab Center for Research and Policy Studies, *Case Analysis*: 6.

Al-Maḥfūẓ, M. D. [2009] *Ṭāʾifīya*（宗派主義に対抗して）, Casablanca: Al-Markaz al-Thaqāfī al-ʿArabī.

Al-Nifis, A. R. [2008] "al-Ṭāʾifīya al-ʿUnṣlīya（人種主義的宗派主義）," *Shuʾūn Mashriqīya*, 1 (1).

Al-Qarawee, H. H. [2013] "Heightened Sectarianism in the Middle East: Causes, Dynamics and Consequences," Italian Institute for International Political Studies, *Analysis* No. 205.

Al-Rasheed, M. [2017] "Sectarianism as Counter-Revolution: Saudi Responses to the Arab Spring," N. Hashemi and N. Postel eds., *Sectarianization: Mapping the New Politics of the Middle East*, London: Hurst & Co.

Al-Rubayʾī, F. [2011] "Al-Ḥarb wa-l-Ṭāʾifīya（紛争と宗派主義）," F. al- Rubayʾī, and W. Kawtharānī, eds., *Al-Ṭāʾifīya wa-l-Ḥarb*（宗派主義と紛争）, Damascus: Dār al-Fikr.

Al-Sharʾ, M. [2008] "al-Mukāwinat al-Siyāsīya li-l-Ṭāʾifīya fi-l-ʿIrāq（イラクの宗派主義における政治的構成要素）," *Shuʾūn Mashriqīya*, 1(1).

Al-Zuʾbī, A. [2010] "al-Ṭāʾifīya wa Mushkila Bināʾ al-Dawla fi Lubnān（レバノンにおける宗派主義と国家建設の問題）," Al-Mesbar Studies and Research Centre ed., *Al-Ṭāʾifīya: Ṣaḥwat al-Fitna al-Nāʾima*, Beirut: Madarek.

Ayub, F. [2013] "Introduction," European Council of Foreign Relations Gulf Analysis, *The Gulf and Sectarianism*.

Bashkin, O. [2010] "'Religious Hatred Shall Disappear from the Land' - Iraqi Jews as Ottoman Subjects, 1864-1913," *International Journal of Contemporary Iraqi Studies*, 4(3).

Back L. and J. Solomos eds. [2000] *Theories of Race and Racism: A Reader*, London: Routledge.

Batatu, H. [1978] *The Old Social Classes and the Revolutionary Movements of Iraq: A Study of Iraq's Old Landed and Commercial Classes and of Its Communists, Baʾthists and Free Officers*, Princeton, NJ: Princeton University Press.

Beauchamp, Z. [2016] "America's Kurdish Problem: Today's Allies against ISIS Are Tomorrow's Headache," *Vox*, April 8, 〈www.vox.com/2016/4/8/11377314/america-kurds-problem, 2018年11月28日閲覧〉.

Bilqiz, A. ed. [2013] *al-Ṭāʾifīya wal Tasāmuḥ wal ʿAdāla al-Intiqālīya: min al-Fitna ila Dawla al-Qānūn*（宗派主義，寛容，そして移行正義）, Beirut: Centre for Arab Unity Studies.

Brunner, R. [2012] "Sunnites and Shiites in Modern Islam: Politics, Rapprochement and the Role of al-Azhar," B. Marechal and S. Zemni eds., *The Dynamics of Sunni-Shia Relationships: Doctrine, Transnationalism, Intellectuals and the Media*, London: Hurst & Co.

Coghlan, T. and L. Smith [2016] "Kurd Land Grab Deepens Sectarian Divide in Syria," *The Times* (London), Aug. 18, (www.thetimes.co.uk/article/kurd-land-grab-deepens-sectarian-divide-in-syria-lc7mjh7hp, 2018年11月28日閲覧).

Davis, E. [2010] "Introduction: The Question of Sectarian Identities in Iraq," *International Journal of Contemporary Iraqi Studies* 4(3).

Delgado, R. and J. Stefancic eds. [2017] *Critical Race Theory: An Introduction*, 3rd Edition, New York: New York University Press.

Gause III, F. G. [2014] "Beyond Sectarianism: The New Middle East Cold War," Brookings Doha Center, *Analysis Paper*, 11.

Gengler, J. J. [2013] "Understanding Sectarianism in the Persian Gulf," L.G. Potter ed., *Sectarian Politics in the Persian Gulf*, Oxford and New York: Oxford University Press.

Goody, J. [2001] "Bitter Icons," *New Left Review*, 7.

Haddad, F. [2011] *Sectarianism in Iraq: Antagonistic Visions of Unity*, London: Hurst & Co.

————— [2014] "Secular Sectarians," Middle East Institute, Middle East-Asia Project, *Sectarianism in the Middle East and Asia*, June 17, 2014 (www.mei.edu/content/map/secular-sectarians, 2018年11月28日閲覧).

Hammond, A. [2013] "Saudi Arabia: Cultivating Sectarian Spaces," European Council of Foreign Relations Gulf Analysis, *The Gulf and Sectarianism*.

Hinnebusch, R. [2015] "Syria's Alawis and the Ba'ath Party," M. Kerr and C. Larkin eds., *The Alawis of Syria: War, Faith and Politics in the Levant*, New York: Oxford University Press.

Hurd, E. S. [2015] "Politics of Sectarianism: Rethinking Religion and Politics in the Middle East," *Middle East Law and Governance*, 7(1).

Ḥusayn, A. [2011] *Al-Ṭā'ifīya al-Siyāsīya wa Mushkilāt al-Ḥukum fi-l-ʿIrāq* (政治的宗派主義とイラクにおける統治の問題), Baghdad: Dār Mesopotamia.

Ibrāhīm, F. [1996] *Al-Ṭā'ifīya wa-l-Siyāsīya fi-l-Ālam al-ʿArabī: Namūdhaj al-Shīʿa fi-l-ʿIrāq* (アラブ世界における宗派主義と政治：イラクのシーア派を例に), Cairo: Madbuli.

Ismael, T. Y. and J. S. Ismael [2010] "The Sectarian State in Iraq and the New Political Class," *International Journal of Contemporary Iraqi Studies*, 4(3).

Jamail, D. [2008] "The Myth of Sectarianism: The Policy Is Divide to Rule," *International Socialist Review*, 57 (www.isreview.org/issues/57/rep-sectarianism.shtml, 2018年11月28日閲覧).

Kadhim, A. [2010] "Efforts at Cross-Ethnic Cooperation: The 1920 Revolution and Sectarian Identities in Iraq," *International Journal of Contemporary Iraqi Studies*, 4(3).

Khoury, D. R. [2010] "The Security State and the Practice and Rhetoric of Sectarianism in Iraq," *International Journal of Contemporary Iraqi Studies*, 4(3).

Machlis, E. [2014] *Shiʿi Sectarianism in the Middle East: Modernisation and the Quest for Islamic Universalism*, London: I. B. Tauris.

Makdisi, U. [2000] *The Culture of Sectarianism: Community, History, and Violence in Nineteenth-Century Ottoman Lebanon*, Berkeley: University of California Press.

Marechal, B. and S. Zemni [2012] "Conclusion: Evaluating Contemporary Sunnite-Shiite Relationships: Changing Identities, Political Projects, Interactions and Theological Discussions," Marechal and Zemni eds., *The Dynamics of Sunni-Shia Relationships: Doctrine, Transnationalism, Intellectuals and the Media*, Hurst: London.

Matar, S. [2003] *Jadal al-Hawīyāt: 'Arab, Akrād, Turkumān, Siryān, Yazīdīya - Ṣirā' al-Intimā'āt fi-l-'Irāq wa-l-Sharq al-Awsaṭ*（アイデンティティ論議：アラブ人，クルド人，トルコマン人，アッシリア人，ヤズィディー教徒──イラクと中東に帰属することの困難），Beirut: Arab Institute for Research and Publishing.

Matthiesen, T. [2013] *Sectarian Gulf: Bahrain, Saudi Arabia and the Arab Spring that Wasn't*, Stanford: Stanford University Press.

Messarra, A. [2013] "Munaqāshāt（討議）," A. Bilqiz ed., *al-Ṭā'ifīya wal Tasāmuḥ wal 'Adāla al-Intiqālīya: min al-Fitna ila Dawla al-Qānūn*, Beirut: Centre for Arab Unity Studies.

Mitchell, M. [2014] "Iraq Is Collapsing: It's Time to Reshape the Middle East Map," Canadian Defence and Foreign Affairs Institute, *Policy Update*.

Nasr, V. R. [2000] "International Politics, Domestic Imperatives, and Identity Mobilization: Sectarianism in Pakistan, 1979–1998," *Comparative Politics*, 32(2).

Nu'man, I. [2013] "Al-Munāqashāt（討議）", A. Bilqiz ed., *al-Ṭā'ifīya wal Tasāmuḥ wal 'Adāla al-Intiqālīya: min al-Fitna ilā Dawla al-Qānūn*, Beirut: Centre for Arab Unity Studies.

Osman, K. F. [2013] *Sectarianism in Iraq: The Making of a Nation Since 1920*, London: Routledge.

Pierret, T. [2012] "Karbala in the Umayyad Mosque: Sunni Panic at the 'Shiitization' of Syria in the 2000s," Marechal and Zemni eds., *The Dynamics of Sunni-Shia Relationships: Doctrine, Transnationalism, Intellectuals and the Media*, Hurst: London.

———— [2014] "On Nir Rosen's Definitions of 'Sectarian' and 'Secular'," *Pulse*, Dec. 23 (https://pulsemedia.org/2014/12/23/on-nir-rosens-definitions-of-sectarian-and-secular/, 2018年11月28日閲覧).

Potter, L. G. [2013] "Introduction," L.G. Potter ed., *Sectarian Politics in the Persian Gulf*, Oxford and New York: Oxford University Press.

Ramadani, S. [2014] "The Sectarian Myth of Iraq," *The Guardian*, June 16, (www.gu.com/commentisfree/2014/jun/16/sectarian-myth-of-iraq, 2018年11月28日閲覧).

Razzaq, S. A. [2010] *Mashārī' Izāla al-Tamyīz al-Ṭā'ifī fi-l-'Irāq: Min Mudhakkara Fayṣal ilā Majlis al-Ḥukum, 1932–2003*（イラクの宗派主義的差別を取り除くための試み：ファイサル国王の覚書から統治評議会），Beirut: Ma'aref Forum.

Sabahi, F. [2012] "Iran, Iranian Media and Sunnite Islam," Marechal and Zemni eds., *The Dynamics of Sunni-Shia Relationships.*, London: Hurst.

Safouan, M. [2007] *Why Are the Arabs Not Free? The Politics of Writing*, Oxford: Blackwell Publishing.

Saleh, A. and H. Kraetzschmar [2015] "Politicized Identities, Securitized Politics: Sunni-Shi'a

Politics in Egypt," *The Middle East Journal*, 69(4).

Salloukh, B. [2017] "The Sectarianization of Geopolitics in the Middle East," N. Hashemi and D. Postel eds., *Sectarianization: Mapping the New Politics of the Middle East*, London: Hurst & Co.

Sha'ban, A. A. [2010] *Jadal al-Hawīyāt fi-l-ʿIrāq: al-Dawla wa-l-Muwāṭana*（イラクにおけるアイデンティティを巡る議論：国家と市民）, Beirut: Arab Scientific Publishers.

Shūman, A. N. [2013] *Al-Ṭāʾifīya al-Siyāsīya fi-l-ʿIrāg: al-Ahd al-Jumhūrī, 1958-1991*（イラクにおける政治的宗派主義：1958-1991, 共和国時代）, London: Dar al-Ḥikma.

Sluglett, P. [2010] "The British, the Sunnis and the Shiʿis: Social Hierarchies of Identity under the British Mandate," *International Journal of Contemporary Iraqi Studies*, 4(3).

Sluglett, P. and M. Farouk-Sluglett [1978] "Some Reflections on the Sunni/Shiʿi Question in Iraq," *British Society for Middle Eastern Studies Bulletin*, 5(2).

Taqī al-Dīn, S. [2013] "al-Ṭāʾifīya wa-l-Madhhabīya wa Āthāru-humā al-Siyāsīya（宗派主義，学派主義と，その政治的影響），" Bilqiz ed., *al-Ṭāʾifīya wal Tasāmuḥ wal ʿAdāla al-Intiqālīya: min al-Fitna ila Dawla al-Qānūn*, Beirut: Centre for Arab Unity Studies.

Van Dam, N. [1980] "Middle Eastern Political Cliches: 'Takriti' and 'Sunni Rule' in Iraq; 'Alawi Rule' in Syria; A Critical Appraisal," *Orient: German Journal for Politics and Economics of the Middle East*, 21(1).

────── [1981] *The Struggle for Power in Syria: Sectarianism, Regionalism and Tribalism in Politics, 1961-1980*, London: Croom Helm.

Warner, J. [2013] "Questioning Sectarianism in Bahrain and Beyond: An Interview with Justin Gengler," *Jadaliyya*, April 17（www.jadaliyya.com/pages/index/11267/questioning-sectarianism-in-bahrain-and-beyond_an-n, 2018年11月28日閲覧）.

Wehrey, F. M. [2014] *Sectarian Politics in the Gulf: From the Iraq War to the Arab Uprisings*, New York: Columbia University Press.

Weiss, M. [2010] *In the Shadow of Sectarianism: Law, Shiism, and the Making of Modern Lebanon*, Cambridge: Harvard University Press.

Wimmen, H. [2014] "Divisive Rule: Sectarianism and Power Maintenance in the Arab Spring - Bahrain, Iraq, Lebanon and Syria," *German Institute for International and Security Affairs, Research Paper*, 4（Mar.）.

Yousif, B. [2010] "The Political Economy of Sectarianism in Iraq," *International Journal of Contemporary Iraqi Studies*, 4(3).

（曹明玉訳）

第2章

シーア派／スンナ派政治における（宗派間／宗派内）ダイアローグ

——宗派主義化した新たな中東で，古典的アラブ冷戦を歴史的類推に用いること（の限界）について——

モーテン・ヴァルビョーン

はじめに

　本章のタイトルは，中東ないしはアラブ国際関係においてアイデンティティ・ポリティクスが果たす役割に関する，もっとも影響力のある著作の1つからパラフレーズしたものである．バーネット（Barnett）の著作『アラブ政治におけるダイアローグ』[1998] が，アラブ・アイデンティティの構成と変容，そしてその地域政治への影響を扱ったとすれば，本章は「宗派化されること（secretarianized）」[Hashemi and Postel 2017] が増している中東で，別の種類の超国家アイデンティティ（supra-state identities）が（再）出現していることの地域政治への影響について，論じていく．具体的には，アラブ対シーア派／スンナ派のような異なる超国家アイデンティティを区別して分析することに重要性と必要性があるのか，あるいは地域力学に対するこれらの影響は類似していて，そのため「シーア派／スンナ派政治における（宗派内／宗派間）ダイアローグ」の分析もアラビズム論の分析枠組みを適用しつつ，アラビズム絶頂期から類推することが可能かつ有用であるのかを，考究していく．

　したがって本章の目的は，「アラブの春」以後の宗派的アイデンティティ・ポリティクスの（再）出現に関連し，これまであまり論議されてこなかった領域への最初の一歩を試しに踏み出してみせることにある．確固とした最終的な結論を出すよりは，むしろ以下のような穏当な目標を掲げる．すなわち，異なる種類の超国家アイデンティティの比較（不）可能性，その理由，およびその

様相に注目する必要があるのはなぜか．また，過去からの歴史的類推にもとづき域内政治の今日的力学を把握することの有用性はどれほどあり，またそれはいかなる方法で可能になるのか．これらの目標を，次の4段階を通して達成していきたい．最初に，中東国際関係研究におけるアイデンティティ・ポリティクスについての古典的議論を概観する．次に，「アラブの春」以降のアイデンティティ・ポリティクス論の推移を検討し，それを踏まえた上でスンナ派／シーア派の区分が超国家アイデンティティのレベルで重要な次元になっていることを論じる．第3段階では，宗教的アイデンティティとナショナル・アイデンティティとの類似性およびその様態に関するブルーベイカーの論議へと迂回し[Brubaker 2015]，アイデンティティの「弁別化の」側面と「規範秩序化の」側面という彼の分析上の区別が，異なる超国家アイデンティティ間にみられる(非)類似性についての今日の論議にも妥当することを示す．最後に，際立った超国家アイデンティティの拠り所が，もはやアラブでなくシーア派とスンナ派の区分となっている「宗派主義化した」環境の中にある地域政治を議論する上で，1950年代および1960年代の「古典的な」アラブ冷戦との類似性を引き出すことの有用性と限界について述べる[2]．

1 中東研究におけるアイデンティティ・ポリティクス

『中東のアイデンティティと外交政策』の序章で，テルハミおよびバーネット[Telhami and Barnett 2002: 1-2]は「中東国際政治を学ぶ学生は，アイデンティティ・ポリティクスの盛衰を考慮に入れて初めて，この地域を理解し始めることができる」と述べ，こうした見方が決して少なくないことを強調するため，「いかに多くの中東政治史が政治的アイデンティティとの関連において論じられてきたか」を指摘した．

中東国際関係研究においては，思想やアイデンティティが重要な位置を占めており，その議論にはいくつかの路線が存在する[3]．その一部は理念的な力に対し物質的な力が相対的に重要だとする，より一般的な国際関係論[4]と密接に連関しているものの，中東研究で非常に優勢な別の路線では，アイデンティティが重要か否かという問題自体にはあまり焦点が当てられてこなかった．むしろこの路線の出発点は，中東を複数のアイデンティティ——国家レベルの下位および上位を含む——によって定義される場として認識することにあった[5]．このた

め，後者の路線に属する研究者の関心はむしろ，どのアイデンティティが最も重要であり，またそのアイデンティティの相対的重要性は時間の経過とともにいかに変化するのか，さまざまなアイデンティティの盛衰や変容はいかに説明できるのか，そして，なによりもこうしたことすべてが地域政治の力学にいかなる影響を与えるのかといった問いをめぐるものであった．

　後者の路線では，中東は他のポスト・コロニアル的文脈とは異なるとしばしば指摘されてきた．その理由は，領域国家アイデンティティが下から，すなわち複数のサブ国家アイデンティティからだけでなく，より重要なこととして上からも挑戦を受けてきたことにある [Gause 1992: 441–69; Barnett 1995: 479–510; Telhami and Barnett 2002: 1–25; Hinnebusch 2013]．さまざまな潜在的超国家アイデンティティがある中で，アラブ・アイデンティティは中東のアイデンティティ・ポリティクスに関する古典的議論の中で最も注目を集めてきた．これは，アラビズムの起源と時期に関する議論には反映されていたが，少なくとも1967年の（中東戦争におけるアラブ側の）大敗北の影響に関する——時として非常に白熱した——論議には反映されていない．この大敗北はアラビズムそれ自体の終わりの始まりを刻印しており，それゆえアラブ政治について語るときアラブ的側面を前面に出すことはもはや意味をなさなくなったということなのであろうか．あるいは，アラビズムはむしろ変容しただけであり，急進的なパン・アラビズムがさまざまな形態の新たな文化的または政治的アラビズムに取って代わられることで，時として一般大衆および非国家主体の共鳴性が国家レベルよりも強くなっているのであろうか．アラブ・アイデンティティへのこのような関心は，[6]
アラブ・アイデンティティが域内政治に与えた影響や，それによって発生した特有の力学をめぐるさらなる議論を呼び起こした．その典型的な例に，1950–60年代の古典的なアラブ冷戦についての議論がある [Barnett 1998; Valbjørn and Bank 2012: 3–24; Valbjørn 2009]．当時，野心に燃えるアラブ域内諸大国は，アラブ[7]
民族全体から委託された行動だと主張しつつ，他のアラブ諸国に干渉しようとしたのである．これは「他の非ヨーロッパ世界には類例をみない，国境を越えて行動することへの慣習的な意欲」[Owen 2000: 74] に表れていた．しかしこの対立関係は，アラブ・イスラエル紛争のようなアラブ／非アラブ紛争とは異なり，めったに「熱い」武力衝突へと発展することはなかった．その代わり，これはアラブのシンボルをめぐる決闘という形をとる．目的は「アラブの大義」と矛盾する行動をとったかどで対立相手の信用を失墜させることにあった．国

内と地域を舞台とする複雑な相互作用の中で惹起されるこの対立関係では，イデオロギー的訴えやアラブとしての利益を保護するという意識に由来する「ソフトパワー」が，「ハードな」軍事パワーより，しばしばはるかに重要なものとなった．古典的アラブ冷戦は1967年の敗北を受けて終焉したが，「アラブの春」に先立つ10年の間に，2003年イラク戦争後の域内政治をいかに理解するかという論議の中から「新たなアラブ冷戦」という概念が出現した．その根底には，アラブ政治には依然としてアラブ的側面が歴然と存在するが，それはアラブ公共圏に比べて国家間の領域では可視化されにくいだけである，との主張があった［Valbjørn and Bank 2007; 2012］．

2 「アラブの春」と（新たな）アイデンティティ・ポリティクス

2011年初頭に始まった「アラブの春（蜂起）」は，中東に衝撃をもたらしただけではない．その影響は中東地域研究にも及び，蜂起とその影響に関する議論が盛んに行われた[8]．当初，議論の多くは蜂起の直接的，根本的な原因，その性質とアラブ各国で異なる軌跡をたどった理由をめぐるものであった．その後，より広い視野から議論が行われ，（程度の差こそあれ）「新たな中東」（研究）にとって「アラブの春」がもつ広範な（分析上の）含意に焦点が当てられた．中東研究に占める「アラブの春」の卓立に鑑みれば，（新たな）中東におけるアイデンティティ・ポリティクスの役割に関する議論でもこうしたパターンが認められるのは，驚くべきことではない[9]．このようにして，アイデンティティ・ポリティクスが依然として重要かどうか，重要であるとしたら新たなアイデンティティ・ポリティクスについて語ることがどの程度の意味を持ち，またこのテーマに関するアプローチおよび思考方法に修正が必要となるのかが，問われてきた［Valbjørn 近刊］．

連続と変化の程度，および分析的含意に関するこうした議論は，段階的な進展を経てきた．当初は，領域国家アイデンティティがサブ国家（sub-state）および超国家（supra-state）アイデンティティの従来の役割に取って代わったかどうか，を問うものが大半であった．これは，1967年以来続いている「アラビズムの終焉（神話）」に関する古典的論議に似ていた．「新たな中東」において国家とネーションがようやく一致したとの見解を支持する者は，2011年初頭のタハリール広場がエジプト国旗を掲げて自らの国を動かすことを要求する抗議者た

ちであふれかえっていた事実を指摘する．このことは，21世紀のアラブ人がサブ国家または超国家アイデンティティではなく，真っ先に自らの国家と同一化した事例であると論じられている［Hadar 2011］．他の主張では，「アラブの春」が「アラブという音響室」を取り囲むように共鳴していったという事実は，アラブ政治にまだ確固としたアラブ的側面が残っていることを示す証左であるとされ，新たなアラビズムの出現さえも予言されている［Khanna 2011; Seale 2011; Sawani 2012: 382-397］．

　しかし，ほどなくして，「アラブの春」以後のアイデンティティ構成に関する上記議論に代わり，次の議論が注目されるようになる．すなわち「アラブ公共圏」［Lynch 2015: 331-336］の断片化とアラブ政治におけるアラブ的側面の弱体化は必ずしも，領域国家アイデンティティが強まったり，中東のアイデンティティ・ポリティクスに関する古典的議論の一部が陳腐化したことを意味するわけではないとの議論である．リンチ［Lynch 2013a］が「近年いくつもの深層的な潮流が集結しながら，驚くような新たな力をアイデンティティ・ポリティクスに大々的に吹き込んだ」と述べたように，アラビズム以外のさまざまなサブ国家および超国家アイデンティティが2011年以降ますます注目を集めてきた．イランが──「アラブの春」がシリアに波及する前──その抗議運動を，明らかな「イスラーム的」現象として，32年前のイラン・イスラーム革命との直接的なつながりの中で捉えようとしたことを指摘する観察者もいる［Soage 2017］．あるいは部族やエスニシティに基づくさまざまなサブ国家アイデンティティの復興に焦点を当てる向きもあった．このことは，アラブの諸国家が単なる「国旗を掲げた部族」に過ぎないのかという議論の再燃や，既存の中東国家システムの崩壊という意味において，我々は「サイクス・ピコ協定の終焉」を目の当たりにしているのかという論議にも反映されている［Wright 2013; Gause 2014b; Miller 2013］．

　しかし，この議論の主流は，別種の超国家アイデンティティに関するもので占められている．ロイ［Roy 2011］は，かねて「アラブの春」が始まった直後から，「新たな中東」の最も重要な地政学的境界がサウジアラビア率いるスンナ派ブロックとイラン率いるシーア派ブロックとの間に引かれるだろうと述べていた．同様の論理でアブド［Abdo 2013; 2017］もこの数年後，「アラブの春」の最も重要な帰結は「新たな宗派主義」に映し出された「シーア派／スンナ派分断の再来」であり，これが「ムスリムと西洋」間のより広範な対立に取って

代わり，アラブ人の政治生活において中心的な動員要因であったパレスチナに対する占領問題を代替するであろうと予測した．

　ウェーリー［Wehrey 2013］が述べているように，欧米での分析とアラブの評論家の間には，目下のところ宗派主義への執着らしきものがあるようであるが，シーア／スンナ両派の宗派主義それ自体は，「アラブの春」後に初めて中東のアジェンダとして浮上したような真新しいトピックではない．例えば，2003年のイラク戦争勃発とそれに続く内戦を受けて，アブドゥッラーⅡ世・ヨルダン国王が「シーア派三日月地帯」の台頭に対して発した警告は周知のとおりである［King Abdallah II and Satloff 2005］．同様に，ナスル［Nasr 2007］をはじめとする何人かの研究者は，「新たな中東はアラブ・アイデンティティやいかなる特定のナショナルな政治形態によっても規定されることはない．同地域の特徴は，最終的にシーア派の復興とそれに対するスンナ派の応答という坩堝の中で決定されていく」と予言した．しかし当時は，本当に「イスラーム内部の対立によって未来が形づくられる」［Nasr 2007］のかや，「シーア派三日月地帯」という考え方は「現実よりは神話」［Maoz 2007］でないのかが激しい論議になっていた．

　懐疑論者は自らの見解を実証するために，アラブ諸国の政権が発する公式レトリックと大衆レベルの認識との間の乖離を引き合いに出した．前者は宗派主義を顕著に帯びており，後者は宗派フレームがそれほど浸透しているようには見えないためである．その典型例が2006年夏の戦争である．とりわけ，サウジアラビア，エジプトおよびヨルダンは，ヒズブッラーのアラブ・シーア派運動を，完全にシーア派およびイランの一部勢力主導の「台頭するシーア派三日月地帯」として，したがって「穏健なスンナ派アラブ諸国」が対抗すべきものとしてフレーミングすることで，ヒズブッラーを非合法化しようとした．こうしたフレーミングは，政権レベルおよび一部欧米の観察者の間で顕著に見られた．しかし，スンナ派アラブの一般大衆の間では定着していなかった．というのも，高い人気を誇るヒズブッラーはシーア派主体というよりはアラブ主体として認識されており，ユースフ・カラダーウィーのような影響力あるスンナ派のウラマーから賞賛されていたからである．また，ナスルッラーと同様に，イランもまたスンナ派アラブ人のかなりの層から非常に好意的に受け止められていた［Valbjørn and Bank 2007; 2012］．

　シーア／スンナ宗派主義は2011年以降になってはじめて中東アジェンダに

上ったわけではないが，今日の状況はより多くの点で異なる．さまざまな調査によれば，公式のレトリックと一般大衆との間にあった乖離は，縮小しているように見受けられる．また中東地域の人びとの間で宗派主義に対する不安が高まっていることや，自身のアイデンティティを「ただムスリム」というよりは宗派主義の観点から考える人が増えていることが調査によって示されている．これはちょうど，（すべてではないが）一部の中東諸国のスンナ派ムスリムの相当数がシーア派をムスリムの仲間として受け入れていないことと軌を一にしている［Pew Research Center 2012; 2014; 2016; Zogby 2013; Munich Security Conference 2018］．2006年夏の戦争時とは異なり，域内主体（イラン，サウジアラビア，シリアなど）に対するアラブ人の好意的・非好意的な見方は現在，宗派的境界に沿って分かれているようである［Zogby 2013; Lynch 2013b］．非国家主体の中でも宗派的側面が果たす役割は大きくなっているように思われ，これはカラダーウィーがヒズブッラーを「悪魔の一派」［Lynch 2013c］と非難したり，スンナ派ハマースとシーア派ヒズブッラーの密接な関係が破綻したりしたこと［Saouli 2013: 37-43］にも表れている．これと並行して，学術的議論の性質も変化していった．この結果，かつての懐疑論者も今や宗派主義が「政治における現実的要素」［Gause 2013］になったことを認めており，シーア／スンナ宗派分断の概念が現実なのか神話にすぎないのかについての議論は下火になった．その代わり，宗派政治に関する現在の議論では，ハーシミーおよびポステル［Hashemi and Postel 2017］が呼ぶところの「宗派化（sectarianization）」のプロセスの特性，原因および帰結をいかに説明するかをめぐる問題がほぼ中心となっている[16]．

　したがって，2011年以前の中東国際関係におけるアイデンティティ・ポリティクス関連の議論と比較すると，連続と変化の両局面が認められる．以前と同様，領域国家アイデンティティ以外の諸アイデンティティに多くの注目が集まっており，域内における異なる諸アイデンティティの詳細な構成も依然として重要かつ論争的なトピックとなっている．しかし，古典的議論と比べてパン・アラブという超国家アイデンティティは，今日，そのかつての突出した役割を後退させており，マッティースン［Matthiesen 2015］が指摘する通り，「宗派主義は政治，メディアおよび学術界においてキャッチフレーズとなっている」．

3 アイデンティティ・ポリティクスの弁別的および 規範秩序的解釈

　アイデンティティ・ポリティクスが「新たな中東」においていまだに妥当性をもっているとしても，諸（超国家）アイデンティティの布置が変化したため，問われるべきは，その中東国際関係への影響を把握する上でいかなる分析を施せばよいのか，これまでの理論的アプローチは依然として有用なのか，それとも修正を要するのか，ということである．異なる（超国家）アイデンティティの「中身」の違いが地域政治力学に与えうる影響についてのこうした問いは，あまり注目されてこなかったが，アイデンティティ・ポリティクスに関連する議論へとしばし迂回してみると，注目されてしかるべきであることが明らかとなる．

　ブルーベイカー［Brubaker 2015: 1-19］はその論文「政治的紛争と暴力の宗教的諸側面」の中で，アイデンティティ・ポリティクスにおいて宗教が果たす役割を認識する異なる 2 つの方法を概説している．すなわち，アイデンティティを「弁別化（diacritical）」および「規範秩序化（normative ordering）」されたものとして理解する方法である．「弁別化」の役割で理解するとき，宗教の妥当性は内集団と外集団を区別する境界設定という一側面に限定される．しかし，こうした境界は，どの差異によって区別が生じるのかが非常に恣意的であるという意味において，「文化的に空白」とみなされる．そのため，宗教は基本的に他のさまざまな（非宗教的）指標との代替が可能であり，分析の上では大方（政治化された形態の）エスニシティとして扱いうる．こうしたアイデンティティの理解は，内／外集団の間に境界が作り出される文脈を強調するが，もう 1 つの理解の仕方は宗教的アイデンティティの規範的秩序化という側面に焦点を当て，個別のアイデンティティの中身およびブルーベイカーが呼ぶところの「文化的要素」に着目することの重要性を説く．この視点に従えば，アイデンティティには何らかの実体もある．その理由は，自分が何者であり，誰が友人／敵となりうるのか，誰と何が脅威なのか，特定のアイデンティティにとって適切な行いとは何かなど，私たちの考え方に影響を及ぼす特定の世界観に結びついているという意味において，アイデンティティには大抵，規範的側面があるからである．ブルーベイカーによれば，とりわけ宗教的アイデンティティの場合は，

社会や公共生活の正しい秩序に関する規範的要求や理解を含むことが多い．このため，宗教はエスニシティに関連したアイデンティティより「幅広い規範性」と厳格性をも有している．そして宗教的アイデンティティに関連した力学——および紛争——もまた，エスニック・アイデンティティに関連したものとは異なった働きをすることになる．したがって，この2番目の見方からすると，宗教的アイデンティティとエスニック・アイデンティティは合体されるべきではない．重要なのは，両者がいかにしてまったく異なる種類の力学を生むのかに着目することである．

　ブルーベイカーは，一般論としての宗派主義や具体論としてのシーア派／スンナ派間の力学に明示的には取り組んでいないものの，宗教を「弁別化」の側面と「規範秩序力」の側面とに切り分けた彼の分析は，宗派主義の議論に当てはめても妥当性があるように思われる．すると，シーア派／スンナ派の宗派主義は「競合するサブナショナルな大規模集団アイデンティティ」の一例にすぎず，「たとえ人種，ナショナル，エスニックさらにはイデオロギー的なものであれ，競合している他の集団と本質的にきわめて類似している」[Haddad 2013: 67-115] とみなすべきなのか．あるいは，シーア派／スンナ派のような種類のアイデンティティには，他の形態のアイデンティティ・ポリティクスとは隔絶した特異な性質の宗派主義が備わっているために，この明確な特質を考慮に入れた分析上の戦略を選ぶ必要があるのだろうか [Abdo 2013]．昨今の宗派主義論の中では，この問題は通常（上記ハッダードが言及した通り）一国の国内では異なる「サブナショナル大規模集団アイデンティティ」と関連づけられてきた．域内レベルとなると，議論は主に政権および国家のナショナル・アイデンティティや実利主義的な地政学的利害に対する，超国家的宗派アイデンティティの相対的重要性に関連づけられることになる [Gause 2014a]．しかしながら，もしそうだとすれば，宗派アイデンティティの力学とその域内政治への影響は，アラブ・アイデンティティのような他の超国家的アイデンティティといかに異なるのかといった問いには，ほとんど関心が向けられてこなかった．

　こうした関心の欠如は，「宗派主義化した」新たな中東において域内政治をいかに把握すべきかという昨今の議論の中で，「古典的」アラブ冷戦との一般的な類比が短絡的に（誤って）用いられている点に表れている．また，議論すべきは「新アラブ冷戦」なのか，「アラブ冷戦の再来」なのか，「第三次アラブ冷戦」なのか，それとも「宗派的／ネオ宗派的／シーア派・スンナ派間／イラ

ン・サウジアラビア間／地域／イスラーム／中東」冷戦などと呼べばより理に
かなうのか，といった混乱にも表れている［Ryan 2012: 28-31; Hinnebusch 2016: 120-
152; Stephens 2017: 73-104; Hanau Santini 2017: 93-111; Gause 2014a; Salisbury 2015; Koelbl et
al. 2016; Lynch 2012: 29-42］．

4 宗派主義化した新たな中東を古典的アラブ冷戦との歴史的類比によって説明することの効用と限界について

　「アラブの春」はほとんどの中東政治の観察者に驚きをもって迎えられ，その後，蜂起の原因と結果をいかに理解し説明するかを巡って，かなりの混乱が生じた．ほどなくして，こうした状況下によくあるように，予期せぬ出来事をいくらかでも秩序立てるための分析的な戦略として，数多の歴史的類推がなされるようになった．とりわけ，1789年，1848年，1979年，1989年が参照されるのに加え，1950年代から60年代にかけての古典的なアラブ冷戦との類比も，上述したように，宗派主義化した中東地域政治の力学を把握しようとする者にとって，至極一般的な分析用の視座となった．

　いくつかの点でこの歴史的類推という戦略は有用であるが，その限界に注意し，文脈によってはより適切な歴史的類推とそうでないものがありうることに配慮すべきである．さらに，歴史的類推を引き出す目的が，歴史は繰り返すという（認められていない）前提に立って，答えを見つけることになっていないか，注意することも重要である．あるいはその目的は，斬新な問いを導入することで議論を豊かにし，それを通して，現状において潜在的に重要であるが無視されている側面に注意を喚起することにあるのではないだろうか．この場合，今日の結果が必然的に過去と同じものになると想定してはならない[17]．

　時事問題を把握する方法として，歴史的類推を行うことの有用性と限界に関するこうした忠告は，古典的アラブ冷戦と，宗派主義化した新たな中東における今日の域内政治とを類比することが流行している昨今の状況に鑑みても，大いに当てはまるように見受けられる．こうした類推は通常，サウジアラビアとイランとの対立関係についての議論や，これら域内大国が域内の代理戦争で「宗派カード」を切っていく様相についての論議の中で用いられている．その点，この類推は有用性をもつが，明らかな限界もある．古典的な「アラブ冷戦」に関する議論から引き出された重要な洞察の一部は，宗派内関係に比べて

宗派間関係の把握にはあまり適していないと考えられる.

　宗派間対立と名付けられがちなサウジアラビアとイランの対立関係については，（アラブ）冷戦研究から引き出された一部の基本的洞察が有用だと思われる. 基本的に「冷戦」という観念は，直接的な武力対立を含まない――それゆえ「冷たい」――大国間の紛争状態を言う. こうした紛争は直接的な武力衝突ではなく，次のような間接的手段を通して展開される. すなわち経済的および政治的行動，プロパガンダ，諜報や国内戦域での現地「クライアント」を通じた代理戦争などである. 戦いの目的は通常，軍事的な征服というより，代理戦争が行われる領域における（また地域的影響力を通じた）国内への影響力である. そのため軍事力の重要性は，しばしば「ソフトパワー」，資金力，そして何よりも現地の代理人へのアクセスよりも劣る.

　こうした（冷戦についての大半の議論にみられる）より一般的な特徴に加えて，アラブ冷戦に関する論議では，さらに，超国家アイデンティティがこのような種類の紛争できわめて重要な特徴をもつことが強調されてきた. 超国家アイデンティティが重要となる場としての中東，という前述の一般的な前提に基づき，中東地域はアラブ冷戦に関する文献の中で，しばしば「情報，思想および意見が国境線をほとんど無視して共鳴していく巨大な音響室」[Noble 1991: 49-102] と形容されているが，このことがいかに代理戦争に豊富な機会を提供しているかが，特に国境を侵されやすい脆弱な諸国家という文脈の中で，示唆されてきた. ここにおいて国外勢力は，超国家／国家横断的（supra/trans-state）アイデンティティを利用して局地紛争に干渉，関与するこができた一方，現地の主体はこうしたアイデンティティを利用して域外からの支援を呼び込むことができたのである.

　（アラブ）冷戦との類比は，現在のイランとサウジアラビアの対立関係がもついくつかの重要な特徴に焦点を当てる上で，ある程度有用な視座を提供してくれる. すなわちこの関係は，直接的な「熱い」軍事的対立ではなく，脆弱で浸透されやすい諸国家を舞台とする間接的な対立関係として起こる. 例えばシリア，イラク，レバノンおよびイエメンの一部を舞台にして，（金銭的に，そして）超国家アイデンティティの共有を通じて現地の代理人が動員されている.

　同時に，今日われわれが経験しているのが古典的なアラブ冷戦の単なる再生でないことも明らかである. 特に，過去と現在の超国家アイデンティティの役割に関しては，きわめて重要な相異が存在する（これは今日の域内冷戦について語

る際に，アイデンティティの接頭辞としてアラブを使うべきか，それとも別の言葉を使うべきかについての前述した混乱にも表れている）．古典的なアラブ冷戦において，域内政治は2つの大きく異なる様態を帯びた亀裂によって型どられた．1つは，異なる（超国家）アイデンティティを奉ずる主体間の従来型の「熱い」軍事衝突としてその大半が展開されたアラブ・イスラエル紛争であり，もう1つは，同じ超国家的アラブ・アイデンティティをもつ者同士の間に生じたアラブ間紛争である．古典的なアラブ冷戦の具体的な特徴に話が及ぶ際は，大抵，後者のアラブ間紛争が引き合いに出される．その決定的な特徴としては，国内と域内の間の複雑な相互作用と，他のアラブ諸国内の聴衆に訴える手段としてのソフトパワーの重要性が指摘される（例えばナセルにとっては，その軍事力よりも「アラブの声（Sawt al-Arab）」ラジオ放送の方が重要であった）．しかし，古典的なアラブ冷戦の目的は，何にもましてアイデンティティ・ポリティクスにあった．野心に燃えるアラブの諸国家権力同士が対抗した目的が，アラブたることの意味を独占し，「アラブとしてふさわしい態度」を取る上で必要とされる規範的含意を定義する，そうした能力をめぐるものであるという意味においてである［Barnett 1998; Valbjørn and Bank 2012］．超国家アイデンティティはやはり，今日のイラン—サウジアラビアの対立関係の中で重要な部分を占めているものの，アラブ冷戦とは大きく異なる．対立する両国は同じ超国家アイデンティティへの帰属を主張しておらず，両者の対抗関係もスンナ派やシーア派であることの意味の独占を目的としていたとは言い難いからである．

　そうした意味で，この類推には明確な限界があるが，その限界ゆえにこの類推を捨ててしまうとすれば，「細事にこだわり大事を逸する」ことになりかねない．その前に，別の——おそらくより啓発的であるにもかかわらずほとんど使われていない——方法で，「宗派主義化した」新たな中東の域内政治に，アラブ冷戦との類比を適用してみればよい．サウジアラビア—イランの対立関係は，宗派間関係に関わると言えるが，宗派内関係に関わるという別の側面もある．いくつかの意味で，この側面は従来のアラブの事例により類似している．両者とも同じ超国家アイデンティティに与する主体間の力学に関わっているからである．ここで，バーネット［Barnett 1998］が1950-60年代のアラブ政治研究で指摘した重要なポイントの1つを想起することが有用となる．それは，共有された超国家アイデンティティが域内の関係者間の力学にきわめて曖昧な形で影響を与えうるというものである．

一方では，共通のアイデンティティは，誰が友になりやすく誰が敵になりやすいかを諸主体に知らせ，ある種の協力の可能性や，あるいはそのコストを高めたり低めたりする．かつてアラブ・アイデンティティは，例えばアラブ連盟に加盟しうるか否かの重要な選択基準であったし，「現実政治」上同様の利害関係を有していても，アイデンティティの異なる主体と協力することはコストのかかるものになり得た．その古典的な例に，エジプトがイスラエルと結んだ和平協定や，1960年代のヨルダンの決断がある．ヨルダンは，パン・アラビズムのシリアとエジプトからの露骨な脅威を相殺する手段としてイスラエルと同盟関係を結ぶという「現実主義的」な論理があったにもかかわらず，それをなさなかった．今日においては，「アラブ戦線」といったものについて語られることはなくなった．代わってサウジアラビアは（あまり奏功していないが）「スンナ派ブロック」なるものを構築しようとしており，そこにはパキスタンのような非アラブのスンナ派主体も招かれるようになっている[18]．その一方で，イランも域内のシーア派主体との同盟関係をさらに強化している．ただしこれは，イランがスンナ派主体との関わりを望まないからではなく——サウディアラビアとは反対に，イランは大抵，スンナ派とシーア派に分断された域内社会という構図を和らげようとする——，そうすることがますますイランにとって困難になっているからである．逆説的にも，イランは結果的にこの種の宗派主義化に貢献しており，多くの点で自らの域内的利害に反することになっている[Byman 2014: 79-100]．

他方，おそらくより重要なこととして，バーネットは共通のアイデンティティが必ずしも調和や共存に繋がらないことも強調している．同じ超国家アイデンティティの共有は，あるアイデンティティをもつことの規範的含意に関する，時として微妙な意見の不一致を後押しする．それはまた野心的な指導者たちの間で熾烈な対立関係を惹起する可能性もある．後者の場合，当該アイデンティティにとってしかるべき行為規範に反しているとして，相手の信用を傷つけようとする形をとることがある．過去において，この種の対立関係は「急進派」と「穏健／保守派」というアラブの行為主体同士（例えば，ナーセル率いるエジプトのパン・アラビズム対サウジアラビアの弱い政治的アラビズム）や，「急進派」の行為主体間（例えば，シリア・バアス党対イラク・バアス党対エジプトのナーセルといったさまざまなパン・アラビズム信奉者たち）により戦われ，アラブ冷戦の重要な一部分を構成していた．加えて，（例えばアラブ連盟の非効率性にみるような）実際の行

動をともなわない「共通の目標」への口先だけの言及が多い．こうみると，同じ超国家アイデンティティを奉じる主体間の関係に，必ずしもより高い協調性があるわけではない．ただ，その対立や紛争の性質が，アイデンティティを共有しない主体と異なる可能性はある．この点は，近年のスンナ派内の関係を瞥見するだけでも確認できる．「シーア派の脅威」を相殺するにはスンナ派の協働が必要だとの話がしばしばもち上がったが，過去のアラブ連盟の場合と同様に，これは実際の協働をあまり伴わない，主として「口先だけの話」に留まっている［Gause 2017: 672-675］．それどころか，「スンナ派陣営」は相当な内部不一致と国家主体間（サウジアラビア，アラブ首長国連邦，カタル，トルコ，エジプトなど）および非国家主体間（ムスリム同胞団，さまざまなサラフィー主義集団，IS, アルカーイダなど）の対立関係によって特徴づけられ，この対立関係の一部は，スンナ派たることの意味をめぐる相反する考え方が中軸をなしている[19]。

　近年，今日の宗派主義化した中東における域内の対立関係と古典的なアラブ冷戦との類比がきわめて一般的に行われるようになってきた．この種の類比にはある程度の分析上の有用性がある．とりわけ，これが答えを導くための道具としてよりも，新たな問いを提起する方法として，潜在的に重要であるにも関わらず無視されている現代政治学の側面に注意を喚起するために使われる場合は，そうである．これまでのところ，主としてイランとサウジアラビア間の「冷戦」を分析するためにアラブ冷戦との類比が用いられると，今日の超国家アイデンティティの構成が1950-60年代とは著しく相違している点が等閑視されてきた．ここから得られる示唆は，今日の域内政治を論じていく上で，「アラブ冷戦」「宗派的冷戦」「シーア派／スンナ派冷戦」「イラン—サウジアラビア冷戦」「イスラーム冷戦」「中東冷戦」といった名称のうち，いかなる名称がふさわしいのかに一層の注目が集まらなくてはならないということである．同様に，同じ超国家アイデンティティ——アラブや，シーア派，スンナ派——を共有する主体間の力学は，そのアイデンティティ毎に類似するのか否か，その様態はどうなのかという問いにより関心を払うべき時に来ている．

おわりに

　「アラブの春」が始まる10年前，ハリディ［Halliday 2002: 235-244］は「いかなる国際的な大変動に対しても，2つの予測可能な，だがほとんど常に誤った対

応がある．1つはすべてが変わったと言うことで，もう1つは何も変わっていないと言うことである」と指摘していた．この見解は本来9.11に関する議論を背景としているが，「アラブの春」以後，宗派化した新たな中東においてアイデンティティ・ポリティクスを今日議論する際の注意喚起として有用である．それゆえ，連続と変化という2つの側面に対して同時に注意を払うことが必要となる．本章では，さまざまな方法でこの両側面に注意を払おうとしてきた．まず，「アラブの春」勃発以前と以後の中東におけるアイデンティティ・ポリティクスに関する議論を比較し，域内の異なるアイデンティティの細かな構成が引き続きいかに重要かつ論争的な論点となっているかを示した．だが，領域国家アイデンティティ以外の諸アイデンティティにも注目することが依然重要であるとする一般的な合意は，存在するように見受けられる．古典的な議論に比して，現在の主たる関心は，もはやある種の超国家的アラブアイデンティティの役割に向けられてはいない．今や関心は，域内政治の「宗派主義化」の特性，原因と帰結，それに関連して高まりつつある超国家的シーア派／スンナ派アイデンティティの重要性に向けられている．次に，中東のアイデンティティ構成におけるこうした進展が，既存の分析ツールによって把握できるのか否か，さもなければまったく新しいアプローチが求められているのかについて議論した．本章では，ハリディの助言にしたがい，この問いに対してバランスのとれた回答を導いた．すなわち，一方で，この広く用いられている古典的アラブ冷戦との歴史的類比が，現代の力学に対する分析上の洞察をいくつかの点において提供していることを具体的に示すと同時に，その限界についても何点か指摘した。そして，今後の議論において，こうした類推が有用となる点をなぜ明らかにすべきなのか，より一般的には，異なる種類の超国家アイデンティティの比較（不）可能性，その理由，その様相になぜ一層注意を払うべきなのかを議論した．

注

1）【訳注】原文は Arab Revolts（アラブ蜂起）と表記されているが，ここでは日本で通常使用されるいわゆる「アラブの春」を用語して使用する．

2）【訳注】近年サウジアラビア対イランの域内覇権抗争を「新中東冷戦」と呼ぶ議論が，Gause［2014a］らによってなされている．ここではそれを踏まえて，一般的な意味での「冷戦」期のアラブ諸国間の対立構造を「古典的」としている．

3）概要については Valbjørn and Lawson eds.［2015: 218-38］も参照のこと．

4）例えば，Walt［1987］，Gause［2003: 273-305］を見よ．

5) 例えば, Hinnebusch［2015］を見よ.

6) この議論の概要については, Valbjørn［2009: 140-169］, Phillips［2012］を参照のこと.

7) Kerr［1965］を参照.

8) 例えば, Gause［2011］, Valbjørn［2015］, Schwedler［2015: 141-52］を見よ.

9) 例えば, POMEPS［2015］, Lynch［2013a］に所収の諸論文を参照のこと.

10) Phillips［2014］は概要としてバランスがとれている.

11)【訳注】エジプトの外交官バシール（Tahseen Bashir, 1925-2002）が中東におけるエジプトの中心的地位を主張する際に使った以下の表現を踏まえている.「エジプトはアラブ世界で唯一の国民国家であり, 他は国旗を掲げた部族にすぎない」.

12) 次も参照のこと. Susser［2006: 68-73］.

13) 次も参照のこと. Valbjørn & Bank［2007: 6-11］, Gause［2007］.

14)【訳注】ここでいう「2006年夏の戦争」とは, レバノン南部を拠点とする反イスラエル組織, ヒズブッラーとイスラエル軍の交戦を意味する. 圧倒的軍事力を誇るイスラエル軍が非国家主体たるヒズブッラーを相手に100名以上の戦死者を出し, 結果的に南レバノンの占領地の一部から撤退を余儀なくされたことは, ヒズブッラーとその指導者ナスルッラーの実質的な勝利とみなされている.

15) イランに対するアラブ側の見方については, Zogby［2013］を参照.

16) 例えば, 次の文献の所収論文を参照. Hashemi and Postel［2017］, Wehrey［2013; 2017］, Abdo［2017］.

17) 歴史的類推を用いるさまざまな方法については Kornprobst, M.［2007］を参照.

18) Ibish［2015］を参照.

19) Lynch［2013］を参照のこと.

◆参考文献◆

Abdo, G.［2013］"The New Sectarianism: The Arab Uprisings and the Rebirth of the Shi'a-Sunni Divide," Brookings Inst. - Saban Center, *Analysis Paper*, No. 29（https://www.brookings. edu/wp-content/uploads/2016/06/sunni-shia-abdo.pdf, 2018年11月28日閲覧）.

──────［2017］*The New Sectarianism : the Arab Uprisings and the Rebirth of the Shi'a-Sunni Divide*, New York: Oxford University Press.

Barnett, M.［1995］"Sovereignty, Nationalism, and Regional Order in the Arab States System," *International Organization*, 49(3).

──────［1998］*Dialogues in Arab Politics: Negotiations in Regional Order*, New York.: Columbia University Press.

Brubaker, R.［2015］"Religious Dimensions of Political Conflict and Violence," *Sociological Theory*, 33(1).

Byman, D.［2014］"Sectarianism Afflicts the New Middle East," *Survival*, 56(1).

Gause, F. G.［1992］"Sovereignty, Statecraft and Stability in the Middle East," *Journal of International Affairs*, 45(2).

──────［2003］"Balancing What? - Threat Perception and Alliance Choice in the Gulf," *Secu-*

rity Studies, 13(2).

——— [2007] "Saudi Arabia: Iraq, Iran, the Regional Power Balance, and the Sectarian Question," *Strategic Insights*, 6(2).

——— [2011] "The Middle East Academic Community and the 'Winter of Arab Discontent'," E. Laipson ed., *Seismic Shift - Understanding Change in the Middle East*, Washington D.C.: The Henry L. Stimson Center（https://www.files.ethz.ch/isn/130294/Full_Pub_-_Seismic_Shift.pdf, 2018年11月28日閲覧）.

——— [2013] "Sectarianism and the Politics of the New Middle East," *Brookings Upfront Blog*, June 8（http://www.brookings.edu/blogs/up-front/posts/2013/06/08-sectarianism-politics-new-middle-east-gause, 2018年11月28日閲覧）.

——— [2014a] "Beyond Sectarianism: The New Middle East Cold War," Brookings Doha Center, *Analysis Paper*, No. 11（https://www.brookings.edu/research/beyond-sectarianism-the-new-middle-east-cold-war/, 2018年11月28日閲覧）.

——— [2014b] "Is This the End of Sykes-Picot?," *Washington Post* - The Monkey Cage, May 20（http://www.washingtonpost.com/blogs/monkey-cage/wp/2014/05/20/is-this-the-end-of-sykes-picot/, 2018年11月28日閲覧）.

——— [2017] "Ideologies, Alignments, and Underbalancing in the New Middle East Cold War," *PS: Political Science & Politics*, 50(3).

Hadar, L. [2011] "Burying Pan-Arabism," *The National Interest*, March 1.

Haddad, F. [2013] "Sectarian Relations and Sunni Identity in Post-Civil War Iraq," L. G. Potter, ed., *Sectarian Politics in the Persian Gulf*, London: Hurst and Company.

Halliday, F. [2002] "A New Global Configuration," K. Booth, & T. Dunne eds., *Worlds in Collision - Terror and the Future of Global Order*, New York.: Palgrave.

Hashemi, N. A. & N. Postel eds. [2017] *Sectarianization: Mapping the New Politics of the Middle East*, London: Hurst Publishers.

Hinnebusch, R. [2013] "The Politics of Identity in Middle East International Relations," L. Fawcett ed., *International Relations of the Middle East 3rd ed.*, Oxford: Oxford University Press.

——— [2015] *The International Politics of the Middle East*, Manchester: Manchester University Press.

——— [2016] "The Sectarian Revolution in the Middle East," *R/evolutions: Global Trends & Regional Issues*, 4(1).

Ibish, H. [2015] "Saudi Arabia's New Sunni Alliance," *New York Times*, July 31（http://www.nytimes.com/2015/08/01/opinion/hussein-ibish-saudi-arabias-new-sunni-alliance.html?_r=0, 2018年11月28日閲覧）.

Khanna, P. [2011] "The Coming Arab Renaissance: Forget Gamal Abdel Nasser - The Time for Arab Unity is Now," *Foreign Policy - Argument*, April 20（https://foreignpolicy.com/2011/04/20/the-coming-arab-renaissance-2/, 2018年11月28日閲覧）.

Kerr, M. [1965] *The Arab Cold War - 1958-1964 - a Study of Ideology in Politics*, London: Oxford University Press

King Abdallah II & Satloff, R. [2005] "King Abdallah II: 'Iraq is the Battleground - the West against Iran'," *Middle East Quarterly*, 12(2).

Koelbl, S., et al. [2016] "Saudi Arabia and Iran: The Cold War of Islam," *Spiegel Online*, May 9 (http://www.spiegel.de/international/world/saudia-arabia-iran-and-the-new-middle-eastern-cold-war-a-1090725.html, 2018年11月28日閲覧).

Kornprobst, M. [2007] "Comparing Apples and Oranges? Leading and Misleading Uses of Historical Analogies," *Millennium - Journal of International Studies*, 36(1), 29–49.

Lynch, M. [2012] "Ch. 2: The Arab Cold War", M. Lynch ed., *The Arab Uprising: The Unfinished Revolutions of the New Middle East*, New York: PublicAffairs.

——— [2013a] "The Entrepreneurs of Cynical Sectarianism," *Foreign Policy - The Middle East Channel*, November 12 (http://www.foreignpolicy.com/articles/2013/11/12/the_entrepreneurs_of_cynical_sectarianism, 2018年11月28日閲覧).

——— [2013b] "Tehran Tanking - Iran's Popularity in the Arab World is Way Down, but Sectarianism is on the Rise," *Foreign Policy* (Marc Lynch's Blog), March 7 (https://foreignpolicy.com/2013/03/07/tehran-tanking/, 2018年11月28日閲覧).

——— [2013c] "Welcome to the Syrian Jihad," *Foreign Policy* (Marc Lynch's Blog), June 6 (https://foreignpolicy.com/2013/06/06/welcome-to-the-syrian-jihad/, 2018年11月28日閲覧).

——— [2013d] "The War for the Arab World," *Foreign Policy* (Marc Lynch's Blog), May 23 (http://www.foreignpolicy.com/articles/2013/05/23/war_for_the_arab_world_sunni_shia_hatred, 2018年11月28日閲覧).

——— [2015] "The Rise and Fall of the New Arab Public Sphere," *Current History*, 114 (776).

Maoz, M. [2007] "The ¨Shi'i Crescent¨: Myth and Reality," Brookings Inst. - Saban Center, *Analysis Paper*, No. 15, November 2007 (https://www.brookings.edu/wp-content/uploads/2016/06/11_middle_east_maoz.pdf, 2018年11月28日閲覧).

Matthiesen, T. [2015] *The Other Saudis - Shiism, Dissent and Sectarianism*, Cambridge: Cambridge University Press.

Miller, A. D. [2013] "Tribes With Flags - How the Arab Spring has exposed the myth of Arab statehood," *Foreign Policy*, February 27 (https://foreignpolicy.com/2013/02/27/tribes-with-flags/, 2018年11月28日閲覧).

Munich Security Conference [2018] "Munich Security Report 2018: To the Brink - and Back?," MSC (http://www.report.securityconference.de/, 2018年11月28日閲覧).

Nasr, V. [2007] *The Shia Revival: How Conflicts Within Islam Will Shape the Future - with a New Afterword*, New York: W.W. Norton.

Noble, P. [1991] "The Arab System: Pressures, Constraints, and Opportunities," K. Bahgat, & A. E. H. Dessouki eds., *The Foreign Policies of Arab States*, Boulder: Westview.

Owen, R. [2000] *State, Power and Politics in the Making of the Modern Middle East*, London: Routledge.

Pew Research Center [2012] "The World's Muslims: Unity and Diversity," *Pew Forum on Religion & Public Life*, August 9 (http://www.pewforum.org/2012/08/09/the-worlds-muslimsunity-and-diversity-executive-summary/, 2018年11月28日閲覧).

————［2014］"The Sunni-Shia Divide: Where They Live, What They Believe and How They View Each Other," *Pew FacTank*（http://www.pewresearch.org/fact-tank/2014/06/18/the-sunni-shia-divide-where-they-live-what-they-believe-and-how-they-view-each-other/, 2018年11月28日閲覧).

————［2016］"The Middle East's sectarian Divide on Views of Saudi Arabia, Iran," *Pew FacTank*, January 7（http://www.pewresearch.org/fact-tank/2016/01/07/the-middle-easts-sectarian-divide-on-views-of-saudi-arabia-iran/ Pew Research Center, 2018年12月29日閲覧).

Phillips, C.［2012］*Everyday Arab Identity - The Daily Reproduction of the Arab World*, London: Routledge.

————［2014］"The Arabism Debate and the Arab Uprisings," *Mediterranean Politics*, 19(1).

POMEPS［2015］"International Relations Theory and a Changing Middle East," *POMEPS Studies*, No. 16（http://pomeps.org/wp-content/uploads/2015/09/POMEPS_Studies_16_IR_Web.pdf, 2018年11月28日閲覧).

Roy, O.［2011］"The Long War between Sunni and Shia," *New Statesman*, June 23（http://www.newstatesman.com/religion/2011/06/arab-iran-saudi-israel-syria).

Ryan, C.［2012］"The New Arab Cold War and the Struggle for Syria," *Middle East Report*, No. 262.

Salisbury, P.［2015］"Yemen and the Saudi-Iranian 'Cold War'," Chatham House, *Middle East and North Africa Programme*, No. February 2015（http://www.chathamhouse.org/sites/files/chathamhouse/field/field_document/20150218YemenIranSaudi.pdf, 2018年11月28日閲覧).

Santini, R. H.［2017］"A New Regional Cold War in the Middle East and North Africa: Regional Security Complex Theory Revisited," *The International Spectator*, 52(4).

Saouli, A.［2013］"Hizbullah, Hamas, and the Arab Uprisings: Structures, Threats, and Opportunities," *Orient*, No. II.

Sawani, Y. M.［2012］"The 'End of Pan-Arabism' Revisited: Reflections on the Arab Spring," *Contemporary Arab Affairs*, 5(3).

Schwedler, J.［2015］"Comparative Politics and the Arab Uprisings," *Middle East Law and Governance*, 7(1).

Seale, P.［2011］"The New Pan-Arabism," *Agence Global*, No. April 24.

Soage, A. B.［2017］"Islamism in the Middle East Sectarian Conflict," *MEI - Analysis and Opinion*, August 29（http://www.mei.edu/content/map/islamism-and-sectarianism, 2018年11月28日閲覧).

Stephens, M.［2017］"The Arab Cold War Redux: the Foreign Policy of the Gulf Cooperation Council States since 2011," T. Cambanis & M. W. Hanna eds., *Arab Politics Beyond the Uprisings : Experiments in an Era of Resurgent Authoritarianism*, New York: The Century Foundation Press.

Susser, A.［2006］"Aufgang des Schiitischen Halbmonds - Der Krieg im Libanon under der Neue Nahe Osten," *Internationale Politik*, 61(9).

Telhami, S. & M. Barnett［2002］"Introduction: Identity and Foreign Policy in the Middle East,"

S. Telhami & M. Barnett eds., *Identity and Foreign Policy in the Middle East*, Ithaca: Cornell University Press.

Valbjørn, M.［2009］"Arab Nationalism(s) in Transformation - From Arab Interstate Societies to an Arab-Islamic World Society," B. Buzan, & A. Gonzalez-Pelaez eds., *International Society and the Middle East - English School Theory at the Regional Level*, New York: Palgrave.

———［2015］"Reflections on Self-Reflections - On Framing the Analytical Implications of the Arab Uprisings for the Study of Arab Politics," *Democratization*, 22(2).

———［forthcoming］"Studying Identity Politics in Middle East International Relations before and after the Arab Uprisings", R. Hinnebusch & J. Gani eds., *Ashgate Research Companion to Middle East Politics*, London: Ashgate.

Valbjørn, M. & Bank, A.［2007］"Signs of a New Arab Cold War: The 2006 Lebanon War and the Sunni-Shi'i Divide," *Middle East Report*, No. 242 Spring.

———［2012］"The New Arab Cold War: Rediscovering the Arab Dimension of Middle East Regional Politics," *Review of International Studies*, 38(1).

Valbjørn, M. & Lawson, F. eds.［2015］*International Relations of the Middle East*（Vol. 3: The Role of Ideas and Identities in Middle East International Relations）, London: Sage

Walt, S.［1987］*The Origins of Alliances*, Ithaca: Cornell University Press.

Wehrey, F.［2013］*Sectarian Politics in the Gulf: From the Iraq War to the Arab Uprisings*, New York: Columbia University Press.

———ed.［2017］*Beyond Sunni and Shia: Sectarianism in a Changing Middle East*, London: Hurst Publishers.

Wright, R.［2013］"Imagining a Remapped Middle East," *New York Times*, September 28（http://www.nytimes.com/2013/09/29/opinion/sunday/imagining-a-remapped-middle-east.html, 2018年11月28日閲覧）.

Zogby, J［2013］"Looking at Iran - How 20 Arab & Muslim Nations View Iran & Its Policies," Zogby Research Services, March 5,（https://www.wilsoncenter.org/sites/default/files/iranpollresultsreport.pdf, 2018年11月28日閲覧）.

（曺明玉訳）

第3章

中東のツイッター界にみる宗派的中傷の分布

マーク・オーウェン・ジョーンズ

はじめに

ウォーカーの言うように，「銃弾のごとく人々に向けられている」ヘイトスピーチは，将来の危険を予示し，奴隷制，暴動，大量殺戮，ホロコーストといった恥ずべき過去を思い起こさせる［Walker 1994: 1］．法的であれ何であれ，ヘイトスピーチの定義は定まっていないが，国連の「残虐な犯罪を招きかねない暴力への扇動を防ぐための宗教的指導者と関係者のための行動計画」によって示された次の定義は参考になる．すなわち「ヘイトスピーチとは，一般に発言，文書，または行動を問わず，なんらかの種類の意思表示によって個人または集団を，その人が何者であるかを根拠に，すなわち宗教，エスニシティ，国籍，人種または他のアイデンティティ要素に基づいて侮辱する」ことである．昨今の「イラク・レバントのイスラーム国」（「イスラーム国」，以下 IS）の台頭は，中東とアラブ世界で憎悪的イデオロギーへの新たな関心を呼び起こしている．実際に2016年には，当時のジョン・ケリー米国務長官が次のような踏み込んだ発言をしている．「私の判断では，IS は，支配地域におけるヤズィディー教徒，キリスト教徒，シーア派イスラーム教徒等の集団に対する虐殺（genocide）の責任を負わなくてはならない」．こうした残虐行為には，他者化言説を通じた人間性否定の要因が必ずと言っていいほど付きまとう．実のところ，ヘイトスピーチと中傷発言の使用は，エスニシティ，ジェンダー，宗教または党派等々の特性に基づく集団の悪魔化を反映・促進させる１つの過程である．それは憎悪的イデオロギーに必然的に付きまとうものであるが，常に戦争や紛争を伴うわけではない．ソーシャルメディアの使用によって，このようなヘイト

スピーチは国境を超えて暴力を引き起こすことができる。ソーシャルメディアと宗派対立は，潜在的に危険な形で全世界にその姿を露わにしている。ヌラニヤは，こうした越境的ヘイトスピーチの危険性を指摘し，「反シーア派ジハードを煽動するプロパガンダが，インドネシアでシーア派への攻撃を引き起こしており，対策をとらない限り宗派対立はますます悪化する」と述べた［Nuraniyah 2014］。このことからも，スンナ派とシーア派の宗派主義の実態を明らかにし，この問題に取り組むことが喫緊の課題となる。

　宗派的なヘイトスピーチは，かなり以前からあった［Siegel et al. 2017］。ゼリンとスミスは，反シーア派的な中傷が「ますますありふれた言説になりつつある」と主張するが，それを証明するのは容易でない。反対に，例えばシューマッハ［Schumacher 1987］は1980年代の重要なエスノグラフィー調査で，宗派的中傷と人間性否定の発言はバハレーンに多く，シーア派の人々はしばしば無知で革命に熱しやすく，無教養な田舎者だと決めつけられていると指摘している。オンライン上のヘイト言説に関する2010年の調査で筆者は，バハレーンで政治的暴力のビデオ映像に対するオンライン上の反応に宗派的中傷が広く使われたことを明らかにしている。そこではシーア派はしばしば「テロリスト，無教養，背教者，裏切者，性的奔放，信頼できない，暴力的，変質者，知恵遅れ，イラン人，ユダヤ人，ラーフィド派（離反者，rāfiḍī）」などと表現されていた［Jones 2010］。これを例外的な現象と決めつけることはできない。むしろ持続的な宗派主義の道具化，およびまたは共同体間の差異解消に対する無関心がもたらしたものと見るべきであろう。「国連文明の同盟」（UNAOC）が2013年と2014年にフェズとカイロで開催したメディア・リテラシーに関する会合では，中東・北アフリカ地域のメディア・リテラシーとヘイトスピーチをめぐる状況を改善することの重要性が指摘されている［Abu-Fadil et al. 2016］。それが永続的な問題であるという事実は，そうした言説に投影された根深い偏見と闘うことがいかに重要かを浮き彫りにしている。

　加えて最近は，さまざまな原因から宗派的緊張が高まっている。イエメンにおける戦争が，イランに支援されたホーシー派反乱軍対サウジアラビアを後ろ盾とするイエメン政府軍の争いと捉えられながら，イランとサウジアラビアの対立関係への懸念が強まっており，これはまたスンナ派とシーア派の世界的対立の象徴になっている。またイラクでサッダーム・フセイン政権が崩壊し，国内のマイノリティたるスンナ派が疎外されると，シーア派政治家の宗派差別を

非難する声が湧き上がった．バハレーン政府がサウジアラビアの支援を受けて弾圧した2011年の蜂起も，１つの分割統治戦略として宗派的緊張の高まりを利用したものである．これら全てがもたらした１つの結果が，ヘイトスピーチの急拡大という状況なのである．ただしこのヘイトスピーチが，人々にとってありふれた言説の一部になっていると言えるかどうかは，別の問題である．

1　社会的に媒介された宗派主義の台頭

　しかしながら宗派的言説が膨大となっているようにみえるのは，新技術の普及ゆえかもしれない．新技術を使えば，個人の見解をより多くの人々に届けられる．とくに急拡大するソーシャルメディアによって，「世界に憎悪，分断，極端な暴力を拡散する諸グループのデジタル・プロパガンダ・エンジン」に注目が集まった [Abu-Fadil et al. 2016]．ソーシャルメディアは，ヘイトスピーチの研究に新たな局面をもたらした．国境を超えて多数の聴衆に影響を及ぼすプラットフォームたるソーシャルメディアは，標的とするグループをたやすく「望まれざる存在，正当な攻撃対象」として晒すことができる[3]．ただし，たとえソーシャルメディアが国境を超える性格をもつとしても，ヘイトスピーチの本質を理解するには，位置やそこに流布している政治的なムードに関する文脈的知識が重要である．オンラインのヘイトスピーチ（そしてヘイトスピーチ一般）は，権力を維持するために共同体間の差異を利用したいと考える特定の政権または主体が，宗派主義を道具化した結果である場合が多い．例えば，バハレーンでの蜂起の時[4]，とある複数のツイッターアカウントは特定の宗派的中傷を用いて意図的に宗派間の緊張を煽った．こうした発言はそれを禁じる国内法に違反していたにもかかわらず，当該アカウントに対し何らか法的措置が講じられたという話は聴こえてこない [Jones 2015: 239-262]．別の例では，バハレーン政府が緊張を煽るために複数のツイッターのアカウントを開設したとする証拠が出ている[5]．つまり，一部の政権にとって宗派間の反感を煽ることは反革命の一形態であり，宗派間の緊張を高めることで彼らは，自らの正当性を担保してくれる重要な地盤で支持を得ようとしてきたのである．

　こうした手法がネット上のヘイトスピーチに寛容な環境をつくり，ヘイトスピーチは湾岸全域に拡散した．シーゲルは，ツイッターのデータを使って反シーア派的なヘイトスピーチがサウジアラビア，クウェート，イラクからどれ

だけ発信されたかを示すとともに，反スンナ派的ヘイトスピーチの大半がイラク，サウジアラビア，クウェートから発信されたことを明らかにしている [Siegel 2015]．シーゲルらは，宗派主義的ヘイトスピーチが，各国のシーア派モスクへの爆撃やスンナ派への攻撃といった何らかの事件が起きた後に激増することを確認している [Siegel et al 2017]．ネット上のヘイトスピーチは，サウジアラビアから際立って多く発信されている．シーゲルの調査は，特定の国でヘイトスピーチがより多く拡散しているとまでは主張せず，その拡散上の差異が各国のツイッター利用者数に依存すると述べるにとどめている．だがその拡散量がサウジアラビア政治の社会的側面と関連していることは，たとえばサウジアラビアに基盤を置きながらヘイトスピーチを使っている政府高官やウラマーの数の列挙によって示唆されている．この結果を裏づけているのがヒューマン・ライツ・ウォッチの調査であり [Human Rights watch 2017]，彼らはサウジアラビアの影響力あるウラマーや高官がソーシャルメディアを使ってシーア派，キリスト教徒，ユダヤ人などのマイノリティを蔑視する発言を行ってきたことを暴きだした．ヒューマン・ライツ・ウォッチによれば，これは「市民的及び政治的権利に関する国際規約」（ICCPR）が禁じた「差別，敵意又は暴力の扇動となる国民的，人種的又は宗教的憎悪の唱道」にあたる．サウジアラビアは同規約を批准していないが，アラブ人権憲章には署名している．同憲章は「市民には知的で文化的な環境の下で生活する権利があり，そこではアラブ・ナショナリズムは誇りの源泉であり，人権は尊重され，人種，宗教その他の形態の差別が否定され，国際協力と世界平和の大義が支持される[6]」と謳っている．だがおそらくサウジアラビア政府はヘイトスピーチに寛容な態度を取りたいのだろう，とヒューマン・ライツ・ウォッチの報告書は特筆している．なぜなら「サウジアラビア政府はヘイトスピーチを許容するだけでなく，それを批判する人を投獄する場合もある[7]」からである．同報告書は，ヘイトスピーチに対する政府の対応が，政府の性格，マイノリティやエスニック集団との関係によって異なることを暴露し，これを非難している．サウジアラビアやバハレーンなどでは宗派的緊張がさまざまな目的——生まれながらにしての差別であれ，分割統治のためであれ——の下，国家主体によって意図的に煽られてきた [Shehabi and Jones 2015]．伝統的なメディアは問題含みの言説を拡散する重要なプラットフォームであったが，ソーシャルメディアと超国家的テレビ放送が台頭したことで，宗派アイデンティティを操作しようというローカルな試みは国境線の内

側だけに留まらなくなった．一国で作成されたコンテンツは簡単に国境を超える．同様にヘイトスピーチを統制しようとする国民レベルの試みも，一部の国家がその拡散に寛容な態度を取り続ければ腰砕けになりかねない．ユネスコ（UNESCO）とイエメン・メディア・センターが取り組んだような国民レベルのヘイトスピーチ反対活動さえも，域内全体にこの問題と闘う意思がなければ効果は期待薄である[8]．

　ソーシャルメディアはヘイトスピーチの越境を可能にするが，そうした言説が必ずしもアラブ世界で画一的かつ普遍的な訴求力をもつわけではないことに留意されたい．実際，一部の国の政府による道具化と操作という明確な証拠があるにもかかわらず，西欧の多くのメディアや政策論議では宗派間の差異が説明変数として使われている．宗派主義にまるで双方向的で相互性を持つ，不変の性質が備わっているかのように域内の宗派的緊張をフレーミングすることは，一種の矮小化である[9]．マージドが指摘するように，「政治的緊張を固定的で本質的に対立するアイデンティティに根差した宗派的なものとしてとらえる傾向は，完全な語弊と言えないまでも矮小化なのである[10]」．こうした傾向がそこまで強いかはわからないが，報告されているかぎりでは存在することは間違いない．宗派主義を原初的で永続的なものととらえて分析すると，それを中東全域に均等に分布した現象として叙述する危険性に陥る．またそれによって，あらゆる共同体の行動は所属する宗派によって定義されることになる．この主張が正しいなら，ヘイトスピーチはすべてのアラビア語圏諸国に均等に発生するはずである．だが，ローカルなものとリージョナルなものの間にも緊張は間違いなく存在するし，インターネットとソーシャルメディアが国境を超える力をもつとはいえ，宗派的表現への曝露や宗派的表現の存在自体が必ずしも無差別に感染するとは限らない．それでもたしかに宗派的中傷とヘイトスピーチは，危険なイデオロギーをしばしば示唆する現象，または暴力的行為の前兆であり，ソーシャルメディアはそれを拡散させる力をもつ．この現象が越境的性質を備えていることを考慮に入れると，政策決定者にとって有益ないくつかの問いが提起される．すなわちこういったヘイトスピーチはネット上でどれだけ普及しているのか，宗派的ヘイトスピーチは特定の国々にどれほど根付いているのか，である．ヘイトスピーチがいつどこで発信されているかを把握できれば，問題解決のための正しい政策的，外交的対策がとれるはずである．

　多くの点で本章は，ハッダードがいう「攻撃的宗派主義（assertive sectarianism)」[Haddad 2011: 26] の諸側面に，国境を超えたレベルで，取り組んでいる．ここでいう攻撃的宗派主義とは，他派に対する象徴的あるいは物理的な誹謗である．ここでは，共存する人々の間の日常的やりとりに注目するというよりは，全アラブ世界に広がる同期的ではない活動を探求する．重要なことは，こうした言説がもたらしかねない結果を等閑視しないことである．フィビゲル[Fibiger 2018: 303-16] はバハレーンとクウェートに関する研究で，両国における「日常的な宗派主義」は「平凡」で，シリアやイラクのような暴力的紛争には転化しなかったと論じている．バハレーンでの暴力をシリアやイラクのそれと比較するのは適切ではないという問題がある一方で，合成変数が多すぎて「日常的」の定義付けは容易ではない．また日常が暴力的紛争に転化していないと言うことは，イラクとシリアでは宗派主義が紛争を駆り立てていると言っているようなものである．むしろ宗派的中傷は，他の共同体の人間性を否定し，排除するために利用される幅広い活動の一部であると言えよう．のみならず，日常的な宗派主義はもはや地方や国境の枠内に留めておくことができないし，オンライン上のヘイトスピーチは特定の宗派的中傷と言説の利用可能性，活用，範囲の変化を表象している．あるコンテキストやある地方での「日常的宗派主義」や「平凡」が，他のコンテキストや地方においても同じであるとは限らないのである．

2 ツイッター上のヘイトスピーチの分布を把握する方法

　この研究は反シーア派と反スンナ派への中傷を含む何万というツイートから収集したデータに依拠し，アラビア語圏のツイッター界におけるヘイトスピーチの結びつきをさぐる．そのために，他派を誹謗する攻撃的な言葉を使った宗派主義の事例をとりあげる．一般に，よく使われる反シーア派的表現としては「ラーフィド派 (rawāfiḍ)」「アブナル・ムトア (abnāʾ al-mutʿa)」「マジューシ (majūsi)」「多神教徒 (party of Laat)」「ヌサイリー派 (nusayrīya)」「サファヴィー (ṣafāwī)」などがある．調査の目的上，「ラーフィド」「アブナル・ムトア」「マジューシ」「サファヴィー」は変化形（単数，複数，同義語）を使用した．それぞれの言葉には少しずつ異なった含意がある．アラビア語動詞の rafiḍa を語源とする「ラーフィド」には，「拒否する」の意味がある．シーア派を，イスラームの真の宗教を「拒否した」人々として表現するのに使われている．「アブナ

ル・ムトア」は不道徳と性的奔放を糾弾する表現であり，12イマーム派に特有の婚姻形態を意味する．「マジューシ」はゾロアスター教徒を意味し，涜神者または不信心者を糾弾する中傷語の一種である．「サファヴィー」は単に Safavid を意味し，サファヴィー朝を指す．この王朝下でシーア派イスラーム教はイランの中心的宗教になった．サファヴィー朝の下でイランがシーア化する過程で，とくにタフマースブＩ世の治世では，スンナ派に対する「搾取，脅迫，嫌がらせ」[Johnson 1994: 123-133] が頻発した．反スンナ派的中傷として抽出した表現には「ナワーシブ（nawāṣib）」がある．これはスンナ派に「ムハンマドの家族を憎み，非イスラーム教徒とみなされる人々」[Siegel 2015] との烙印を押すためによく使われる．「アウラード／アブナル・ミスヤール（Awlād/Abnā' al-misyār)」は「アブナル・ムトア」と似た侮蔑である．「ザワージ・アル・ミスヤール（zawāj al-misyār)」（「旅人の結婚」）は，一般にサラフィー主義で認められた結婚形態であり，ムトア（al-mut'a）婚はシーア派にしかない不道徳行為だという批判への反論として，しばしば使われる．「ウマイヤ（Ummawī）」は広い意味で「サファヴィー」と同じようなものである．ウマイヤ朝はシーア派教徒に対する不正義が行われた時代として記録されている．反スンナ派的中傷には「クス・アーイシャ（kus 'ā'isha）」（「アーイシャの女性器」）もある．これは筆者の2010年の言説分析で重点的に取り上げられており，ムハンマドの妻の一人であるアーイシャに対する直接の侮辱である．アーイシャはシーア派の一部から嫌悪されているが，その詳細はここでは必ずしも重要ではない．「サファヴィー」「マジューシ」「ラーフィド派」「ナワーシブ」「ウンマーウィ」などの表現はシーゲルの調査にあるが，「アブナル・ミスヤー」「クス・アーイシャ」「ザワージ・アル・ミスヤー」は本調査で独自に取り上げられた．シーゲルの2015年の調査では「ワッハーブ（Wahhābī）」を反スンナ派的な中傷表現として使っているが，これを純粋に宗派的表現とみるのは問題がある．「ワッハーブ」は域内政治について語る際によく使われる言葉で，スンナ派支持者をワッハーブ主義者と明確に区別するためにしばしば使われる．つまりはワッハーブ主義と通常のスンナ派とを意識的に区別する方策といえる．これはおそらく中傷というより宗教上の微妙な差異を示すためのものである．

　ツイートの収集は，2017年の５月から８月までの４カ月間，ツイッターのストリーミング API を使って行った．ツイッター利用者の人口統計とアラブ世界の無作為標本は一致しないが，どのアカウントも自動検索によって同じよう

にランダムに抽出される特定の宗派的表現を使っているという意味では，ツイートの標本自体，無作為である．ただし今回のデータ収集は一時的なものという限界があるため，普段あまり使われないフレーズの場合，APIコールの時間制約によりヒット数不足が起こりうる．またアラビア語を使うシーア派の人口とスンナ派の人口の違いも反映される．世界のイスラーム教徒人口の10-13％を占めるシーア派は，その68-80％がインド，パキスタン，イラン，イラクの4カ国に集中している．このうち，主たるアラビア語圏はイラクだけである．とはいえ，中東・北アフリカ地域に住むシーア派はおよそ4400万人に達する[11]．

　最初に，視覚化ソフトウェアであるタブロー（Tableau）での判読を容易にするため，所在地情報をデータクリーニングした．サンプルのツイートのうち所在地データが欠けているものは除去した．所在地が不明瞭な場合は特別な手法をとった．たとえば「アメリカ，レバノン，カナダ」などと複数の所在地をインプットする利用者がいる．この場合，自己紹介で最初に言及された中東の国名がインプットされる．また所在地は可能なかぎり都市，町，行政区などに分類した．都市名などが不明な場合は国名だけを使った．重複アカウントは除去し，頻繁に発信するツイッター利用者にかき回されないようにした．同様にリツイートもフィルターをかけて除去した．リツイートはボット（自動発信プログラム）によるものが多く，たとえそうではなくても見解が一定しないことがある．ここでの考え方は，ツイッターユーザーの中でもリツイートではなく，個人の意見をできるだけ反映させるというもので，そのため1つのアカウントを2回カウントするようなことはせず，論理的には各ツイートが各個人を代表する（一個人が複数アカウントを操作していないことが前提）．また域内で反シーア派のヘイトスピーチを拡散している何千ものボットは，最大限排除するようにした．2016年および2017年，1日当たり何万もの反シーア派ヘイトスピーチがボットから拡散された．宗派的な事業家か機関かは不明だが，特定の主体がそうしたメッセージを大規模に流すことで何らかの利益を得ていることがうかがわれた[12]．これらの要素はそれ自体重要性をもつが，いわゆる正真正銘のヘイトスピーチと，ボットが人間に代わり発信するヘイトスピーチとを判別するのがいっそう困難になりかねない．これまで，こうした行為を分析した調査がどの程度存在したかもはっきりしない．シーゲルらは，調査の中でほぼチュニジアを発信源とする1つのボット・ネットワークの発見に言及している［Siegel et al. 2017]．ただし筆者の調査では，ヘイトスピーチを発信するボットの多くの所在地は，ユーザー自らが記した情報によると，サウディアラビアであった．上述したデータクリーニングでデータ数は大幅に減ったが，収集したツイッターの3分の2がしばしばリツイートで占められることを考えれば，驚くには当たらない．この方法で，数カ月間に収集した10万の反シーア派ツイートが排除された．重複を除去した結果，1万6555件のツイートが残り，さらにリツイートの除去で1万件が除去され，残ったのは真正アカウントによる約6000件となった．

3　分析の限界

　当然ながら，限界もいくつかある．ツイッター利用者の所在地は，実際の所在地または発信場所を特定するためのおおまかな基準にしかならない．多くの人は働き場所や出身地など自分に関係ある所在地を記入するが，その情報を空白にするか「火星」「どこそこ」などと気まぐれな情報を入力する場合もよくある．ただし，そうした異常な記述はサンプル中に均等に存在するものと想定できる．したがって本調査では，そうした情報は除去し，正確と思われる所在地のみ使用した．またツイートの特性も考慮する必要がある．キーワード検索からは必ずしも文脈が明らかにならない．具体的には，記述中にヘイトスピーチが含まれていても，ツイート自体はヘイトスピーチではなく議論をかわす場合もある．それらを除去するため，ランダムに選んだ100件のツイートを分析したところ，宗派的表現が侮辱的または攻撃的な表現として使われていなかったのは5件だけであった．ただし「ナワーシブ」などの語は，文脈とは無関係に使われることが多い．たとえばウラマーのマフムード・サルヒーのスピーチ[13]，それに含まれる「ヤー・ナワーシブ（yā nawāsib）」というフレーズゆえに攻撃的な行為として発信されたが，反スンナ派的宗派主義に注意を喚起したいと考える人たちもそれを発信した．結局，収集されたデータの大多数は，単なる描写や論述ではなく，悪意的なヘイトスピーチを反映していた．域内でのツイッターの普及度の不均衡も重要である．そのため，アクティブなツイッター人口に関する国別の最良推定値を使い，ユーザー10万人当たりの宗派的中傷の普及度を判定した．ただ，実際に国内の何人がツイッター利用者であるのかを考慮せずに，単にツイート数だけをみて，サウジアラビアのツイッター界

が他より宗派的だと決めつけるのは問題がある．もし理屈の上で，ある国のツイッター利用者がゼロの場合，その国のオンライン上の宗派主義は存在しないことになるので，これは当然誤った前提となる．

言語の面でいえば，この調査はアラビア語のツイートだけに焦点をあてている[14]．したがってヘイトスピーチの分布は総体的なヘイトスピーチの発生状況ではなく，一言語の記録だということを念頭に置く必要がある．だとすれば，そうした表現の普及度に関心のある言語学者には興味深いかもしれない．またスンナ派とシーア派双方にとって同意義の中傷表現を見つけようと試みると，ある種の恣意性が入り込む．他人を中傷する諸表現に同じ効力または含意があると主張するのは軽率だろう．宗派的中傷に関する先行研究によれば，スンナ派に向けられた言説の多くは「現代のイスラエルとアメリカの共謀関係に焦点を当てており，シーア派に対するそれはより歴史的な不信の枠組みに重きを置いている」[Jones 2010]．ある種の表現は安易に「反スンナ派」と決めつけられないことにも注意すべきである．ボットと偽アカウントを排除するために最大限の努力をしたが，サンプル量が多いため排除しきれなかったものもありうる．

4　調査結果

(1)　反シーア派的スピーチ

調査結果から，いくつかの重要なテーマが浮き彫りになった．シーゲルの調査［2015］に示された通り，アラビア語による反シーア派的ヘイトスピーチの量は，反スンナ派のそれよりはるかに多かった．そのため，サンプルからは反シーア派的中傷に関するデータの方がきわめて多く得られた．アラビア半島と湾岸地域以外で反シーア派のツイートが目に見えて少なくなるのは，分析対象の反シーア派的言説におおよその局在性があることを示唆している．2015年のシーゲルの調査と同様，反シーア派的なヘイトスピーチの数はサウジアラビア，クウェート，イラクの3カ国がもっとも多かった（図3-1）．

だが各国のツイッター利用者数を考慮に入れると，状況は大きく変わる．2017年の「アラブ・ソーシャルメディア・レポート」のデータを用い[15]，各国のツイート数をツイッター利用者数（推計）で割って普及度を計算した結果，ユーザー10万人当たりの反シーア派ツイートが最も多かったのはイエメンで，次いでサウジアラビアとイラクだった（表3-1）．この予想外の結果は，サンプリ

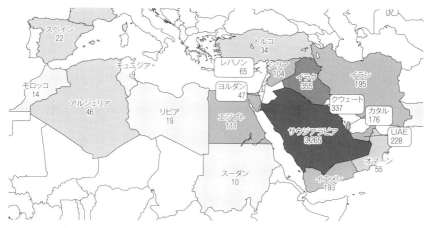

図3-1　中東北アフリカ地域における反シーア派の宗派的ツイートの量および分布を示したコロプレス地図
(出所) 筆者作成.

表3-1　アラビア語圏諸国のツイッター利用者10万人当たりの反シーア派中傷の数

	利用者10万人当たりの中傷数の多い国	ツイッター利用者	利用者10万人当たりの中傷	シーア派人口	シーア派比率(%)	スンナ派比率(%)
1	イエメン	10万人	193	8,000,000	35%	65%
2	サウジアラビア	250万人	131	2,000,000	10%	90%
3	イラク	40万人	89	19,000,000	65%	35%
4	クウェート	50万人	67	500,000	20%	80%
5	カタル	20万人	67	100,000	10%	90%
6	バーレーン	20万人	45	400,000	65%	35%
7	レバノン	20万人	32	1,000,000	45%	55%
8	アラブ首長国連邦	80万人	29	300,000	10%	90%
9	オマーン	20万人	28	100,000	5%	95%
10	ヨルダン	20万人	24	データなし	データなし	データなし
11	リビア	10万人	19	データなし	データなし	データなし
12	スーダン	10万人	10	データなし	データなし	データなし
13	シリア	130万人	8	3,000,000	15%	85%
14	パレスチナ	30万人	7	データなし	データなし	データなし
15	アルジェリア	80万人	6	データなし	データなし	データなし
16	エジプト	170万人	6	データなし	データなし	データなし

(出所) アラブ・ソーシャルメディア・レポート2017に基づき筆者作成. ただし人口別内訳は次の資料に依拠した. Pew Research Center [2009] "Mapping the Global Muslim Population: A Report on the Size and Distribution of the World's Muslim Population", *The Pew Forum on Religion and Public Life*, October.

ングの問題やツイッター利用者数の不正確な概算で説明可能かもしれないが，現在イエメンで進行中の内戦に帰することも可能である．そこでは，ホーシー派をイランの手先とする宗派的所属の認定と中傷が頻発しているからである．またサウジアラビアのツイッター利用者数が，同国の「所在地」情報をもったボットのツイート乱発で歪められた可能性もある．それが人為的に膨らませた数値だとすれば，サウジアラビアのツイッター利用者10万人当たりの中傷ツイートの普及度はもっと小さくなるだろう．またアメリカ発の反シーア派ツイートの量はサンプル中第5位だが，実際の同国のツイッター利用者数が6800万人と推計されることを考慮すると，数値は無視できる程度になる（10万人当たり0.3）点にも注意されたい．

　シーゲルの2015年の調査とシーゲルらの2017年の調査が示すように［Siegel 2015; Siegel et al. 2017］，特定の出来事が反シーア派的なヘイトスピーチの増加を惹起している．たとえばサウジアラビアによるイエメン爆撃などである［Siegel 2015: 10］．サンプル収集期間でいえば，アワーミーヤが包囲されていた間は反シーア派中傷が急増している．アワーミーヤはシーア派住民が多い場所で，2017年にサウジアラビア政府の治安部隊によって数カ月にわたって包囲された．この包囲は，政府が住民をテロリストとして強制退去させたことに端を発する．イラクのシーア派ウラマー，ムクタダ・サドルがサウジアラビアを訪問した際も反シーア派的な表現が急増した．興味深いことにカタルの危機でも同様の現象が起きたが，これはカタルを包囲した国々がカタルをイランと関連づけながら，扇動的な言語を用いたからであろう．面白いことに，ツイッター上の宗派的諸主体は必ずしも同一の問題に対し常に連携しているわけではないことを示す事実がある．たとえば2017年5月30日と7月31日に宗派的ツイートが急増した．そこにはアラブ首長国連邦（UAE）のサッカーチーム，アルアインがイランのエステグラルに勝ったことや，イランのアフワーズにおける政策に対する批判，ISと闘うイラクのシーア派部隊への抗議など，多数の出来事が混在していた．興味深いことに，多くのツイートがエステグラルに勝ったアルアインを称賛したが，すぐにエステグラルがアフワーズを地元としていることの指摘があり，それゆえに宗派的嘲笑を受けるべきではないという主張するツイートが多数発信されている．つまり，ヘイトスピーチがらみのツイートの急増がすべて，域内の同一の出来事の結果だとはいい切れない．アルアインのサッカー競技の結果のように，地域や国家レベルではそれらに特有の関心事が

表3-2　反シーア派的な中傷の国別分布

国名	使用された用語				合計
	マジューシ	ラワーフィド	サファヴィー	ムトア	
サウジアラビア	1,549	807	193	323	2,872
イラク	143	119	39	17	318
クウェート	190	72	44		306
イエメン	112	54			166
アメリカ	71	50	71	18	210
カタル	93	24	18		135
エジプト	61	22			83
アルジェリア		20			20
シリア	51	19		19	89
バハレーン	37	19	22		78
レバノン	32	17			49
イギリス	40	16	17		73
UAE	138	15	17	20	190
トルコ	22				22
オマーン	18		20		38
ヨルダン	25				25
イラン			19		19
ドイツ	20				20
合計	2,602	1,254	460	397	4,713

(出所) 筆者作成.

ある．それによって敵対意識が沸騰しても地域の境界線を超えることはない（アルアインは UAE に拠点を置いている）．このような要因は深刻な暴力の誘因にもならない（表3-2）．

　また留意すべきは，反シーア派的中傷が急増する場合は大抵，宗派的表現をリツイートするボット・アカウントが歪曲事実を掲載しているか，作りだしているという点である．繰り返すが，この調査ではサンプルからボットを排除する方法をとっている．

　実際に使用されている表現として，サンプル中もっとも多かった中傷語は「マジューシ」で，次いで「ラーフィド」「サファヴィー」「アウラード／アブナル・ムトア」であった．もっとも少なかったのが「アウラード／アブナル・ムトア」で，これはサウジアラビア以外ではとくに少ない傾向にあった．

調査結果から，ツイート利用者の所在地入力により都市名が判明したうち，反シーア派的ヘイトスピーチが最も多い上位5都市は，すべてサウジアラビア国内にあった．具体的にはリヤド，ジェッダ，マッカ，ダンマーム，マディーナである．この順番は都市の規模とほぼ一致しており，大都市ほど反シーア派的中傷が多かった（図3-2，図3-3）．

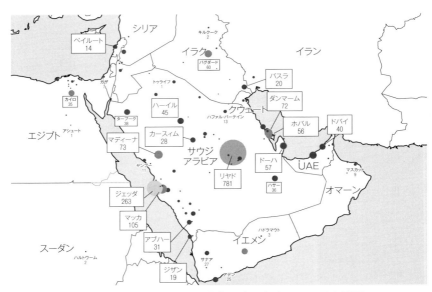

図3-2　反シーア派的な中傷の多い都市と町を示す地図

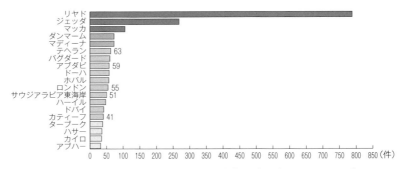

図3-3　反シーア派的な宗派的中傷が多い都市ランキング
（出所）筆者作成．

(2) 反スンナ派的ヘイトスピーチ

調査結果によれば，反スンナ派的ツイートを最も多く作り出している国は，イラク，サウジアラビア，クウェートであった．これもシーゲルの2015年の調査と一致している．ただし各国のツイッター人口の規模を考慮に入れると，この順番は，イラク，イエメン，バハレーン，レバノン，クウェートとなる．イエメンとシリアを除き，反スンナ派的中傷の普及度と当該国シーア派人口比率とは相関している可能性がある．イスラーム教徒に占めるシーア派の人口比率が高いほど，ツイッター利用者10万人当たりの反スンナ派的中傷は多くなる．ここから反スンナ派的中傷は，両派のイスラーム教徒が混在し，かつシーア派教徒の比率が高い国ほど多いと推測できる．その逆は真ではない．例えばサウジアラビアのスンナ派人口は90％でシーア派は10％であるが，反スンナ派への中傷レベルは相対的に低い．つまり反シーア派的なヘイトスピーチは，反スンナ派的なそれと比べて国内の人口統計学的コンテキストに根ざしておらず，むしろ国の枠を超えた現象であることがうかがわれる（表3-3）．

所在地データが都市レベルで入手可能なケースをみると，反スンナ派的ヘイトスピーチが多い順にバグダード，リヤド，バスラ，ジェッダ，マッカが挙

表3-3　アラブ語圏諸国のツイッター人口10万人当たりの反スンナ派的中傷

	利用者10万人当たりの中傷数の多い国	ツイッター利用者（概算）	利用者10万人当たりの中傷	シーア派人口	スンナ派比率（％）	シーア派比率（％）
1	イラク	40万人	57	19,000,000	35%	65%
2	イエメン	10万人	13	8000000	65%	35%
3	バハレーン	20万人	9	400000	35%	65%
4	レバノン	20万人	9	1000000	55%	45%
5	クウェート	50万人	8	500000	80%	20%
6	サウジアラビア	250万人	7	2000000	90%	10%
7	カタル	20万人	5	100000	90%	10%
8	オマーン	20万人	2	100000	95%	5%
9	ヨルダン	20万人	2	データなし	データなし	データなし
10	UAE	80万人	1	300000	90%	10%
11	エジプト	170万人	1	データなし	データなし	データなし
12	シリア	130万人	0.3	3000000	85%	15%

（出所）筆者作成.

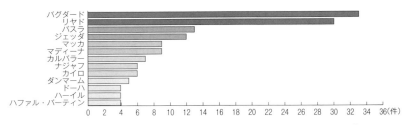

図3-4　反スンナ派的な宗派的中傷の多い都市ランキング
（出所）筆者作成.

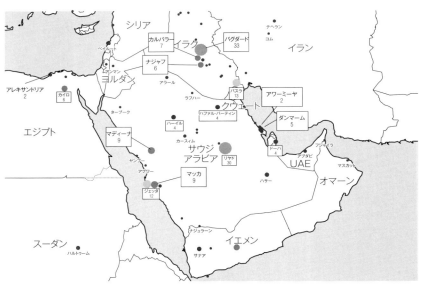

図3-5　反スンナ派的な中傷の多い都市の地図
（出所）筆者作成.

がっている．イラクではカルバラーやナジャフなどの他の都市も反スンナ派的中傷の多い上位10都市に入っていることが興味深い（図3-4, 図3-5）．

　反スンナ派的なヘイトスピーチの急増現象を検知するのは困難なため，その理由を明確にするのも容易でない．顕著な急増事例のいくつかが，誤検知（false positives）だったこともある．前述したようにサルヒーがスピーチで「ヤー・ナワーシブ」という語を使ったところ，双方の攻撃的な宗派主義者だけでなく，

反スンナ派的な感情の高まりへの注意を喚起しようとする側も，これを拡散させた．反スンナ派的な中傷に対して収集できるデータがはるかに少ないことに鑑みれば，その急増現象の発見が困難なのも不思議ではない．だがシーゲルが述べるように，シーア派モスクの襲撃といった耳目を引く事態が起きると急増する場合が多い［Siegel 2015］．

5　ツイッター上の新たな宗派的ヒエラルキーか

　今回の調査はシーゲル［Siegel 2015］とシーゲルら［Siegel et al. 2017］の2つの先行研究と同様の結果を示したものの，興味深いことにいくつかの違いも浮き彫りになった．最大の違いはイエメン，サウジアラビア，イラクが反シーア派的ヘイトスピーチの多い国の上位にランクされたことだろう．2015年のシーゲルの調査ではサウジアラビア，クウェート，「神の国[17]」が上位を占めた．今回の調査でイエメンは，反スンナ派的ヘイトスピーチの数でも第2位に入った．それは調査方法の問題（確認されているツイッター人口に比して少ないサンプル数など）かもしれないが，ホーシー派とサウジアラビア主導の連合軍の間の残酷な紛争が長引いたことで，宗派的なヘイトスピーチが深刻化した可能性もある．先行研究同様，サウジアラビアは反シーア派的なヘイトスピーチに関しては際立った存在感を発揮している．ある意味で当然だが，この現象は人口の多い都市に集中しており，リヤド，ジェッダ，ダンマームというサウジアラビアの3大都市が上位を占めている．サウジアラビアであらゆる種類の宗派主義的ヘイトスピーチがきわめて多いのも驚くに値しない．というのもウラマーの活動や，より根本的な問題として教育省が発行する教科書が，シーア派とスーフィーの宗教慣行を，いまなおあからさまに攻撃しているからである［Coogle 2018］．これはサウジアラビアの反シーア派的ヘイトスピーチが，より深く社会に根ざしていることを示している．サウジアラビアで反シーア派的ヘイトスピーチがきわめて多い傾向があるのに対し，ツイッター利用者10万人当たりでみると反スンナ派的ヘイトスピーチの数は比較的少ない．ここからわかるのは，差別されているからといってシーア派は必ずしもオンライン上の宗派的中傷でこれに対抗していないことである．その理由が恐怖によるものか，それとも信仰によるものかは不明である．

　一国あたりのツイッター利用者数で調整した場合，反スンナ派的ヘイトス

ピーチが最多なのはイラク，イエメン，バハレーン，レバノン，クウェートということが今回の調査でわかった．シーゲルの2015年の調査では，絶対数でみた場合，反スンナ派的中傷は，イラク，サウジアラビア，クウェートの順で多いと報告されている．イラクは反シーア派と反スンナ派ヘイトスピーチがいずれもきわめて多いことが注目される．2003年のアメリカ主導の有志連合軍によるイラク侵攻後，宗派的暴力が激増したことをふまえれば，これもまた納得できる．ISの登場は間違いなく宗派間の対立を激化させた．今回の分析はアラビア語圏に焦点を当てているが，ヘイトスピーチの痕跡は北欧やアメリカなど他地域でも一般的に見られる．ツイッター利用者の数を考慮に入れれば蔓延しているとまでは言えないものの，この現象は非アラビア語話者が多数を占める国々においてもヘイトスピーチに寛容な空気があることを示している．これは言論の自由に起因するというよりは，欧米各国政府が宗派的ヘイトスピーチの具体的な様態をよく知らないか，あるいは関心がないことに起因していると考えられる．また，ツイッター人口に対する普及度を知るために幾つかの操作を施したにもにもかかわらず，今回の調査では反スンナ派と反シーア派のヘイトスピーチがどの国で最も多いかについて，シーゲルの調査と同様の結果がでた点も注目される．この結果は，調査手法に若干の違いはあったとしても，著しい再現性を示している．

おわりに

　キーワード検索を使って宗派的中傷発言を収集した結果，今回の調査ではアラビア語のツイッター界のヘイトスピーチに関して，いくつかの重要なパターンが浮き彫りになった．各国のツイッター人口に合わせて調整した場合，オンライン上での反シーア派的ヘイトスピーチは，イエメン，サウジアラビア，イラク，クウェート／カタル，バハレーンの順で多かった．また反スンナ派的ヘイトスピーチは，イラク，イエメン，バハレーン，レバノン，クウェートの順で多かった．全体のデータによって示されたのは，ヘイトスピーチがアラブ世界に普遍的な現象ではなく，ヘイトスピーチの大半がアラビア半島とイラクに集中していることである．反スンナ派ヘイトスピーチの量は，イスラーム教徒中のシーア派の比率が高い国ほど多いという証拠がいくつか示された．その逆は必ずしも真ではなく，反シーア派ヘイトスピーチの量は一国内のシーア派ま

たはスンナ派イスラーム教徒の人口比率とは相関していない．これをふまえると，反シーア派ヘイトスピーチは反スンナ派ヘイトスピーチと比べて，オンラインでより広範囲に，各国の宗派別人口とかかわりなく拡散しているといえるかもしれない．反スンナ派ヘイトスピーチの方が，各国の宗派別共同体の人口により比例していると言えよう．

　ヘイトスピーチについて継続的に調査し，記録すれば，ヘイトスピーチをめぐる変化を長期的動向の中で把握するのに有益となろう．ヘイトスピーチへの長期的対策をとる場合には，こうした長期にわたる調査で対策の長期的効果を立証することができる．また今回の調査はツイッターから大量のデータを抽出して利用したが，これを補うために伝統的な調査手法を実施すると良い．定量的調査では微妙な差異が見落とされがちであるが，ヘイトスピーチの性質を類型化することで，特に普及している表現について研究者が知り得るようになった点は，この分析の付加価値になりえよう．今回の調査では先行研究と異なるキーワードをいくつか使ったが，どのような表現や言葉がヘイトスピーチの適切な指標となりえるのかについては，今後更なる関心が寄せられなくてはならない．繰り返しになるが，今回の調査により，宗派的ヘイトスピーチの長期的傾向を国家レベルで把握する上で，ツイッターが有効なバロメーターになりうることが示された．

注
1）【訳注】正式名称は次の通り．Plan of Action for Religious Leaders and Actors to Prevent Incitement to Violence that Could Lead to Atrocity Crimes. 2017年（www.un.org/en/genocideprevention/documents/Plan%20of%20Action%20Advanced%20Copy.pdf, 2018 年 11 月28日閲覧）．

2）Siegel［2015］が引用する Zelin and Smyth［2014］を参照のこと．

3）Sellars［2016］が参照する Parekh［2012］を見よ．

4）【訳注】2011年2月のバハレーンでのいわゆる「アラブの春」を指す．

5）例えば，［Jones 2015］を参照．

6）アラブ人権憲章（http://www.humanrights.se/wp-content/uploads/2012/01/Arab-Charter-on-Human-Rights.pdf, 2018年11月28日閲覧）による．

7）Human Rights Watch［2017］を参照．

8）2018年の UNESCO によるレポート "Media leaders in Aden join forces to counter hate speech in Yemeni media（http://www.unesco.org/new/en/member-states/single-view/news/media_leaders_in_aden_join_forces_to_counter_hate_speech_in/, 2018年11月28日閲覧）を参照のこと．

9）Nucho［2016］などを参照.

10）Rima Majed による2013年12月17日付アルジャジーラ衛星放送の記事 "Did Arab Uprisings Deepen the Sunni Shiʿa Divide"による（https://www.aljazeera.com/indepth/opinion/2013/12/did-arab-uprisings-deepen-sunni-Shia-divide-20131217293301149.html, 2018年8月9日閲覧）.

11）Pew Research Center の 'Mapping the Global Muslim Population: A Report on the Size and Distribution of the World's Muslim Population', 2009年版に基づく.（www.pewforum.org/2009/10/07/mapping-the-global-muslim-population/, 2018年12月28日閲覧）.

12）Jones［2016］を参照.

13）【訳注】マフムード・サルヒー（Mahmud al-Ṣarkhī）は，イラクの12イマーム派シーア派の高位ウラマー.

14）スクリプトが似ているため，少数だがペルシャ語のツイートが収集されることがある.

15）【訳注】Mohamed Bin Rashid School of Government, "Social Media and the Internet of Things" Arab Social Media Report 2017（https://www.mbrsg.ae/getattachment/1383b88a-6eb9-476a-bae4-61903688099b/Arab-Social-Media-Report-2017, 2018年12月28日閲覧）.

16）【訳注】アフワーズはイラン南部のフゼスタン州の都市で，アラブ人人口が多い.

17）【訳注】「神の国」とは，シーゲルによれば親IS派の人々がISのことを指していう言葉.

◆参考文献◆

Abu-Fadil, M., Torrent, J. and Grizzle, A.［2016］"Foreword," M. Abu-Fadil, J. Torrent, A. Grizzle eds., The International Clearinghouse on Children, Youth and Media, *Opportunities for Media and Information Literacy in the Middle East*（Yearbook 2016）.

Coogle, A.［2018］"Shining a Spotlight on Hate Speech in Saudi Textbooks", *Human Rights Watch*（First published on the Hill）（https://www.hrw.org/news/2018/01/23/shining-spotlight-hate-speech-saudi-textbooks, 2018年8月5日閲覧）.

Fibiger, T.［2018］"Sectarian Non-Entrepreneurs: The Experience of Everyday Sectarianism in Bahrain and Kuwait", *Middle East Critique*, 27:3.

Haddad, F.［2011］*Sectarianism in Iraq: Antagonistic Visions of Unity*, Oxford: Oxford University Press.

Human Rights Watch［2017］They Are Not Our Brothers: Hate Speech by Saudi Officials（https://www.hrw.org/report/2017/09/26/they-are-not-our-brothers/hate-speech-saudi-officials, 2018年8月5日閲覧）.

Johnson, R. S.［1994］"Sunni Survival in Safavid Iran: Anti-Sunni Activities during the Reign of Tahmasp I", *Iranian Studies*, 27(1/4).

Jones, M. O.［2010］*Here's Looking at YouTube. Neoliberalism, Political Violence, and Racialised Counter-Space in Bahrain*, Master's Thesis.

——————［2015］"Social Media, Surveillance, and Cyberpolitics in the Bahrain Uprising," A. Shehabi, and M. O. Jones eds., *Bahrain's Uprising: Repression and Repression in the Gulf*, London: Zed Books Ltd.

————[2016] 'Automated Sectarianism and Pro-Saudi Propaganda on Twitter, Exposing the Invisible,' Tactical Technology Collective (https://exposingtheinvisible.org/resources/automated-sectarianism, 2018年8月8日閲覧).

Nucho, J. R. [2016] *Everyday Sectarianism in Urban Lebanon: Infrastructures, Public Services and Power*, Princeton: Princeton University Press.

Nuraniyah, N. [2014] "Syrian Conflict Fallout: Time to Contain Hate Speech in Indonesia", *RSIS Commentaries* (https://dr.ntu.edu.sg/bitstream/handle/10220/19908/RSIS0382014.pdf?sequence=1&isAllowed=y, 2018年11月28日閲覧).

Parekh, B. [2012] "Is There a Case for Banning Hate Speech?" M. Herz, and P. Molnar eds., *The Content and Context of Hate Speech-Rethinking Regulation and Responses*, Cambridge: Cambridge University Press, 37-56 (https://www.cambridge.org/core/books/content-of-hate-speech/is-there-a-case-for-banning-hate-speech/F4C4B6AA81DEF40234B75D4ED7399A44, 2018年12月28日閲覧).

Schumacher, I. A. [1987] *Ritual Devotion among Shi'i in Bahrain*, PhD Thesis, London School of Economics and Political Science (University of London).

Sellars, A.F. [2016] *Defining Hate Speech*, Berkman Klein Center for Internet & Society Research (https://cyber.harvard.edu/publications/2016/DefiningHateSpeech, 2018年11月28日閲覧).

Shehabi, A., and M. O. Jones [2015] "Introduction," A. Shehabi and M. O. Jones eds., *Bahrain's Uprising: Resistance and Repression in the Gulf*, London: Zed Books.

Siegel, A. [2015] "Sectarian Twitter Wars: Sunni-Shi'a Conflict and Cooperation in the Digital Age", *Carnegie Endowment for Peace* (https://carnegieendowment.org/files/CP_262_Siegel_Sectarian_Twitter_Wars_.pdf, 2018年8月5日閲覧).

————, J. Tucker, J. Nagler, R. Bonneau [2017] "Socially Mediated Sectarianism: Violence, Elites, and Anti-Shi'a Hostility in Saudi Arabia," (Working Paper) (http://alexandra-siegel.com/wp-content/uploads/2017/08/Siegel_Sectarianism_January2017.pdf, 2018年11月28日閲覧).

Walker, S. [1994] *Hate Speech: The History of an American Controversy*, Lincoln: University of Nebraska Press.

Zelin, A. Y. and P. Smyth [2014] "The Vocabulary of Sectarianism" *Foreign Policy*, January 29 (http://foreignpolicy.com/2014/01/29/the-vocabulary-ofsectarianism/, 2018年11月28日閲覧).

(曺明玉訳)

第 4 章

宗派問題のメディア的基層
——画期としての衛星放送時代——

千葉悠志

はじめに

　本章の目的は，昨今の中東諸国における宗派意識の高まりという現象に着目し，その基層をなすと考えられるアラビア語のメディア空間の変容を論じることで，それが宗派をめぐる問題といかなる関係にあるのかを明らかにすることである．本章では宗派を他の章と同様に，スンナ派とシーア派とに限定して用いるが，両者が常に対立関係にあったわけでないことは，これまでの歴史学や政治学の実証研究が示してきたところである．1970年代以降，とりわけイラン革命やレバノン内戦を契機として，宗派をめぐる問題は次第に中東の政治社会を語るうえでの避けがたいテーマとなっていた．しかし，宗派をめぐる問題がかくも猖獗を極め，中東の平和や安定を揺るがす要因として，大きな危惧をもって論じられるようになるのは2000年代以降のことであると言えよう．

　先行研究は，宗派意識の高まりや，それが政治問題へと転化されていく起点や過程——例えば，イラク戦争とその戦後処理の失策，イラクの弱体化に伴うイランとサウジアラビアとの対立激化，そうした域内の安全保障問題の宗派問題への転化，スンナ派系過激派組織のシーア派敵視のプロパガンダの拡散，等々——を明らかにしている［酒井 2015; Hassan 2013; Matthiesen 2013; Gause III 2014; Malmvig 2015］．昨今のスンナ派とシーア派との対立をアイデンティティの差異のみに還元しようとする一部のメディアの主張とは対照的に，これらの研究は本質主義的な議論を慎重に回避しながら，両者の対立が発生し，先鋭化する要件を社会科学的に解明しようとしている．最近では，宗派意識の高まりや宗派に基づく対立が，国家・政党レベルでいかに構築されたかといった，いわゆる

「上からの視点」と同時に，宗派それ自体がいかに人々の生活に埋め込まれ，日常的に生産／再生産されているのかといった「下からの視点」を踏まえる必要性も強調されるようになった［酒井 2018; Weiss 2017］.

　研究の進展とともに，宗派的言説が表出する情報媒体（＝メディア）に着目した研究も増え始めている．例えば，SNS 上で発せられた宗派的言説に着目し，その内容分析を行った研究が近年盛んに行われている［Abdo 2015; 2017; Al-Rawi 2015; 2017; Siegel 2015］．また，SNS に限らず，広く中東のニュース・メディアの言説分析を通じて，宗派が対立の言説として立ち現れてくる過程や構造を明らかにした酒井［2017］の研究も，近年の優れた研究成果に含められよう．これらの研究は，主に宗派的言説の「送り手」に着目し，メディアの内容分析を行うことで，従来の歴史学や政治学の研究とは異なる角度から，宗派をめぐる問題に接近を試みたものとして評価できる.

　これに対して，本章は内容分析に基づく研究の重要性を認めながらも，「媒体が内容を規定する」というメディア論の格言に立ち返り，むしろメディアという媒体自体に生じた変容と，宗派をめぐる問題とのあいだの関係性を指摘したい．具体的に，本章では特定のメディアやそこで発せられた言説自体の分析よりも，ある特定のメディアの登場によってもたらされた，メディア空間自体の変容とその影響に焦点をあてる．近年の研究では，新たなメディアの登場が，必ずしも古いメディアを駆逐するものとは考えられていない．むしろ，社会の基軸をなすような新たなメディアの登場は，それ以前のメディアだけでなく，それ以前のメディアによって形成されていたメディア空間全体に影響を与え，それを再編する傾向にあると指摘される[1]．本章も，影響力を持ったメディアが現れることで，それまでのメディア空間に一体いかなる構造的変容がもたらされたのかに着目し，そしてそれが宗派意識の高まりや，宗派の政治化といった問題といかなる関係にあるのかを考察する．なかでも，本章では中東のメディア空間の構造変容を考えるうえでの画期となった衛星放送の登場と普及——すなわち衛星放送時代の到来——に焦点をあてる．そして，それが中東のメディア空間にいかなる変容をもたらし，さらに宗派意識の高まりやその先鋭化といった問題とどのように関わるものであるのかを明らかにする.

1 地上波放送時代における宗派的言説の抑制メカニズム

　本節では，衛星放送が登場する以前の1970年代から80年代にかけての時期を地上波放送時代と名付けたうえで，この時期の中東におけるメディア空間の特徴を明らかにする．そのうえで，それがメディア上の宗派的言説を抑制する役割を果たしていたことを指摘する．

(1) 国民的メディア空間の形成

　20世紀半ば以降，ラジオやテレビといった放送メディアは中東の国々でも急速に普及し，社会的に大きな影響力を持つようになった．とくに，1950年代から60年代にかけての時期は，アラブ民族主義運動の中心であったエジプトが，短波ラジオを用いて対外放送を積極的に行い，その放送は中東各地で広く聴かれていた[2]．こうした対外放送の発達は，アラブ民族主義の隆盛と深い関係にあり，最盛期のそれは他国の政治社会にも大きな影響を及ぼしていたことが知られている．こうしたことから，50年代から60年代にかけての中東のメディア空間は，越境的な性格を強く帯びていたことが強調されてきた．これに対して，70年代以降の地上波テレビが普及していく時代——すなわち地上波放送時代——になると，越境的なメディア空間の存在感は薄れ，むしろ各国を基本単位とする，いわゆる「国民的メディア空間」によって中東のメディア空間が代替されるようになった［千葉 2012; 2014a］．

　こうした変容の背景には，大きく4つの要因を指摘することができる．第1に，第三次中東戦争でのアラブ側の大敗や，アラブ民族主義の旗振り役であったナセルの死により，アラブ民族主義が求心力を失ったことで，越境的なメディア空間を支える思想的土台が崩れたことが挙げられる．第2に，以上とも関係するが，アラブ民族主義を推し進めていたエジプトが従来の路線を変更し，自国第一主義へと方針転換を図るなかで，対外放送を縮小したことが挙げられる［千葉 2012; 2014a］．第3に，この時期以降，各国が自国の放送能力の向上を図ったことが挙げられる．非識字者の割合が高い中東では，放送メディアの社会的影響力はとりわけ大きい．中東では50年代から60年代にかけて国家建設を進めた国が多く，そうした国々では政府が放送メディアを国家開発や国民統合のために積極的に利用した．とくに，ナセル時代のエジプトの対外放送か

らは，王制の転覆を扇動するような番組が流されたが，これに対して脅威を覚えた国々は，自国のメディア状況の改善を図ることで，国民が他国の放送ではなく自国の放送を聴取／視聴するような環境を整備しようとした．

　加えて，第4の理由として，テレビ自体が従来の中東のメディア空間を各国単位に再編する力を持つものであったことを指摘したい．地上波テレビは電波の到達範囲が限られており，また各国ごとに異なる放送規格が採用されたことから，基本的にその電波が届く範囲は国内に限定された．つまり，地上波テレビという媒体の性質自体が，「国民的メディア空間」の形成と親和的な関係にあった．こうして，70年代から80年代にかけての時期には，各国政府がその国内の情報流通を統制することが比較的容易な状況が形成された．もっとも例外がなかったわけではない．こうした状況下でも，一部の越境的なラジオ放送や，持ち運びが容易なカセットテープなどの存在によって，国境を越えて情報が行き来することはあった．ただし，そうしたものはあくまで非公的な情報流通に留まるものであって，この時期の中東のメディアのあり方は各国政府の方針によっておおよそ規定されていたのであった［千葉 2012; 2014a］．

(2) 地上波放送時代のメディアの役割と宗派的言説の抑制

　1970年代から80年代の中東では，放送メディアが一般家庭へも広く普及したことに伴い，人々がマスメディアを通して宗教的言説に触れる機会が，それ以前と比べて飛躍的に増えた．すでにラジオの普及とともに，宗教的言説はモスクのような特定の場を離れ，各家庭の内部に浸透していたが，さらにテレビの普及によって，それはより人々の日常に溶け込むものとなった［Abu-Lughod 2005］．それでは，当時のテレビではどのような番組が放送されていたのか．例えば，この時期に活躍したムタワッリー・シャアラーウィーの番組では，政治的なトピックよりも，むしろ個人の内面を問題にする傾向が見られた［湯川 1993: 40; Brinton 2016］．また，彼と並んで「テレビ説教師」として名高かったムスタファー・マフムードにしても，彼の著作を読む限り，近代科学とイスラームとの調和といった非政治的な話題が中心であったことが分かる．つまり，彼らの非政治的敬神主義とでも呼べるような立場こそが，当時のテレビに重用された理由であった．

　しかし，その内容がどのようなものであれ，放送メディアの普及に伴う宗教的言説の流布が，70年代以降に顕在化したイスラーム復興のメディア的基層で

あったことは言うまでもない．ただし，宗教的言説が社会に溢れるようになったことが，人々の間に過激なイスラーム主義を受け入れるような精神的土壌をつくりだし，その後の中東各国で頻発するテロの問題とも無関係でなかった可能性も指摘されている［湯川 1993: 54］．また，宗教意識の高まりの結果として，宗派意識の覚醒や高揚がもたらされる可能性も十分に考えられよう．しかし，放送メディアが発達する時期は，中東の国々が旧宗主国から独立を果たし，国家建設を進めた時期と重なっていた．したがって，メディアは何よりも国家開発や国民統合に資することがその役割であるとされ，政府による独占や管理統制が正当化された［千葉 2011; 2012; 2014a］．このことは，レバノンのような中東では比較的メディアへの規制が緩いと思われている国にすら当てはまる．同国では75年の内戦まで，プリント・メディアと比べて放送メディアには強い規制が課せられていた［千葉 2019］．どの国でも，大衆的影響力が大きい放送メディアでは，国内の分断を意識させ，国民同士の対立を煽りかねない宗派的言説は慎重に控えられる傾向にあり，仮にそうした放送がある国で流された場合であっても，その影響は国内に留まり，それが国境を越えて広く中東で訴求力を持つには至らなかったのである．

　こうした状況は，衛星放送時代の到来によって大きく変化した．この点について，次節と第3節で詳しく見ていくことにしたい．

2　衛星放送時代の到来とメディア空間の変容

　衛星放送の登場によって，中東のメディア空間は大きく再編された．本節では，越境的なメディア空間が現れたことと，多チャンネル化が著しく進んだことがとりわけ大きな変化であったことを述べる．また，その結果として地上波放送時代に形成されていた「国民的メディア空間」の衰退が生じ，中東のメディアが「国民統合の装置」としての機能を果しえなくなったことを指摘する．

(1)　衛星放送時代の到来と「越境的メディア空間」の形成

　1990年代は中東が地上波放送時代から，衛星放送時代に変わりゆく移行期にあたる．こうした動きを牽引したのは，ヨーロッパに拠点を置いた民間放送局であった．当時の中東では，一部の国を除くと民間放送局の活動が禁じられて

いた．すでに70年代から80年代にかけての欧米では，アラブ系の民間出版社が
数多く立ち上げられていたが，90年代に入ると，衛星を用いて中東向けに放送
を行うことが技術的に可能になったことから，アラブ系の民間放送局がヨー
ロッパでいくつも立ち上げられた．こうした民間放送局は，国営放送局と比べ
て自由で魅力的な放送を行ったことから，中東の多くの視聴者を瞬く間に引き
付けた．

　当初，衛星放送を受信できるのは，高価な受信機器を購入できる一部の富裕
層に限られていた．しかし，その後は機器の価格が下落したことで，2000年代
の初頭までには衛星放送の視聴が一般家庭でも広く行われるようになった
[Sakr 2001; 2007; Guaaybess 2005; 千葉 2014a]．衛星放送時代の到来によって，越境
的なメディア空間が広がり，その影響が各国へと及ぶなかで，それまでの国単
位に閉じられていたメディア空間の再編が生じた．越境的なメディア空間の影
響が強まるにつれて，政府がそれまで行っていたような，国内における情報流
通を管理統制する従来型の情報統制は困難なものになった．その後，他国に拠
点を置いた民間放送局の放送を防ぐことが難しいことが明らかになるにつれ
て，国内における民間放送局の活動を法的に認めたり，さらには民間向けの放
送特区を設けたりする国も現れた．その意図は，民間放送局に対して経済的便
益を与えることで自国に囲い込み，影響下に置くことであり，同時にそれによ
る情報化の恩恵を得ることであった．しかし，それでもすべての放送局を国内
に招き入れて管理することなどは不可能であり，衛星放送が増えるにつれて，
各国政府による国単位での情報統制はますます困難なものになった（その一方
で，衛星放送時代の到来に伴い，政府が自国内の情報流通をコントロールする従来型の情報
統制は困難になったが，本章第4節で述べるように，資金力のある国は衛星放送時代に対応
した越境型の情報統制の方法を発達させた）．

(2) 放送内容の細分化と「国民的メディア空間」の衰退

　2000年代に入ると，中東は本格的な衛星放送時代を迎えた．数百の放送局が
新たに立ち上げられ，1000を超えるチャンネルが放送されるようになった．そ
れによって，中東は世界でも指折りの多チャンネル地域となった[6)]．それぞれの
放送局が視聴者獲得のために激しい競争を繰り広げ，視聴者の好みに応じた放
送を行うようになった結果，メディアの内容が，地上波放送時代と比べて著し
く細分化した．例えば，図4−1は06年から14年にかけての衛星テレビ・チャ

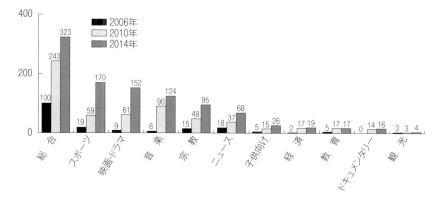

図4-1 衛星テレビ・チャンネルの主要ジャンルとチャンネル数の変遷(2006-14年)
(出所)[PARC 2007: 16; ASBU 2010; 2014]をもとに筆者作成.

ンネルのジャンル別内訳とその数的変遷を記したものである.この図からは,短期間のうちにチャンネルの数が著しく増えたことが分かる.地上波放送時代には,基本的に総合放送以外なかった.しかし,衛星放送時代には総合放送だけでなく,スポーツ,娯楽,映画,ドラマ,音楽,宗教などの特定の番組に特化した専門チャンネルが劇的に増えた.

　多チャンネル化の進展は,中東のメディアのあり方に大きな変化をもたらした.本章との関係でいえば,2つの変化が重要である.第1に,「番組を選ばずに視る時代」から「番組を選んで視る時代」への移行が生じたことである.それによって,同じ時間帯に同じ番組を見るという国民同士の共通体験や共有知の喪失が生じた.第2に,従来の国営放送局ではなく,民間放送局が衛星放送時代を担うようになったことである.民間放送局の多くは,利益の確保や,あるいはメディアを通じた影響力の拡大を主要目的に掲げている.そのため,国家開発や国民統合を目的とした国営放送局とは根本的にその性質を異にしている.こうした民間放送局が増えるにつれて,中東のメディアがもはや「国民統合の装置」としての機能を果たすことは難しくなった.このように,衛星放送時代には越境的なメディア空間が生まれ,さらに多チャンネル化も進んだことで,「国民的メディア空間」が衰退し,地上波放送時代に可能であった宗派的言説を押さえることが難しい状況が生じた.

3 多チャンネル化の進展と「宗派的メディア空間」の形成

本節では、衛星放送時代が到来したことで、政府系ではない民間の宗教専門チャンネルが現れ、さらにそのなかに宗派意識を色濃く反映したものが増えたことを指摘する。そしてその結果として、衛星放送時代の中東に「宗派的メディア空間」と呼びうるメディア空間が広がるようになったことを明らかにする。

(1) サラフィー系衛星テレビ・チャンネルの登場

中東では、1990年代後半から宗教番組に特化した宗教専門チャンネルが次々と開始された。その数は、現在ではニュース専門チャンネルよりも多く、ポピュラーなジャンルであることが分かる（図4-1）。先鞭をつけたのは、98年に開始されたサウジアラビア系のイクラア（Iqra'）である[8]。2000年代以降になると、これに続くように宗教専門チャンネルが次々と開始された。その数は、国営と民間のものを合計すると100近くに及ぶ（図4-2）[9]。なかには、キリスト教やシーア派系のチャンネルもあるが、大部分はスンナ派系のものである。ま

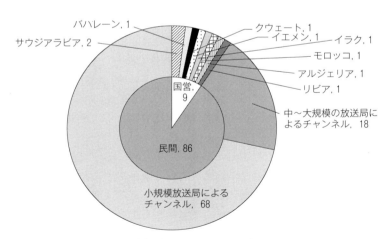

図4-2　宗教専門チャンネルの内訳（2014年）

（注）図にはイスラーム以外の宗教チャンネルも含まれるが、その数は1割以下である。
（出所）ASBU [2014] をもとに筆者作成。

た，国営放送局と比べて圧倒的に多いのが，民間放送局系のチャンネルである．

　国営放送局がクルアーンの朗誦やタフスィール（啓典解釈）といった，比較的伝統的な宗教番組を数多く放送するのに対して，民間放送局のなかには，そうした番組よりもトーク番組や娯楽番組に比重を置いたものが多いなど，内容上の違いも見られる．人気のあるのは民間のもので，上述のイクラアや，リサーラ（al-Risāla），マジュド（al-Majd）などがとくに有名である．これらは複数のチャンネルを傘下に置く比較的大きな放送局の傘下に置かれている．一方で，ファジュル（al-Fajr）やナース（al-Nās），ラフマ（al-Raḥma）のように，小規模の放送局によって流されるものもある．宗教専門チャンネルは，商業的成功と同じか，それ以上に人々の啓蒙を目的としたものであるため，大部分が無料で放送されている．そのため，人々にとってアクセスがしやすいチャンネルと言えるだろう（逆に，スポーツや映画などの娯楽系の専門チャンネルには有料のものが多い）．

　今日の宗教的な意識の高まりや，イスラーム主義運動の台頭の背景に，こうした宗教系専門チャンネルの影響があると指摘する論者もいる［Hroub 2012: 284-285］．とくに，そうしたなかにサラフィー主義——初期イスラームの原理原則への回帰志向を強く帯び，後代の逸脱を排そうとする思想潮流——を奉じるチャンネルが現れ，シーア派への敵視をあらわにするものが現れたことは，宗派をめぐる問題を考えるうえでも重要であろう．そうした放送局の影響は，国境を越えて中東諸国に広く及んでいる．例えば，中東では比較的世俗化が進んでいたはずのレバノンやチュニジアでさえ，衛星放送の普及とともに，サラフィー主義の影響が強く見られるようになったと指摘されている［Pall 2013: 76-77; Miladi 2016: 36］．

(2) シーア派系衛星テレビ・チャンネルの登場

　スンナ派系だけでなく，シーア派系のメディアについても見ておきたい．シーア派系と明確に括りうるチャンネルが最初に現れたのはレバノンである．しかし，大部分は1994年の国民視聴覚法の制定によって放送停止に追い込まれた．その後，宗派を基準として放送ライセンスの発行がなされたことで，宗派と一対一に対応するような放送局が現れた［El-Richani 2016: 73; 千葉 2019］．とくに「シーア派枠」として放送ライセンスが付与されたのは，ヒズブッラー系の

マナール・テレビ（Qanāt al-Manār）とアマル系の NBN（National Broadcasting Net-work）の2つである．どちらも2000年頃から衛星を用いて放送を行うようになったため，両者の番組は現在では中東全域で視聴することができる．03年にはイラン政府によって，アーラム（al-'Ālam）も開始された．ただし，これらのチャンネルが常に宗派性を前面に押し出しているわけではない．例えば，マナール・テレビを取り上げてみると，イスラエルに対して宗派を超えた共闘の必要性が説かれるなど，宗派横断的な傾向も見られる［Kraidy and Khalil 2009: 91; Harb 2011: 111］．また，NBN についても娯楽番組中心であり，宗派性が必ずしも前面に押し出されているわけではない［El-Richani 2016: 94］．その意味では，これらのチャンネルは「シーア派枠」として放送ライセンスを付与されてはいるが，内容的には必ずしもシーア派の視聴者だけを対象とはしておらず，スンナ派にも開かれたものである．

　むしろ，スンナ派のサラフィー系チャンネル［Hroub 2012: 285］に相当するものとしては，2000年代半ば頃から立ち上げられたシーア派系宗教専門テレビ・チャンネルの存在を指摘しておく必要がある．具体的には，2004年に開始されたアンワール（al-Anwār）や，2006年に開始されたカウサル（al-Kawthar）といったチャンネルがそうであり，[10]これらはイラクやクウェートの資本家，またイラン政府との関係が深い．またムスタファー（al-Muṣṭafā）も，この2つと並んで比較的早い時期に放送を開始している．いずれも今日に至るまで，シーア派系の人々の間で人気を博していると指摘されている［Galal 2016: 88］．そして，近年ではこうしたシーア派系の宗教専門チャンネルがますます増えている（図4-3参照）．2011年時点で，無料で流されるシーア派系の宗教専門テレビ・チャンネルは5チャンネルに過ぎなかったのに対して，2014年にはその数は11チャンネルと，2倍以上に増えている．

(3) 宗派的メディア空間の形成

　こうしたチャンネルのなかには，意図的に宗派感情を掻き立てるものも少なくない．スンナ派のチャンネルでは，ファジュルやナース，ラフマにそうした傾向が見られ，これらに対しては過激派の温床になっているとの批判も多い．[11]逆に，シーア派系のチャンネルにもそうしたものがある．例えば，2011年に在英クウェート人のヤースィル・ハビーブによって設立されたファダク TV（Fa-dak TV）が典型的であり，その内容に対してはスンナ派へのヘイトスピーチに

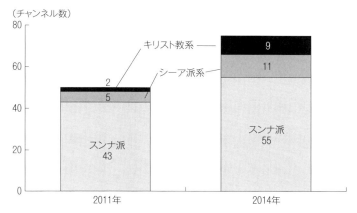

図4-3　無料の宗教専門衛星テレビ・チャンネルの内訳と変化
（出所）ノースウェスタン大学カタル校のウェブサイト（http://www.mideastmedia.org/industry/2016/religious/#s35（2018年10月3日閲覧））を基に筆者作成．

他ならないとする批判もある．16年には，イランの高位法学者4名が，同チャンネルがムスリム内部の亀裂を深めるものだと非難声明を出している．具体的な視聴者数は明らかにされていないが，こうした声明がシーア派内部から出されること自体が，同チャンネルの存在感やその危険性を示しているとも言えよう．

　過激な放送を行う放送局（やチャンネル）の割合が，全体のなかでどの程度を占めるものなのかはより詳細な検討が必要であろう．ただし，多チャンネル状況の帰結としてメディア同士の「棲み分け」現象が生じ，人々が自らのアイデンティティのなかでも宗派に応じてメディアを視聴できる状況が形成された事実は，2000年代以降の宗派意識の高まりとも大いに関係していると考えられる．地上波時代の放送の目的は，それぞれの差異を乗り越えるかたちで視聴者を「国民」へとつくりあげることにあった．しかし，多チャンネル化が進展したことで，視聴者は性別・年齢・宗教・宗派・好みなどに応じて細分化される「消費者」となった．換言すれば，衛星放送時代の到来とともに，従来の「国民的メディア空間」は個々人のアイデンティティや好みに応じた「多元的メディア空間」へと再編された．そうしたなかで，宗派を基本単位とするような「宗派的メディア空間」が立ち現れることになり，それが2000年代以降の宗派意識の高まりの基層となっていったのである．

4 「中東メディアの湾岸化」と宗派の政治的利用

「国民的メディア空間」の衰退や，「宗派的メディア空間」の形成は，いずれも2000年代以降の宗派意識の高まりと深く関係していると言えよう．だが，それらはメディアの発達に伴って生じた必然的とも言える変化であって，必ずしも特定の主体による意図的操作の産物と呼びうるものではない．これに対して，衛星放送時代には，特定の主体がメディアへと介入することで，宗派対立が外在的につくりだされたり，また意図的に操作されたりする可能性が高まっている．この点を考えるうえで重要なのが，「中東メディアの湾岸化」と呼びうる現象である．最後に，この点に関して考察を行いたい．

(1) 中東メディアの湾岸化

1970年代以降，石油資源から得られる莫大な収入によって，湾岸諸国が急速な経済成長を遂げた．なかでもサウジアラビアは，第一次石油戦略を主導するなど，ポスト・ナセル期の中東における域内大国としての地歩を着実に固めていった．とくに，ファイサル第3代国王（在位：1964-75年）の時代には，国内の近代化が急速に進められ，その一環として情報インフラも最新のものへと刷新された［Yamani 2008: 328］．ただし，その後の中東メディアのあり方を考えるうえでより重要なのは，そうした投資が国内だけでなく，放送関連の国家間組織や，さらには国外に拠点を置いた民間メディアに対しても積極的に振り向けられた事実であろう．

例えば，イスラーム諸国放送機構（75年）やアラブ衛星コミュニケーション機構（76年），ガルフビジョン（77年）といった，1970年代に設立された放送関連の国家間組織は，いずれもその本部がサウジアラビア国内へと誘致された．これらは政府主導のものであるが，一方で民間企業によって，サウジアラビア国外の民間メディアに対する投資も積極的に行われた．有名なのは1977年に創刊された『シャルク・アル=アウサト (al-Sharq al-Awsat)』であり，また内戦に伴って休刊していたレバノンの『ハヤート (al-Ḥayāt)』も，88年にはサウディアラビア資本の新聞として再出発している．いずれも，中東を代表する高級紙として知られており，発売から現在に至るまで知識人層を中心に中東諸国で広く購読されている［千葉 2012; 2014a］．さらに，そうした投資は90年代以降にな

ると，放送メディアに振り向けられた．とくに衛星放送によって遠方からの放送を行うことが可能になると，民間放送局の立ち上げが困難な中東域内ではなく，域外のヨーロッパに拠点を置いて放送を開始するものが現れた[14]．

とくに，その揺籃期に誕生した MBC（Middle East Broadcasting Center），ART（Arab Radio and Television）[15]，Rotana，Orbit といった衛星放送局は，すべてサウジアラビア資本の放送局であり，現在に至るまで中東の最大手放送局として知名度を確固たるものにしている．その後，放送市場への参入障壁が下がったことで，中東域内でも多数の放送局が立ち上げられた．しかし，現在の中東で多数の視聴者を獲得しているほとんどの放送局は湾岸系である（2010年頃の主要な民間テレビ・チャンネルの9割近くが湾岸資本の投下を受けた放送局によって流されたものである）[16]．例えば，アルジャジーラやアルアラビーヤ，そしてスカイニュース・アラビーヤ（Sky News Arabia）といった中東を代表するニュース・チャンネルも，すべて湾岸系である．また，湾岸資本の投下は他国の放送局にも行われており，例えば中東全域で人気の高いレバノン系の LBCI（Lebanese Broadcasting Corporation International）やムスタクバル（al-Mustaqbal），さらにジャディード（al-Jadīd）や NBN などにも，その影響が及んでいる．こうしたことから，衛星放送時代の中東メディアには，湾岸諸国の影響が強く及ぶようになり[17]，「中東メディアの湾岸化」が進むことになった［Cochrane 2007; Hammond 2007; Mellor 2008］．

(2) 反映される湾岸域内政治

こうした状況が形成されたことで，湾岸諸国の政治社会的事情がメディアを通じて広く中東全体に及ぶようになった．ただし，湾岸系放送局といっても，その大部分は民間資本であるため，それらは必ずしも各国政府と一枚岩の関係にあるわけではない[18]．とくに大規模な放送局の所有者であればあるほど，現状改革志向が強く，「リベラル」な報道を好む傾向にあると指摘される［Al-Saied 2015; Hammond 2007; Kraidy 2015; Yamani 2008］．しかし，そうした民間放送局の存在は，各国政府にとっての脅威となっていないばかりか，以下の理由から体制存続に貢献してさえいる．第1に，湾岸系放送局は娯楽番組を数多く流しているが，中東のメディアがそうした非政治的コンテンツによって埋め尽くされることで，人々の関心が政治問題から逸らされるためである．第2に，多くの民間放送局は，王族が所有しているため，国益や安全保障に関わる問題につ

いては，民間と国営のあいだでほとんど変わらない報道が行われるためである．湾岸系のメディアを「忠臣メディア」(loyalist media) と呼び，体制を支持している点では，国営と民間メディアの間に大きな差異がないとする見方もある [Rugh 1979; 2004].

　湾岸メディアにみられる「忠臣」的傾向は，2000年代以降になると従来以上に強まることになったが，そうした背景には域内情勢の変化がある．とくに，重要な契機となったのは，2003年のサッダーム・フセイン体制の崩壊に伴うイラクの弱体化と，それによるサウジアラビアとイランとの直接的な対峙が生じたことである．現在に至るまで両者の対立は強まってはいるが，弱まってはおらず，その影響は湾岸諸国や，さらには中東全域へと及んでいる．こうした状況を，「新中東冷戦」(the New Middle East Cold War) と呼んだグレゴリー・ゴウズは，その対立の本質が域内の主導権争いにあるとしながらも，メディアを通じてそうした対立が宗派対立に転化される傾向があると指摘している [Gause III 2014: 5]. とくに，そうした内容が，湾岸化した中東の放送メディアを通じて広く拡散されていることは，この時期以降の中東における宗派意識の高揚を考えるにあたっても重要であるに違いない．

(3) 補強され操作される宗派対立

　湾岸諸国の影響が，メディアを通じて中東全域に及ぶようになるなかで，湾岸系メディアによって宗派間の緊張が高められたり，また煽られたりする傾向が見られるようになった．例えば，2003年以降のイラクでは，メディアへの規制が弱まったことで民間放送局が数多く現れた（国内での活動が難しいものは，外国に拠点を置いて放送を開始した）．なかには宗派的なアイデンティティを強く帯びた放送局も現れたが，そうした放送局が常に宗派対立を煽っていたわけではない．むしろ，場合によっては，国内対立がむやみやたらと拡大しないように，宗派対立につながりかねない報道を控えようとする傾向も見られたという [Ali 2012: 167]. それに対して，イラク系以外のメディア，なかでもサウジアラビアの影響力が強く及ぶアルアラビーヤなどは，そうしたイラク国内の事情を無視して，宗派感情を煽るような報道を行っていたと批判されている [Cochrane 2007]. 酒井 [2017] の研究からは，こうした傾向は現在もなお続いていることが分かり，そしてそこにはサウジアラビアとイランの覇権抗争が反映される傾向があることも指摘されている．

湾岸メディアによる宗派性の強調は，10年末以来の「アラブの春」を経て，一層強まった．チュニジアやエジプトの長期独裁政権の崩壊を招いた一連の騒乱は，湾岸諸国にも波及し，とくにサウジアラビアやバハレーン政府はこれを大きな脅威として受け止めた．オクスフォード大学のトビー・マッティースンは，こうした状況に危機感を募らせた湾岸諸国の政府が，宗派横断的な抗議運動の分断を図るために，その影響下にあるメディアを通じて宗派的言説を広めたことを指摘している［Mattiesen 2013: x; 130］．こうした言説は，当然のことながら湾岸化された中東メディアを通じて中東全域へと広まることとなり，それが宗派感情の高まりや，一層の宗派対立を招くための「起爆剤」的役割を果たした．このように，「中東メディアの湾岸化」と，現在中東で猖獗を極める，宗派意識の高まりや宗派問題の激化の間にはきわめて密接な関係が存在している．

おわりに

　本章では，2000年代以降の宗派意識の高まりや宗派問題が顕在化した背景に，地上波放送時代から衛星放送時代に伴うメディア空間の変容があったと想定したうえで，具体的にいかなる変化が，そうした状況と関連が深いのかを検討した．その結果，以下に示す3つの変化が，宗派的言説の発生とその広がりを容易にした可能性が高いことが明らかとなった．第1に，地上波放送時代に形成されていた「国民的メディア空間」の衰退である．衛星放送時代になると越境的なメディア空間の形成や，多チャンネル化が進んだことで，宗派的言説の抑制機能を持ったメディア空間の衰退が生じ，それによって宗派的言説が表出されやすい構造が形成された．第2に，多チャンネル化が進んだことで，メディアの内容の細分化が進み，その結果として「宗派的メディア空間」が形成されたことである．こうした宗派に基づくメディア空間が形成されたことで，宗派意識の固定化が招かれたと考えられる．第3に，「中東メディアの湾岸化」が生じたことで，サウジアラビアを中心とした湾岸諸国の政治的動態が中東諸国に広く波及するようになったことである．とくに，2000年代以降の湾岸諸国では，サウジアラビアとイランとの覇権争いの激化や，「アラブの春」を通じて，宗派が対立の争点として意図的に利用されるようになった．そして，それが湾岸系メディアを通じて，中東に広められた結果，宗派意識の高まりや

宗派問題の激化に拍車がかかったのだと考えられる.

　このように，本章の分析からは，衛星放送時代の到来とともに形成された中東のメディア空間が，地上波時代のそれと比べて，より宗派感情を刺激しやすく，また宗派対立と親和的な関係にあることが分かる．もっとも，「アラブの春」の前後には，インターネットも普及するようになっており，それによって更なるメディア空間の変容が生じている．そのため，本章で示した状況が，インターネット時代の到来とともにどのように変化し，現在の中東のメディア空間がいかなる変容を遂げているのかを，今後の研究においてさらに詳しく考察していく必要があるだろう．しかしながら，本章の分析からは，2000年代以降に中東で大きな問題となった宗派をめぐる問題を，とくにメディア空間の変容という観点から考えた場合には，やはり衛星放送時代がその画期をなしたと考えるのが妥当なのである．

注

1 ）例えば，中東のメディアと政治社会との関係に詳しいペンシルベニア大学のマルワン・クレイディは，インターネットの登場以降に複数のメディアによって形成されたれた重層的なメディア空間をハイパーメディア空間と呼んでおり，メディア空間の重層性を踏まえた分析の重要性を説いている［Kraidy 2010］．また，メディア史研究者である佐藤［1998: 3］も，新たなメディアの登場はそれ以前のメディアを必ずしも駆逐するわけではなく，古いメディアがその機能を特化させることで，両者の間に棲み分けが生じることを説いている．

2 ）国ごとに聴取率の違いはあるが，エジプトから遠く離れたモロッコにおいてもその放送が聴取されていたことが指摘されている［Rugh 1987: 151］．

3 ）1970年代以降になると，中東でも一部の裕福な国から次第にカセットテープが普及するようになり，ラジオやテレビといった政府の管理統制下のメディアから排除されたコンテンツを入手することが可能になった．ゆえに，アブドゥルハミード・キシュクのような，政府系メディアではしばしば排除の対象となったイスラーム知識人の説教などが，カセットテープを通じて回覧されるということも珍しくはなかった．だが，多くの家庭で一般的であったのはやはりラジオやテレビといった放送メディアであり，こうした媒体の数自体が限られた時代にあっては，多くの人々が普段から接するのは，ラジオやテレビといった政府公認のメディアであった．

4 ）この時期はまたそれ以前と比べてマスメディアにおける宗教的コンテンツが政策的に増やされた時期でもあった．例えば，中東各国の放送モデルとなったエジプトの場合，宗教専門のラジオ・チャンネル「クルアーン放送」では，1970年に放送時間がそれまでの約1.5倍の長さに延長されており，また総合編成のラジオ・チャンネル「アラブの声」でも，1969年から1979年までの10年間に全番組に占める宗教番組の割合がそれまでの約2倍の長さに延長されている［al-'Abd 2008: 125; 135］．当時のテレビ・ドラマなど

の非宗教的コンテンツにあっても，1970年代以降になるとイスラーム的な傾向が強く反映されたことが指摘されている［Abu-Lughod 2005］．エジプト以外の国々でも事情は同様である．

5）同国の放送の発展を牽引したのは民間局であるが，出版メディアと比べた場合，放送内容には大きな制約が課せられており，国内の騒擾を煽るような放送は厳しく禁じられた［Hammoud and Afifi 1994: 170］．

6）ASBU［2014］に記されたチャンネルの合計より．

7）2010年と2014年の資料のうちで比較可能なジャンルのみを取り上げている．

8）同チャンネルは，ウラマーと呼ばれる伝統的なイスラーム知識人だけでなく，必ずしもイスラーム諸学を修めてはいないが，分かりやすい言葉で人々に宗教的な規範や生き方を説く「俗人」説教師を数多く登場させた［八木 2011］．それによって，イクラアは若者や女性の間で人気を博し，商業的にも成功を収めた．

9）なお，図4-2の値は2014年のものであり，現在では100以上あるとの推計もある．

10）これらは，イラク国内で人気を博していると指摘されているが［Ali 2012: 157］，実際にはその放送は中東のシーア派系に広く視聴されていると考えられる．

11）サラフィー系チャンネルについては，例えば以下を参照．Field and Hamam［2009］．

12）http://www.irna.ir/en/News/82138040（2018年9月13日閲覧）．

13）折しも中東ではレバノン内戦が勃発し，多数のレバノン系ジャーナリストが欧米へと移り住むようになっていた．彼らとサウジアラビアの資本家が手を結ぶことによって，1970年代以降にはヨーロッパで，サウジアラビア資本の出版社がいくつも立ち上げられた．また，こうしたことが可能になったのは，この時代にファクシミリの利用が可能になったからである．

14）1991年にロンドンで開始された放送局MBC，94年にイタリアで開始された放送国ART，Orbit のいずれもがサウジアラビア資本であった．

15）2009年からはクウェートの Showtime Arabia と合併した結果，現在では OSN となった．

16）ASBU［2010］の資料で記された民間テレビ・チャンネル数は609ある．このうち，約半数にあたる302のチャンネルが，以下の13の放送局によって流されている．ART（91チャンネル），Showtime（88チャンネル），Orbit（32チャンネル），アル・ジャズィーラ（14チャンネル），MBC（13チャンネル），Rotana（9チャンネル），サマークーム（7チャンネル），メロディ（6チャンネル），LBC（5チャンネル），ムスタクバル（4チャンネル），ドリーム（4チャンネル），スペーストゥーン（3チャンネル），インフィニティ（2チャンネル）．このうち，湾岸資本が投下されていない放送局はサマークーム，メロディ，ドリーム，スペーストゥーン，インフィニティのみで，主要放送局から流されるチャンネルの9割は湾岸資本の投下を受けたものであることが分かる．この点については，［千葉 2014a］の第6章を参照されたい．

17）少なく見積もっても，中東で放送されている衛星チャンネルの3割以上がサウジアラビア系の資本投下を受けたものであり，とりわけ影響力の大きなものにそうした傾向が顕著にみられる．なお，この3割という値は，ASBU［2014］中で示された民間放送局によるチャンネル数のうち，サウジアラビアの資本投下を受けていることが明らかなも

のから算出した値である.

18) 例えば,ワリード・イブラーヒームが所有する MBC から流されたリアリティ番組が,放送開始直後に停止されたり,またワリード・ビン・タラールがバハレーンで立ち上げを計画した放送局が,放送開始直後に放送を停止させられたりといった事件が起きている.2017年にはワリード・イブラーヒームやワリード・ビン・タラールといった中東のメディア王がサウジアラビアで行われた「汚職撲滅運動」によって一時的に逮捕されている.

19) このことは,2017年5月以来の湾岸諸国で生じたカタル危機を考えた場合にも当てはまる.例えば,同年9月に放送されたスカイニュース・アラビーヤは,カタルと9.11とを強引に結び付けたドキュメンタリー番組を流し批判を集めたが,こうした番組が流されたのが国営ではなく民間放送局であったことは,こうした点を補強するものだと言えよう.

◆参考文献◆

邦文献

酒井啓子［2015］「イラクの宗派問題――その国内要因と国外要因」大串和雄編『21世紀の政治と暴力――グローバル化,民主主義,アイデンティティ』晃洋書房.

―――――［2017］「戦後のイラクで何が対立しているのか――関係性の結果としての宗派」『国際政治』189.

―――――［2018］「イラクにおける1991年インティファーダの記憶と祖国防衛」『千葉大学グローバル関係融合研究センター・ワーキングペーパー』2.

佐藤卓己［1998］『現代メディア史』岩波書店.

千葉悠志［2011］「ナショナル・メディアの時代――1950～80年代のエジプトにおけるメディア政策の変容」『日本中東学会年報』26(2).

―――――［2012］「新国際情報秩序とアラブ・メディア――情報的自立の試行とその行方」『マス・コミュニケーション研究』80.

―――――［2014a］『現代アラブ・メディア――越境するラジオから衛星テレビへ』ナカニシヤ出版.

―――――［2014b］「アラブ諸国の権威主義的体制を支えたメディアの考察――その形成と変容」『国際政治』178.

―――――［2019］(印刷中)「引き裂かれるレバノンのメディア――内外アクターとの連動による分極化の進展」中村覚監修・末近浩太編『中東政治研究の最前線2――シリア・イラク・レバノン・イラン』ミネルヴァ書房.

八木久美子［2011］「グローバル化とイスラム――エジプトの『俗人』説教師たち」世界思想社.

湯川武［1993］「現代エジプトの宗教と政治――シャイフ・シャアラーウィーの政治的意味」小田英郎・富田広士編『中東・アフリカ現代政治――民主化・宗教・軍部・政党』慶應義塾大学地域研究センター叢書.

外国語文献

Abdo, G. [2015] *Salafists and Sectarianism: Twitter and Communal Conflict in the Middle East*, Washington, D.C.: Brookings Institution (https://www.brookings.edu/wp-content/uploads/2016/06/Abdo-Paper_Final_Web.pdf, 2018年9月20日閲覧).

———— [2017] *The New Sectarianism: The Arab Uprisings and the Rebirth of the Shi'a-Sunni Divide*, New York: Oxford University Press.

Abu-Lughod, L. [2005] *Dramas of Nationhood: The Politics of Television in Egypt*, Chicago: University of Chicago Press.

al-'Abd, A.A. [2008] *al-Idhā'a wa al-Tilīfiziyūn fī Miṣr: al-Māḍī wa al-Ḥāḍir wa al-Āfāq al-Mustaqbalīya*, al-Qāhira, Dār al-Fikr al-'Arabī. (エジプトにおけるラジオとテレビ——過去・現在・将来的展望)

Al-Rawi, A. [2015] "Sectarianism and the Arab Spring: Framing the Popular Protests in Bahrain," *Global Media and Communication*, 11(1).

———— [2017] *Islam on YouTube: Online Debates, Protests, and Extremism*, New York: Palgrave Macmillan.

Ali, R.F. [2012] "Religious Broadcasting and the Sectarian Divide in Iraq," K. Hroub ed., *Religious Broadcasting in the Arab World*, London: Hurst & Company.

AlSaied, N. [2015] "Walid al-Ibrahim: Modernising Mogul of MBC," D.D. Ratta, N. Sakr and J. Skobgaard-Petersen eds., *Arab Media Mogul*, London and New York: I.B. Tauris.

ASBU (Arab State Broadcasting Union) [2010] *Al-Bath al-Faḍā'ī al-Arabī: al-Taqrīr al-Ṣanawī 2010*, al-Qāhira: ASBU (アラブの衛星放送——2010年報告書).

———— [2014] *Al-Bath al-Faḍā'ī al-Arabī: al-Taqrīr al-Ṣanawī 2014*, al-Qāhira: ASBU (アラブの衛星放送——2014年報告書).

Brinton, J.G. [2016] *Preaching Islamic Renewal: Religious Authority and Media in Contemporary Egypt*, California: University of California Press.

Cochrane, P. [2007] "Saudi Arabia's Media Influence," *Arab Media & Society*, 1 October 2007 (https://www.arabmediasociety.com/saudi-arabias-media-influence/, 2018年9月18日閲覧).

El-Richani, S. [2016] *The Lebanese Media: Anatomy of a System in Perpetual Crisis*, New York: Palgrave Macmillan.

Field, N. and A. Hamam [2009] "Salafi Satellite TV in Egypt," *Arab Media & Society*, 6 May 2009 (https://www.arabmediasociety.com/salafi-satellite-tv-in-egypt/, 2018年9月22日閲覧).

Galal, E. [2016] "Friday Khutba Without Borders: Constructing a Muslim Audience," N. Mellor and K. Rinnawi eds., *Political Islam and Global Media: The Boundaries of Religious Identity*, Abingdon: Routledge.

Gause III, F.G. [2014] "Beyond Sectarianism: The New Middle East Cold War," *Brookings Doha Center Analysis Paper*, Doha: Brooking Doha Center.

Guaaybess, T. [2005] *Télévisions Arabes sur Orbite, 1960–2004*, Paris: CNRS Editions.

Hammond, A. [2007] "Saudi Arabia's Media Empire: Keeping the Masses at Home," *Arab Media & Society*, 1 October 2007 (https://www.arabmediasociety.com/saudi-arabias-media-empirekeeping-the-masses-at-home/, 2018年 9 月23日閲覧).

—————— [2008] "Maintaining Saudi Arabia's *Cordon Sanitaire* in the Arab Media," M. Al-Rah-seed ed., *Kingdom without Borders: Saudi Arabia's Political, Religious, and Media Frontiers*, New York: Columbia University Press.

Harb, Z. [2011] *Channels of Resistance in Lebanon: Liberation Propaganda Hezbollah and the Media*, New York: I.B. Tauris.

Hassan, H. [2013] "The Sectarianism of the Islamic State: Ideological Roots and Political Context," *Carnegie Endowment for International Peace*, 1 June 2016 (http://carnegieendowment.org/2016/06/13/sectarianism-of-islamic-state-ideological-roots-and-political-context-pub-63746, 2018年 8 月 7 日閲覧).

Hroub, K. [2012] "Epilogue: Religious Broadcasting since the Arab Spring," K. Hroub ed., *Religious Broadcasting in the Middle East*, London: Hurst & Company.

Kraidy, M. [2010] *Reality Television and Arab Politics: Contention in Public Life*, New York: Cambridge University Press.

Kraidy, M. and J.F. Khalil [2009] *Arab Television Industries*, New York: Palgrave Macmillan on behalf of the British Film Institute.

—————— [2015] "Alwaleed bin Tala: Media Moguls and Media Capital," D.D. Ratta, N. Sakr and J. Skobgaard-Petersen eds., *Arab Media Mogul*, London and New York: I.B. Tauris.

Malmvig, H [2015] "Coming in from the Cold: How We May Take Sectarian Identity Politics Seriously in the Middle East without Playing to the Tunes of Regional Power Elites," *Project on Middle East Political Science* (https://pomeps.org/2015/08/19/coming-in-from-the-cold-how-we-may-take-sectarian-identity-politics-seriously-in-the-middle-east-without-playing-to-the-tunes-of-regional-power-elites/, 2018年 9 月28日閲覧).

Matthiesen, T. [2013] *Sectarian Gulf: Bahrain, Saudi Arabia, and the Arab Spring that Wasn't*, Stanford and California: Stanford Briefs.

Mellor, N. [2008] "Bedouinisation or Liberalisation of Culture? The Paradox in the Saudi Monopoly of the Arab Media," M. Al-Rahseed ed., *Kingdom without Borders: Saudi Arabia's Political, Religious, and Media Frontiers*, New York: Columbia University Press.

Miladi, N. [2016] "Social Media as the New Identity Battleground: The Cultural Comeback in Tunisia after the Revolution," N. Mellor and Kh. Rinnawi eds., *Political Islam and Global Media: The Boundaries of Religious Identity*, Abingdon: Routledge.

Pall, Z. [2013] *Lebanese Salafis between the Gulf and Europe: Development, Fractionalization and Transnational Networks of Salafism in Lebanon*, Amsterdam: Amsterdam University Press.

PARC (Pan Arab Research Center) [2007] *Harvest Y2007*, Dubai: Pan Arab Research Center.

Rugh, W.A. [1979] *The Arab Press: News Media and Political Process in the Arab World*, Syracuse and New York: Syracuse University Press.

—————— [2004] *Arab Mass Media: Newspapers, Radio, and Television in Arab Politics*, Westport: Praeger.

Sakr, N. [2001] *Satellite Realms: Transnational Television, Globalization and Middle East*, London and New York: I.B. Tauris

———— [2007] *Arab Television Today*, London and New York: I.B. Tauris.

Siegel, A. [2015] "Sectarian Twitter Wars: Sunni-Shia Conflict and Cooperation in the Digital Age," *Carnegie Endowment for International Peace*, 20 December 2015（https://carnegieendowment.org/2015/12/20/sectarian-twitter-wars-sunni-shia-conflict-and-cooperation-in-digital-age-pub-62299, 2018年 7 月18日閲覧）.

Yamani, M. [2008] "Saudi Arabia's Media Mask," M. Al-Rahseed ed., *Kingdom without Borders: Saudi Arabia's Political, Religious, and Media Frontiers*, New York: Columbia University Press.

第 **II** 部

事例研究

——シリア、イラク、アラビア半島諸国、イラン、トルコにおける「宗派」問題——

第5章

シリア紛争の「宗派化」
――ヒズブッラーの軍事介入の論理と実践――

末 近 浩 太

はじめに
――シリア紛争は「宗派問題」なのか――

　本章では，レバノンのシーア派イスラーム主義組織・政党ヒズブッラーによる軍事介入の論理と実践の分析を通して，「宗派問題」としてのシリア紛争の一端を描き出す．

　2011年に勃発したシリア紛争は，マスメディアを中心に，しばしば「宗派問題」として語られてきた．シーア派のバッシャール・アサド政権とスンナ派の反体制諸派や「イスラーム国（以下IS）」との対立を基調として，それぞれの宗派の盟主を自認するシーア派のイランとスンナ派のサウジアラビアの中東地域における覇権争いが紛争の激化と長期化，そして，膠着化をもたらしてきた，といった語りである．[1]

　しかし，紛争の実態を注意深く観察すれば，この「宗派問題」論は，ただちに綻びが生じることになる．アサド政権の母体となっているアラブ社会主義バアス党（以下バアス党）は，1947年の結党以来世俗主義を党是としており，シーア派の教義がその言動に影響を与えることはない．また，中東地域におけるイランとサウジアラビアという両地域大国のあいだの競合も，シーア派とスンナ派がそれぞれ掲げる宗教上の教義の差異が争点となっているわけではなく，あくまでも国家としての安全保障の脅威認識――とりわけ，1979年のイラン・イスラーム革命を発端とする相互の「セキュリタイゼーション」の進行――が背景にある［末近 2016: 50-56, 60-63］．ゴウズの言葉を借りれば，「リヤドとテヘランは，勢力均衡ゲームを行っている．両者は宗派主義をそのゲームで利用して

いるが，域内での同盟者の獲得のためには宗派的断層を横断してきた」のが実情であろう [Gause 2014: 1].

では，シリア紛争は「宗派問題」ではない，と言い切れるのか．言い換えれば，宗派は紛争の実態を捉える上で必要のない要素なのだろうか．答えは否である．ここにシリア紛争，広くは中東政治における「宗派問題」の難しいところがある．実際には，シリア紛争を「宗派問題」とする語りが現実の紛争の争点を宗派へと収斂させていくというメカニズムが，繰り返し観察されてきた [Phillips 2015: 369–370; Darwich and Fakhoury 2016: 712–17]．これは，本書における中東の「宗派問題」に対するアプローチである構築主義の立場に通底し，ハーシミーとポステルが論じた「宗派化（sectarianization）」のプロセスに符合する．「宗派化」とは，「ある特定の文脈の中で，なんらかの（宗教的）アイデンティティを示す指標に基づいて大衆動員を行い，政治的目標を達成しようとする政治主体によって形作られるもの」と定義される [Hashemi and Postel 2017: 4]．

つまり，シリア紛争における主要な政治主体——アサド政権，諸外国，イスラーム主義組織など——による「上からの宗派化」（本書序章参照）の結果として，紛争の争点が「宗派問題」であるという認識が生み出され，翻って，その「宗派問題」をめぐって政治主体間の紛争が激化・長期化・膠着化していった．そして，観察者がこうした語りをなぞるかたちで，「上からの宗派化」を試みる政治主体との「共犯関係」が成立し，その結果，シリア紛争が「宗派問題」であるという認識が再生産されていったのである．

1 「宗派的起業家」としてのイスラーム主義組織

(1) 誰がシリア紛争の「宗派化」をもたらしたのか

では，誰がシリア紛争における「上からの宗派化」を主導したのか．言い換えれば，デイヴィスの言うところの「宗派的起業家（sectarian entrepreneurs）」[Davis 2008: 556] の役割を果たした政治主体は何だったのか．

宗派の違いを最も露骨なかたちで自らの政治的暴力の正当化に用いたのが，イスラーム主義を掲げる諸組織であった．イスラーム主義組織は，自らが奉じる「真性な」イスラームに依拠した社会変革や国家建設を目指す．シリアにおいては，スンナ派のイスラーム主義組織が，過去にもアサド政権に対する闘争を正当化するために宗派の違いを強調してきた．

例えば，自他共にアサド政権の長年の最大のライバルとされてきたシリア・ムスリム同胞団（Jamā'a al-Ikhwān al-Muslimīn fī Sūriyā）は，1970年代末から80年代初頭においての全国規模の武装蜂起において，アラウィー派出身の大統領と支配エリートをヌサイリー（アラウィー派の蔑称）による独裁として論難し，自らが奉じるスンナ派が不当に虐げられてきたと主張した［末近 2005: 250-256; Khatib 2011: 69-73］．

2011年からの紛争においても，様々な組織によって同様のレトリックが繰り返し用いられた．それが最も顕著なかたちで現れたのが，IS による「不信仰者」に対するジハードであった．IS は，異教徒であるキリスト教徒との戦いを掲げる一方で，シーア派（およびアラウィー派）を「真性の」イスラーム教徒とは認めず「不信仰者」として殲滅することを謳った[2]．こうしたいわゆるサラフィー・ジハード主義組織のレトリックの広がりは，現実に起こった殺戮の連鎖のなかで，シリア紛争の争点を宗派に収斂させていき，「宗派化」を助長していった［Abdo 2016: 54-56; Hassan 2017］．

しかし，シリア紛争の「宗派化」の原因を反体制諸派のなかのスンナ派イスラーム主義組織に求めるだけでは，説明としては不十分である．なぜならば，いくらそのレトリックが扇情的・先鋭的であっても，現実から乖離したままでは人びとの認識に訴えかける力を持ち得ないからである．言い換えれば，アサド政権の側が何らかの「シーア派的な要素」を持っていなければ，スンナ派イスラーム主義組織のレトリックは根拠のない一方的な言明になってしまう．

(2)　「宗派的起業家」としてのヒズブッラー

では，アサド政権は実際に「シーア派的要素」を備えているのだろうか．スンナ派イスラーム主義組織は，アラウィー派がシーア派の一派であること，そして，同政権がシーア派を奉じるイランとの強いつながりがあることに固執した．

確かに，アサド政権は，「先代」のハーフィズ・アサド大統領の時代の1973年に，アサド家の出身宗派であるアラウィー派をシーア派の一派とする公式見解を発表した[3]．しかし，先述のように，アサド大統領自身は，世俗主義を掲げていたため，その言動に「シーア派的な要素」を客観的に見いだすことは難しい．一方，イランによるアサド政権への支持・支援については，2011年からのシリア紛争においては顕著になったものの，同国政府によってイスラーム革命

防衛隊（以下革命防衛隊）のシリア領内への派遣が「公然の事実」として語られるようになったのは，早くとも2013年初頭以降のことであった[4].

　むしろ，紛争初期の段階で，アサド政権に「シーア派的要素」を付与する役割を果たした政治主体は，2012年中頃には戦闘員の派遣を開始していたレバノンのヒズブッラーであった．ヒズブッラーのハサン・ナスルッラー書記長は，「アラブの春」が起こった2011年の春の段階から，アサド大統領がイスラエルと対峙し続けるアラブ随一の指導者であることを強調することで，シリアの市民および国際社会に対してアサド政権の存続に理解を求めるように働きかけていた[5]．ヒズブッラーのアサド政権への支持姿勢は，中東地域だけでなく国際社会においても際立っていた．

　その後，ヒズブッラーは，軍事部門レバノン・イスラーム抵抗（al-Muqāwama al-Islāmīya fī Lubnān）の戦闘員の派遣を開始し，シリア紛争への軍事介入に踏み切った．それは，イランの同盟国であるシリアのアサド政権——「抵抗と拒絶の枢軸（miḥwar al-muqāwama wa al-mumāna'a)」[6]——の窮地を救うためであった．しかし，その判断は，「抵抗」と「革命」という結成以来の理念，言うなれば「レジスタンスの物語」との齟齬を生むことになった．すなわち，ヒズブッラーは，1980年代初頭，アメリカとイスラエルという「抑圧者」への抵抗とレバノンにおけるイスラーム革命の実現を掲げて結成された組織であった．そのため，シリア紛争への軍事介入は，この「レジスタンスの物語」から逸脱する行為であり，結果的に反体制諸派のなかのスンナ派イスラーム主義組織による「上からの宗派化」のレトリックを補強するための現実を提供することになったのである［Byman and Saab 2014; ICG 2014: 13-21］．

　だが，ここで留意すべきは，ヒズブッラーそれ自体が宗派の違いを強調するレトリックを振りかざすことはなかった点である．ISをはじめとするスンナ派のサラフィー・ジハード主義者がシーア派の存在を根底から否定したのに対して，ヒズブッラーは対峙する政治主体の「スンナ派的要素」を問題視することはなかった．その背景には，ヒズブッラーが拠点とするレバノンにおいて「宗派主義」がかつて内戦を引き起こした元凶としてタブー視されてきたこと，そして，ヒズブッラーが同国の民主政治に参入する合法政党としてその規範を遵守してきたことがあった［Saouli 2011: 932-8; Meier 2018］．

　むしろ，ヒズブッラーは，後に詳述するように，自らの立場である「反宗派主義」を一貫して前面に打ち出すことで，露骨な「宗派主義」を唱えるスンナ

派のサラフィー・ジハード主義者を批判し，自らの軍事介入があくまでも特定の宗派とは必ずしも関係のない政治的判断であったことを強調した［末近 2013b; 2016a］．

(3) 「屈折した宗派的動員」がもたらす「宗派化」

　しかし，こうしたヒズブッラーの「反宗派主義」のレトリックが，シリア紛争の「宗派化」を阻止する意図に基づくものであったと額面通りに評価することはできない．なぜなら，実際には，ヒズブッラー指導部は，シリア紛争をめぐる自らの言動が他の政治主体によって「宗派問題」として認識されることをあらかじめ想定しながら，戦闘員の派遣を推し進めたのが実情であったからである．つまり，自らの言動が「宗派化」を助長することを知りながら，結果として生じたその「宗派化」を利用することで，シリア紛争への軍事介入の正当化を試みたのである．

　ヒズブッラーは，積極的に「反宗派主義」を掲げ，翻って，敵対する政治主体を「宗派主義」だと論難することで，一見「宗派問題」とは無縁な立場をとってきた．しかし，「反宗派主義」のレトリックがいかなるものであろうとも，それを通した政治的動員の主たる対象は，組織の母体であるシーア派であった．スンナ派から見た場合，「反宗派主義」を掲げながらも結果的にシーア派の政治主体であるヒズブッラーと，露骨な「宗派主義」を掲げるスンナ派のサラフィー・ジハード主義者とのあいだで，厳しい二者択一を迫られることになった．シリアに，誰もが自らの帰属する宗派を意識せざるを得ない状況が創り出されたのである．

　つまり，「反宗派主義」のレトリックも，結局のところ，宗派の違いによる彼我の認識を生み出すことにつながる．そして，実際にヒズブッラーとサラフィー・ジハード主義者の暴力の連鎖が続くことで，そうした認識は人びとのあいだに拡大・浸透していく——これを，ここでは「屈折した宗派的動員」と呼ぶことにする．

　こうした「反宗派主義」の唱道を通した結果としての宗派的動員は，中東政治における政治主体間の対立のメカニズムを検討する際に重要な要素である．このように「宗派主義」を政敵の断罪のための別称・他称として用いることも，結局は自らが帰属する宗派の存在や優位性を正当化し，翻って，他宗派を「脅威視し排除するために用いられるセキュリタイゼーションの過程の共通の

要素」となるからである［酒井 2015: 40］.

2 ヒズブッラーによるシリア紛争への軍事介入

(1) 軍事介入の目的とその正当化の困難

　シリア紛争は，2010年末からの「アラブの春」の一環として始まった．チュニジアやエジプトでの政変の成功に後押しされるかたちで，シリアでも市民によるアサド政権に対する抗議デモが発生・拡大していった．その後，2011年の後半になると，市民による平和的な抗議デモが一部の武装集団による政治的暴力の行使へと変質し，また，アサド政権の打倒を目指す諸外国がこれらの武装集団への支援を強めていった．シリアにおける「アラブの春」は，時間の経過とともに，「軍事化」と「国際化」が進んでいったのである[7].

　こうした状況下で，ヒズブッラーは，難しい判断を迫られた[8]．シリアが「抵抗と拒絶の枢軸」の一角を担っていたからであった．結局，ヒズブッラー指導部は，シリア領内への戦闘員の派遣およびレバノン領内に活動拠点を有するシリアの反体制諸派の掃討を通して，アサド政権の崩壊を阻止することを試みた[9].

　ただし，ヒズブッラーがシリア紛争への軍事介入を正当化するためには，乗り越えなければならないいくつもの壁があった．第1に，レバノンの政治主体がシリアという別の主権国家に直接介入することの問題，すなわち内政干渉の問題であった．第2に，1990年代以来のヒズブッラーの勢力拡大を支えてきた「レバノン化（Lebanonization）」路線との齟齬である．ヒズブッラーは，1980年代末以降，「革命」のレトリックを事実上凍結し，組織の合法政党化と軍事部門の国有化を通して，レバノンのナショナルな「抵抗」組織として自らの存在意義を主張してきた[10]．第3に，ヒズブッラーが保有する武器・兵器がアメリカやイスラエルではなくシリアに向けられることへの批判であった[11]．軍事部門レバノン・イスラーム抵抗は，あくまでもイスラエルの脅威からレバノンの領土・主権・国民を守るものとして，国内においてその存在が公的に認められてきた．第4に，シリア情勢をレバノン政治の争点にしないことが定められた「バアブダー宣言（I'lān Ba'bdā）」に抵触する可能性であった．同宣言は，2012年6月11日に，ヒズブッラーを含む，レバノンの主要な政党・政治家によって合意されたものであった[12].

こうしたいくつもの壁に直面していたヒズブッラー指導部は，紛争初期の約1年間を通して，シリア領内への戦闘員の派遣を正式に認めることなく，「公然の秘密」とし続けた[13].

(2) 「公然の秘密」から「公然の事実」へ

しかし，シリア紛争の「軍事化」と「国際化」が進んだことは，逆説的に，ヒズブッラーが同紛争への軍事介入を「公然の事実」として示すことが可能となる環境を整えていった．すなわち，シリアにおける「アラブの春」の主役であったはずの市民が，国内ではアサド政権の主張するところの「武装犯罪テロリスト集団」に，国外では同政権の転覆を企てる諸外国に「ハイジャック」されてしまったことで［青山 2012: 97-132］，結果的にヒズブッラーは同政権への軍事支援は，シリアのみならずレバノンの安全保障にとっても不可欠なものであると強弁できるようになったのである［Suechika 2018: 90-91］[14].

ヒズブッラー指導部がシリア領内への戦闘員の派遣を正式に求めたのは，2012年9月30日にシリアでの作戦司令官を務めていたとされるムハンマド・フサイン・ハーッジ・ナースィフ・シャンマス（通称アブー・アッバース）がヒムス県クサイル市付近での反体制諸派との戦闘中に「殉教」した際であった[15]．それ以降，ヒズブッラー指導部は，実際に戦闘員がシリア領内で目撃されたり「殉教」したりした際は，次の2つの論理を用いながら，軍事介入の正当化につとめた．

第1の論理は，シリアとの国境付近の村々に居住するレバノン人の保護であった．この「国境付近の村々」のなかには今日のシリア領内に位置するものもあったが，住民の多くは実際にはレバノン人であると主張された．ナスッルラー書記長は，こうした異常な事態が生まれたのは両国の国境線が未画定であるためであるとの見解を示した．「〔シリアの〕武装した反体制派はレバノンのシーア派が居住するシリア国境付近の村々を占拠している……シリアの村々のレバノン人住民たちはその土地に何百年も，〔1916年の〕サイクス＝ピコ〔協定〕よりも遙か昔から住み着いてきた」[16]．シリア領内に戦闘員を派遣しつつも，それはあくまでもレバノンのナショナルな大義の一環であると強調されたのである．

第2の論理は，ダマスカス郊外のシーア派の聖地サイイダ・ザイナブ廟の保護である[17]．シリア紛争の激化によって戦火で廟が破壊される危険性が高まって

おり，それを阻止するのはシーア派イスラーム主義組織としてのヒズブッラーの義務であるとされた．シリア領内での戦いは，「聖地の防衛（difāʿa al-maqāmāt）」であり「聖なる防衛（difāʿa muqaddas）」であると呼ばれた［Belhadj and Elvira 2018: 331］．ここでは，イスラームの宗教的な大義――聖地はあくまでもシーア派だけではなくすべてのイスラーム教徒のものとする――を掲げることで，軍事介入の正当化が試みられた．

　これらの2つの論理に従い，ヒズブッラー指導部は，シリア領内への戦闘員の派遣の正当化につとめた．ただし，それぞれの論理が対象とする場所も目的も異なっており，アドホックな理由付けの域を出るものではなかった．第1の論理は，「レバノン人の保護」というナショナルな大義を謳うことで，先述の内政干渉の問題や「レバノン化」との齟齬を解消，さらには「バアブダー宣言」への抵触を回避することはできるが，逆に言えば，「国境付近の村々」への戦闘員の派遣しか正当化できない．第2の論理は，「聖地サイイダ・ザイナブ廟の防衛」という宗教的な大義を掲げることでダマスカス郊外までの派遣を説明できるが，内政干渉や「レバノン化」との齟齬の誹りを免れ得ない．また，いずれの論理についてもヒズブッラーの武器・兵器が――イスラエル人やユダヤ教徒ではなく――シリア人やムスリムに向けられることへの批判を避けられないものであった．つまり，レバノンのナショナルな「抵抗」組織としての自負とシーア派イスラーム主義組織・政党としての出自が恣意的に用いられたことで，いくつもの論理的な齟齬を生じさせたのである．

　この時点で，ヒズブッラー指導部は，シリア紛争への軍事介入を正当化する上で，アドホックな難しい対応を強いられていたと言える．戦闘員の派遣の目的は，「抵抗と拒絶の枢軸」を維持すべく，アサド政権の崩壊を阻止することであった．しかし，それを正当化する上では，組織の外部にはそれまでのレバノンのナショナルな「抵抗」組織としての役割をあらためて強調する一方で，組織の内部（特に支持者）に対しては宗教的な理由を強調したのである．

　こうしたナショナルな大義と宗教的な大義を恣意的に使い分ける姿勢からは，ヒズブッラー指導部に，少なくとも紛争開始からの2年間は，シリア紛争の「宗派化」を回避しようとする意図があったことが窺える［ICG 2014: 15-16］．

(3)　追い風となった「サラフィー・ジハード化」

　このように難しい対応を強いられていたヒズブッラーであったが，2013年5

月，指導部は，ヒムス県クサイル市攻防戦への参加を正式に発表した．ここに，ヒズブッラーのシリア紛争への軍事介入は「公然の秘密」から「公然の事実」となった．

クサイル市は，シリア西部，レバノンとの国境から約15キロメートルの位置にある小さな地方都市である．しかし，シリアの首都ダマスカスと地中海沿岸部を，そして，第3の都市ヒムス市とレバノンのベカーア高原を結ぶ軍事戦略上の要衝であり，それゆえに，2011年半ばからのシリア紛争の激戦地の1つとなっていた．ヒズブッラーの公式ウェブサイトや系列のテレビ局であるマナール・テレビ（Qanāt al-Manār）は，戦闘員の「殉教」を中心に，連日にわたってクサイル市攻防戦の戦況を伝え続けた．そして，6月5日の同市の完全制圧時には，作戦の完了を「神の勝利（al-naṣr al-ilāhī）」——2006年のレバノン紛争の際に用いられた表現のアナロジー——として大々的に報じた．

ヒズブッラーによるクサイル市攻防戦へ参加においても，先述のナショナルな大義と宗教的な大義の2つの論理が用いられた．ただし，注目すべきは，これらの論理がいっそうの説得力を有するようにシリア情勢の側が変化し，また，ヒズブッラー指導部がその変化を敏感に察知していたことであった．その変化とは，「サラフィー・ジハード化」，すなわち，アルカーイダなどのスンナ派のサラフィー・ジハード主義を奉じる外国人戦闘員がアサド政権とその同盟者との戦いのためにシリア領内に流入していく現象であった［髙岡 2013; Lister 2015］．

これらのサラフィー・ジハード主義者の組織としては，シャームの民のヌスラ戦線（以下，ヌスラ戦線）やシャーム自由人イスラーム運動などがあった．これらの組織は，世俗主義を掲げてきたアサド政権だけではなく，シーア派住民やヒズブッラーを「背教者」と断罪し，武力を持ってしてもこれを排除しようとするのを特徴とした．特にヌスラ戦線については，アルカーイダへの忠誠とシーア派の殲滅を公言していた［Adraoui 2017］．

こうして，シリア情勢が，「軍事化」と「国際化」に加えて，「サラフィー・ジハード化」の様相を見せたことで，ヒズブッラーはシリア領内への戦闘員の派遣を新たな文脈で正当化できるようになった．ヒズブッラーは，ナショナルな大義（第1の論理）と宗教的な大義（第2の論理）の統合——ないしは差異の曖昧化——を可能とする環境に置かれることになったのである．

2013年4月，ナスルッラー書記長は，次のように述べた．「サイイダ・ザイ

ナブ廟から数百メートルのところまで武装集団が迫っており，また，タクフィール主義〔サラフィー・ジハード主義〕のグループはインターネット上で廟を破壊すると脅迫している……．我々はスンナ派全体を問題視しているのではない．我々の問題はタクフィール主義者との間にある．誰もが……彼らによる廟の破壊を阻止しなければならない」．そして，サラフィー・ジハード主義者による廟の攻撃は悪しき「宗派主義」の発露であると断罪する一方で，仮に廟が破壊されれば，シーア派のスンナ派に対する怒りを招き，地域全体を宗派対立の混乱に陥れると警告した[20]．また，クサイル市での戦闘が激しくなった5月には，「タクフィール主義の集団がレバノンとの国境地域を制圧した時には，すべてのレバノン人，とりわけスンナ派にとって脅威となるだろう」と述べ，シリア国内への戦闘員の派遣があくまでもレバノンのナショナルな「抵抗」組織としてレバノン人全体の利益と安全保障のために行われていると強調した[21]．

つまり，サラフィー・ジハード主義者はシーア派にとっての脅威だけではなく，今やシリアとレバノンの両国民，アラブ諸国や国際社会，さらにはイスラーム教徒全体にとっての共通の敵であり，その脅威は日々拡大しているというのである．サラフィー・ジハード主義者が現れる場所はすべて「戦場」であり，したがって，そこに戦闘員を派遣することはレバノンの領土・主権・国民のための自衛措置となるだけでなく，イスラームの宗教的な義務，すなわち，「イスラーム法上の義務（taklīf sharīʿī）」の実践になるとされる [Farida 2018: 321-327]．

こうして，シリア紛争への軍事介入は，旧来からの脅威であるイスラエルとアメリカだけでなく，サラフィー・ジハード主義者を標的に含む，「新たなレジスタンスの物語」へと昇華された．ここには，「反宗派主義」を掲げることでスンナ派を包摂しようとする姿勢を見せる一方で，実質的にはアサド政権に対する支持・支援のために支持母体であるシーア派の動員を試みるヒズブッラーの戦略，すなわち，「屈折した宗派的動員」の実態を確認することができよう．

3 「屈折した宗派的動員」と「宗派の罠」

(1) 「宗派化」の進行

ヒズブッラーによるシリア紛争への軍事介入は，2013年6月のクサイル市の

完全制圧を機に一挙に拡大した．ヒズブッラーは，シリアのシリア・アラブ軍（以下国軍）やイランの革命防衛隊と歩調を合わせながら，アサド政権の防衛のために反体制諸派やサラフィー・ジハード主義者の諸組織と戦火を交え，紛争の趨勢を左右する政治主体の1つとなった．そして，このことは，シリア紛争の「宗派化」を推し進めることとなった．

「反宗派主義」の唱道を通した結果としての宗派的動員，すなわち，「屈折した宗派的動員」は，ヒズブッラーだけでなく，アサド政権が長年にわたって権威主義体制の維持のために駆使してきたものでもあった．同政権をアラウィー派の独裁と批判する反対体制諸派を「宗派主義」であると論難してきたのである．さらに，2011年に紛争が勃発した後も，アサド政権は，宗派の違いを超えた市民による自由を希求する声を分断するために，それが諸外国やイスラーム主義者，テロリストによる策謀であると主張し，それと並行して，スンナ派が「宗派主義」を振りかざしアラウィー派をシリアから排除しようとしている，といったレトリックが国内に広まっていった［Pinto 2017 124-127; Belhadj and Elvira 2018: 329-333］．

サラフィー・ジハード主義者との対峙を掲げる「新たなレジスタンスの物語」による「屈折した宗派的動員」は，ヒズブッラーに次の2つの変化をもたらした．第1に，組織としての変化であった．ヒズブッラーは，結成以来レバノンのナショナルな「抵抗」組織を自負し，レバノン領内を主戦場として「抑圧者」であるところのイスラエルとアメリカと対峙する姿勢を貫いてきた．しかし，今やシリア領内を舞台にシリア人やアラブ人，イスラーム教徒との戦いに従事する組織となった[22]．第2に，この組織としての変化にともなう，中東地域および国際社会における彼らの位相の変化であった．なかでも象徴的なのは，ISとの「テロとの戦い」における地上戦を担う政治主体の1つとなったことであった．2014年中頃からISがシリアとイラクの両国で実効支配地域を急速に拡大していったのに対して，アメリカを中心とする西側諸国は航空戦力による空爆で応じた．しかし，西側諸国は地上軍の展開には慎重姿勢を見せ，アサド政権とそれと同盟関係にある政治主体だけがISと直接戦火を交える事態となった．シーア派の殲滅を謳っていたISとの衝突は，ヒズブッラーがシーア派であること，ないしはその「シーア派的特徴」を，シリアだけでなく中東や世界にもあらためて印象づける効果をもたらした［Daher 2016: 187-191; ICG 2017: 4-11］．

2013年6月のクサイル市の完全制圧以降，ヒズブッラーによるシリア紛争への軍事介入は急速に拡大したが，その特徴は，次の2つに集約できる．第1に，まず，シリア西部レバノン国境に近いヒムス県とダマスカス郊外県を主戦場——西部戦線——としたことである．ヒズブッラーは，クサイル市攻略後に部隊を南進させ，ダマスカス郊外県のナブク市やザバダーニー市などの戦略的要衝を反体制諸派から奪還するための作戦に従事した．第2に，これらのすべての戦いにおいて勝利を収めたことである．ヒズブッラーは，多大な損害を出しながらも，国軍と革命防衛隊とともに西部戦線において「不敗神話」を築いていった．さらには，西部戦線より北進し，シリア紛争の激戦地であったヒムス市，ハマー市，アレッポ市の攻略にも加勢した［末近 2016a: 54-57; Sullivan 2014; ICG 2014; 2017］．

これらの戦線において，限られた情報からヒズブッラーの軍事的貢献の度合いを正確に推し量ることは難しい[23]．しかし，各地での戦闘員の「殉教」が増加していったこと，そして，それが公式に報じられるようになったことで，ヒズブッラーがシリア紛争に深く関与し，サラフィー・ジハード主義者との戦闘に従事していることが「公然の事実」として拡大していった．その結果，シーア派とスンナ派のあいだの「宗派問題」であるといった認識が助長，すなわち，紛争の「宗派化」が進んだ．ピントの言うところの「暴力を通した宗派化（sectarianization through violence）」は深刻なものとなった［Pinto 2017: 137-141］．

(2)　出口なき戦いへ

このように，紛争の「宗派化」の進展をもたらしたものの，シリア紛争の「サラフィー・ジハード化」は，ヒズブッラー指導部にとって軍事介入を正当化する上での追い風となったのは事実であった．むしろ，ヒズブッラーは，この時点で，紛争の「宗派化」を利用して自らの言動を正当化するようになった．原因と結果の逆転であった．

ナスルッラー書記長は，従来通りのイスラエルとアメリカへの批判を行うと同時に，サラフィー・ジハード主義者こそが現行の地域秩序にとっての最大の脅威であり，その勢力拡大はシリアだけではなく，レバノンにとっても死活問題になると，あらためて強調した．例えば，2014年3月，「われわれ〔ヒズブッラー〕は，当初からシリアで起きていることがこの地域をタクフィール主義の脅威に陥れると言ってきた．これに対して，あなた方〔反アサドを掲げていた「3

月14日勢力〕」はそれが人道であり革命であると言ってきた……．レバノンには
いまだにシリアで起きていることが自国にとって脅威になることを理解してい
ない者がいる……．レバノンにおける問題とは，ヒズブッラーがシリアでの戦
いへの参加が遅れたことであり，あなた方にとっての問題とは，自国にとどま
り戦いに赴かなかったことなのだ」と述べ，ヒズブッラーによるシリア紛争へ
の軍事介入を正当化するだけではなく，返す刀で，それを批判するレバノン国
内の政敵に対してナショナルな脅威への無作為を非難した[24]．

　また，ナスルッラー書記長は，IS の台頭を受けて，次のように宗派へのこ
だわりを捨てる必要を説いた．「レバノンと地域のすべての人びとは，すべて
の相違を脇に押しやらなければならない．すべてのレバノン，パレスチナ，イ
ラク，シリア，そして，いずれの湾岸の人びとも宗派的な不寛容を捨て去り，
この現象〔IS の伸張〕をシーア派にとってだけの脅威ではないと考えることを
呼びかける．何人もこの戦いを宗派の戦いと捉えるべきではない．それは，タ
クフィール主義者によるそれに抗するすべての人びとに対する戦いなので
ある[25]」．

　だが，こうしたサラフィー・ジハード主義者の脅威を煽ることでシリア紛争
への軍事介入を正当化しようとする言動は，ヒズブッラー指導部にとって諸刃
の剣であった．なぜなら，2014 年 6 月のイラク・モースル市陥落とカリフ国家
樹立宣言を契機とした IS の急速な勢力拡大が，サラフィー・ジハード主義者
の脅威というレトリックを強化した一方で，実際にその脅威と対峙するために
大規模かつ広範囲にわたる部隊展開をしなくてはならない状況を生み出したか
らである［ICG 2017: 4-11; Worrall et al. 2016: 143-148］．

　つまり，シリア紛争が当初のアサド政権と反体制諸派の対立から IS を加え
た三つ巴の構図となり，また，それにともない，同政権の軍事的な優位が揺ら
ぎ始めたことで，ヒズブッラーによる軍事介入は，ナショナルな大義と宗教的
な大義に沿ってその規模と範囲を限定するどころか，無制限に拡大せざるを得
なくなったのである．これは，サラフィー・ジハード主義者の脅威の喧伝を通
した「屈折した宗派的動員」によって生じた新たなジレンマであった［Sue-
chika 2018: 92-96］．

　だが，その時点で既にシリア紛争に深く関与していたヒズブッラー指導部
に，選択の余地はなかった．そこで，ナスルッラー書記長は，サラフィー・ジ
ハード主義者との戦いの必要性をこれまで以上に強く打ち出すようになった．

それを象徴したのが，2015年6月10日のISへの宣戦布告であった．ナスルッラー書記長は，マナール・テレビを通じて，「カラムーン地方と東レバノン山地においてダーイシュ〔IS〕との戦いが始まった……．彼らが戦いを始めた．だが，我々〔ヒズブッラー〕は戦いを続けなくてはならない．我々はいかなる犠牲を払おうとも，国境地帯のタクフィール主義者を根絶すると決意している」と宣言した[26]．そして，ヒズブッラーは，同年9月のザバダーニー市の戦いの後，西部戦線からISの実効支配地域が広がるアレッポ県方面へと北進したのである．

(3) 「宗派の罠」

ナスルッラー書記長は，アレッポ県での戦いの最中，「我々がかつてイスラエルを打ち破ったように，我々はタクフィール主義者の計画も打ち破る．タクフィール主義者だけではなく，その後ろ盾であるアメリカ人たちも敗北するだろう」と述べ[27]，イスラエル，アメリカ，タクフィール主義者を三位一体の「敵」とする言説，すなわち，「新たなレジスタンスの物語」をあらためて強調した．

しかし，レバノン国境から距離的に遠く，シーア派にとっての象徴的な意味の稀薄なアレッポ県への進軍は，レバノンのナショナルな「抵抗」組織としても，シーア派イスラーム主義組織としても，正当化が難しいものであった．そのため，ヒズブッラーがシリア紛争に深く関与すればするほど，レバノン国内外の敵対する政治主体のみならず，支持母体であるシーア派や組織の内部からの批判にも直面することになった［ICG 2014: 18-21; 2017: 4-11］．

こうした批判の背景には，サラフィー・ジハード主義者によるレバノン国内のヒズブッラー実効支配地域を標的としたテロ事件が連続したこともあった．ベイルート南部郊外のシーア派が集住する地域，通称ダーヒヤへのテロ攻撃は，2013年7月9日のビール・アブドでの爆弾テロを皮切りに，2015年末までに少なくとも7回起こっていた．ナショナルな「抵抗」組織であるはずのヒズブッラーが，逆にレバノン，それも支持母体であるシーア派を危機に陥れる原因となっていたのである．

このような事態は，紛争の「サラフィー・ジハード化」を根拠とした軍事介入の正当化の限界を浮き彫りにしたものと言える．さらに，シリア領内での戦線の拡大は，ヒズブッラーの人的・物理的被害も拡大させた．軍事介入の最初

の 3 年間，2015年10月の時点で，『シャルク・アル＝アウサト（*al-Sharq al-Awsat*）』紙の報道では，ヒズブッラーはシリア紛争で1263名もの戦闘員を失ったとされた[28]．また，ヒズブッラーのシリア展開部隊の総司令官と目されたムスタファー・バドルッディーン（Muṣṭafā Badr al-Dīn）を含む，多数の古参幹部の死亡が伝えられた．ヒズブッラーは，「屈折した宗派的動員」によって生じた「宗派の罠（sectarian trap）」に苦しめられるようになったのである［ICG 2014: 16-17］．

おわりに

　ヒズブッラーは，結成から30年以上にわたって自らの理念を曲げることなく，戦略・戦術レベルの操作を徹底することで，新たな現実に適応しようとしてきた．そして，それにともない，「レバノン化」をはじめとする様々な変化を遂げてきた［末近 2013a］．シリア紛争への軍事介入についても，それを正当化するための「新しいレジスタンスの物語」についても，「屈折した宗派的動員」についても，こうした戦略・戦術レベルの対応という枠組みで理解することができよう．しかし，その一方で，イスラエルやアメリカなどの異教徒ではなく，イスラーム教徒であるサラフィー・ジハード主義者を「敵」とする戦略・戦術レベルの対応は，「抑圧者」に対する「抵抗」と「革命」という結成以来の理念を大きく揺さぶるような，かつてない大きな変化をヒズブッラーにもたらした．

　ヒズブッラーによるシリア紛争への軍事介入の目的は，「抵抗と拒絶の枢軸」の枠組みでのアサド政権の防衛であった．レバノンのナショナルな「抵抗」組織を自負し，シーア派のイスラーム主義組織・政党としての出自を持つヒズブッラーは，紛争初期においては，ナショナルな大義と宗教的な大義を慎重に使い分け，紛争の「宗派化」が進むことに対して慎重な立場を見せていた．しかし，2013年5月のクサイル市攻防戦以降軍事介入を拡大させ，それを正当化するために打ち出した言説が，イスラエル，アメリカ，サラフィー・ジハード主義者の三位一体に対する「新しいレジスタンスの物語」であった．それは，「宗派主義」を政敵の断罪のための別称・他称として用いながらも，実質的には自らが帰属する宗派の存在や優位性を正当化するという，「屈折した宗派的動員」にほかならなかった．

この「屈折した宗派的動員」は，シリア紛争が「サラフィー・ジハード化」したことで，ヒズブッラーが軍事介入を正当化する上で十分に機能することになった．しかし，IS の急速な台頭によってサラフィー・ジハード主義者の脅威が増大していくなかで，ヒズブッラーはシリア紛争への軍事介入の規模と範囲を限定するどころか，無制限に拡大せざるを得ないという状況に直面することになった．かくして，ヒズブッラーは，「反宗派主義」を掲げ続けながらも，実質的にはサラフィー・ジハード主義者と戦う「宗派主義」的な組織となった．

「屈折した宗派的動員」は，結局のところ，名実ともにヒズブッラーをシーア派イスラーム主義組織に変え，その言動が，翻って，シリア紛争の「宗派化」のさらなる進行を促したのである．

注

1）例えば，バランシェは，シリア紛争における「宗派主義」に関するレポートにおいて，「宗派主義」を「宗教共同体だけでなく，エスニックおよび部族集団を指す」ものと定義した上で，「こうした〔宗派的〕アイデンティティは現在進行中の激動に関する最も根本的な問いに答える上で必要不可欠である」と述べている［Balanche 2018: XI］．また，トーマスは，「シリアとイラクで現在進行中の暴力的な紛争は……世俗的なシリアの政権およびイラク・レバノンでのシーア派の権力拡大に対するスンナ派の反乱と化した」と論じている［Tomass 2016: 177］．

2）イスラーム世界を代表する法学者ユースフ・カラダーウィー（Yūsuf al-Qaradāwī）は，サラフィー・ジハード主義者として見られてはいなかったものの，シリア紛争をスンナ派によるシーア派の支配への戦いであると公言していた［Ghobadzdeh and Akbarzadeh 2015: 694］．

3）シリアにおける1973年の憲法改正時に，ハーフィズ・アサド大統領は，自身の出身宗派であるアラウィー派の信徒が正統なイスラーム教徒でありシーア派であるとの内容の公式発表を行った．この見解は，レバノンのジャーファリー派のムフティーであったアブドゥルアミール・カバラーン（'Abd al-Amīr Qabalān）やアマル運動（Ḥaraka Amal）の創設者であるムーサー・サドル（Mūsā al-Ṣadr）によって認められた［シール 1993: 162-163］．

4）2012年5月の段階で，イランの学生による通信社のウェブサイトに掲載された革命防衛隊の高官によるインタビューにおいて，同国がシリア領内に部隊を展開させているとの言が伝えられていた．また，西側のマスメディアや情報当局は，繰り返しイランによるシリア紛争への関与の疑いを報じていたが，それが「公然の事実」となったのは，2013年中頃以降であった．そのきっかけの1つとなったのが，イギリスのジャーナリストのフィスクによる調査報道であった．それによると，イランは，アサド政権を支援するために，4000名の革命防衛隊の兵士をシリア領内に派遣することを決定したという

［Fisk 2013］.

5）例えば，2011年5月25日，ナスルッラー書記長は，「バッシャール・アサド大統領は，改革の実行に真摯であるが，彼はそれを段階的かつ適切な方法で行う必要がある．彼はそれらの改革を実行するための機会を与えられるべきである」と述べた．そして，アメリカと欧州連合による大統領および政権幹部に対する海外資産の凍結（経済制裁）を批判し，自らが主導するレバノン政府がそれらに加わることはないと断言していた（Qanāt al-Manār, May 25, 2011）.

6）ヒズブッラーとシリア，そしてイランは，1980年代初頭からイスラエルとその同盟国であるアメリカによる覇権拡大に対峙するための安全保障同盟，通称「抵抗と拒絶の枢軸」を築いてきた［El Husseini 2010］．そのため，ヒズブッラーにとってアサド政権の崩壊は，長年の同盟者・庇護者の喪失のみならず，組織の存在意義であるイスラエルに対する「抵抗」の継続を困難にさせかねない重大な危機であった．

7）「国際化」は，次の2つの側面からなる．第1に，アサド政権の崩壊を望む諸外国の台頭とそれらによる抗議デモおよび反体制諸派への支援である．2011年7月にはアメリカが公式にアサド政権に退陣を迫り，すぐに英独仏ポルトガルなどの欧州各国や湾岸アラブ諸国が続いた．第2に，シリア国外で活動していた反体制派諸組織の台頭である．長年にわたる弾圧のためにシリア国外に拠点を構えてきたこれらの諸組織は，アサド政権に退陣を迫る上記の諸国へと接近し，支援と協力を取り付けていった［青山 2012: 111-18］.

8）ただし，ヒズブッラーにとって，「アラブの春」は好機と危機の両義的なものとして立ち現れた．ヒズブッラー指導部は，当初「アラブの春」による政変を好機と捉えていたが，それは次の3つの基本認識に基づいていた．第1に，「抑圧者」の政府に対する「被抑圧者」の市民による「革命」への共感である．ヒズブッラーは，1980年代初頭の結成以来，全世界の「被抑圧者」が自らの解放のために革命を起こすことを呼びかけてきた．第2に，「革命」によって各国が「抑圧者」であるところのイスラエルおよびアメリカとの関係を断ち切り，「抵抗」の本分を取り戻すことへの期待である．第3に，それまでの世俗主義政権がイスラーム主義者の主導する政権へと置き換わることへの期待である．イスラーム主義者の伸張は必ずしもヒズブッラーやその庇護者であるシリアとイランにとって有利となるものではないが，イスラームの名のもとに協働してイスラエルおよびアメリカと対峙できる可能性を高めるものと見なされた．このような基本認識に基づき，ヒズブッラー指導部はチュニジア，エジプト，リビアでの政変を熱烈に歓迎し，また，バハレーンでのシーア派を中心とした市民による抗議デモを積極的に支持・支援した．詳しくは，［末近 2013a: 328-339; 2013b: 55-57］を参照.

9）ヒズブッラーによるアサド政権への支持・支援は，実際には「軍事」だけでなく「外交」の面からも政策化された．「外交」とは，自らが中心となる親シリア政党連合「3月8日勢力」が主導する第2次ナジーブ・ミーカーティー（Najīb Mīqātī）内閣を通した同政権に対する国際的な包囲網の牽制であり，国連安保理やアラブ連盟外相会議で提案されたシリア非難決議にレバノン政府として公式に反対票を投じた［末近 2013b: 56-57］.

10）「レバノン化」とは，レバノン内戦終結という政治環境の激変を受けて，1980年代に

見られたトランスナショナルな革命組織としての言動を事実上凍結し，本体組織の合法政党化と軍事部門の国有化の2つを通して，レバノンのナショナルな抵抗組織となったことを指す．そこには，レバノンの現体制の存在を承認し，その政治制度にコミットするという「制度化」と，かつてのようなトランスナショナルな活動を自制し，国内での活動に特化するという「ローカル化」の2つの意味がある［末近 2013a: 127］.

11）ただし，2008年5月のヒズブッラー率いる政党連合「3月8日勢力」とムスタクバル潮流を中心とした「3月14日勢力」の支持者どうしの衝突（死者80名以上，負傷者200名以上）において，内戦終結後初めてヒズブッラーの武器がレバノン国民に向けて用いられた．この事件は，国内における「武装政党」としてのヒズブッラーへの不信感と警戒感を強める結果をもたらした［末近 2013a: 306-307］.

12）バアブダー宣言では，すべての政治勢力によるレバノン政治の安定化への寄与，非暴力，遵法精神，国軍の尊重，社会経済開発の推進，マスメディアを用いた煽動の自制，国民対話会合，祖国における宗派共存，ターイフ合意の尊重，レバノン＝シリア国境の警備強化（緩衝地帯や基地としての悪用の禁止），安保理決議第1701号（2006年）の尊重などが盛り込まれた．同宣言の原文は，レバノン大統領府ウェブサイト（www. presidency.gov.lb/Arabic/News/Pages/Details.aspx?nid=14483, 2018年10月1日閲覧）を参照.

13）ただし，ヒズブッラーのスブヒー・トゥファイリー（Ṣubḥī al-Ṭufaylī）初代書記長は，シリア紛争への軍事介入はイランによる決定に過ぎず，現在のヒズブッラー指導部はそれに追従しているだけだと非難していた［Nakhoul 2013: 2-3］.

14）このようなシリア情勢の変化を政治的な追い風に，ヒズブッラー指導部は「アラブの春」におけるシリアと他国への対応に不整合はないと主張するようになった．すなわち，「抑圧者」に対する「抵抗」とその先にある「革命」を遂行していく上で，打倒すべきはアサド政権ではなくイスラエルである，という論理である．イスラエルと対峙し続けてきたアサド政権は「抑圧者」などではなく，むしろシリアの市民やヒズブッラーと同じ「被抑圧者」の陣営に属する．そのため，同政権への支持はチュニジアやエジプトの市民への共感と矛盾しないとされたのである［末近 2013a: 306-307］.

15）Qanāt al-Manār, October 2, 2012.

16）Qanāt al-Manār, February 27, 2013.

17）サイイダ・ザイナブは，第4代カリフのアリーとファーティマとの間に生まれた娘であり，預言者ムハンマドの孫娘にあたる．アリーがシーア派初代イマームとなったことから，ザイナブの廟は特に同派の崇敬を集めてきた.

18）レバノンとシリアの間には峻厳なレバノン山脈が横たわっており，両国を東西方向に結ぶ幹線道路は2本しかない．1つがダマスカス＝ベイルート・ハイウェイ，もう1つがレバノンのベカーア高原からシリアのヒムス市に抜ける街道であり，クサイル市はこの街道の途中にある.

19）ヒズブッラーの公式ウェブサイトは，2018年11月現在，「レバノン・イスラーム抵抗」のタイトルで運営されている（http://www.moqawama.org, 2018年11月28日閲覧）.

20）Qanāt al-Manār, April 30, 2013.

21）Qanāt al-Manār, May 25, 2013.

22) この変化を，1990年代初頭の「レバノン化」のアナロジーとして，「シリア化（Syrian-ization)」と表現することもできよう．「シリア化」とは，紛争が泥沼化するなかで，シリアという国家の暴力装置の一部に組み込まれるという「制度化」と，レバノンではなくシリアを主戦場とするという「（新たな）ローカル化」の2つを特徴とする［末近 2016a: 59-60].

23) シリア紛争全般の戦況と同様に，激しい情報戦が展開されるなかで，ヒズブッラーによる軍事介入の実態を正確に把握することは容易ではない．アサド政権だけではなく，反体制派やイスラーム過激派の諸組織によるプロパガンダに加えて，ヒズブッラーそれ自体による情報統制も実態把握の壁となった．ヒズブッラー指導部は，軍事機密の保持やイスラエルに対する軍事的な抑止力の維持のために，一部の主要な戦いを除けば，シリア領内への部隊の展開について積極的に公表することは少ない．また，「誰がヒズブッラーなのか」という定義上の問題もある．シリア国内では，ヒズブッラーの軍事部門レバノン・イスラーム抵抗やその統括組織である「ジハード会議（al-Majlis al-Jihādī)」指揮下の戦闘員だけではなく，ヒズブッラーや革命防衛隊に訓練されたシリア人戦闘員やイラクからの義勇兵もヒズブッラーの名を冠した部隊——例えばカターイブ・ヒズブッラー（Katā'ib Ḥizb Allāh)——が活動している．これらの戦闘員や部隊については，反体制諸派から「シーア派の民兵」として十把一絡げに「ヒズブッラー」と呼ばれたりすることもあるが，これは，それぞれの組織的な実態を等閑視したラベリングに過ぎない．むしろ，シャナハーンが論じるように，「ヒズブッラー」という呼び名自体が広義のシーア派民兵組織を指すようになっており，レバノンの地を超えた「地域的なブランド（regional brand)」へと変質した［Shanahan 2017].

24) Qanāt al-Manār, March 29, 2014.

25) Qanāt al-Manār, August 15, 2014.

26) Qanāt al-Manār, June 10, 2015.

27) Qanāt al-Manār, October 23, 2015.

28) al-Sharq al-Awsaṭ, October 27, 2015. 2011年からの4年間のシリア「内戦」での死者700〜1000人は，1980年代初頭のヒズブッラーの結成から2000年の「南部解放（イスラエル国防軍のレバノン南部地域からの無条件撤退)」までの対イスラエル武装闘争での死者1248人と比較しても，格段に高い死亡率であることが指摘されている［De Luce 2015].

◆参考文献◆

邦文献

青山弘之［2012］『混迷するシリア：歴史と政治構造から読み解く』岩波書店.

酒井啓子［2015］「イラクの「宗派問題」」，大串和雄編『21世紀の政治と暴力：グローバル化，民主主義，アイデンティティ』晃洋書房.

シール，パトリック（佐藤紀久夫訳）［1993］『アサド：中東の謀略戦』時事通信社.

末近浩太［2005］『現代シリアの国家変容とイスラーム』ナカニシヤ出版.

————［2013a］『イスラーム主義と中東政治：レバノン・ヒズブッラーの抵抗と革命』名古屋大学出版会.

————［2013b］「クサイルへの道：シリア「内戦」とヒズブッラー（焦点　中東の政治

変動とイスラーム主義）」『中東研究』（518）.

――――［2016a］「クサイルからの道：ヒズブッラーによるシリア「内戦」への軍事介入の拡大（焦点　イラン核合意後の国際情勢と中東地域税序）」『中東研究』（522）.

――――［2016b］「中東の地域秩序の変動：「アラブの春」，シリア「内戦」，そして「イスラーム国」へ」，村上勇介・帯谷知可編『融解と再創造の世界秩序（相関地域研究第2巻）』青弓社.

髙岡豊［2013］「『潜入問題』再考：シリアを破壊する外国人戦闘員の起源（特集　シリアを取り巻く国際関係：錯綜する各国の思惑）」『中東研究』（516）.

外国語文献

Abdo, G. [2016] *The New Sectarianism: The Arab Uprisings and the Rebirth of the Shi'a-Sunni Divide*, Oxford: Oxford University Press.

Adraoui, M. [2017] "The Case of Jabhat Al-Nusra in the Syrian Conflict 2011-2016: Towards a Strategy of Nationalization?," *Mediterranean Politics*（https://doi.org/10.1080/136293 95.2017.1392709, 2018年11月28日閲覧）.

Balanche, F. [2018] *Sectarianism in Syria's Civil War*, Washington D.C.: The Washington Institute for Near East Policy.

Belhadj, S. and L. R. de Elvira [2018] "Sectarianism and Civil Conflict in Syria: Reconfigurations of a Reluctant Issue," H. Kraetzschmar and P. Rivetti eds., *Islamists and the Politics of the Arab Uprisings: Governance, Pluralisation and Contention*, Edinburgh: Edinburgh University Press.

Byman, D. and B. Y. Saab [2014] *Hezbollah in a Time of Transition*, Washington D.C.: Atlantic Council and Brooking Institution Center for Middle East Policy.

Daher, J. [2016] *Hezbollah: The Political Economy of Lebanon's Party of God*, London: Pluto Press.

Darwich, M. and T. Fakhoury [2016] "Casting the Other as an Existential Threat: The Securitisation of Sectarianism in the International Relations of the Syria Crisis," *Global Discourse*, 6 (4).

Davis, E. [2008] "A Sectarian Middle East?," Pensée 3: Imagining the 'New Middle East'," *International Journal of Middle East Studies*, 40(4).

De Luce, D. [2015] "Syrian War Takes Rising Toll on Hezbollah," *Foreign Policy*, July 9.

El Husseini, R. [2010] "Hezbollah and the Axis of Refusal: Hamas, Iran and Syria," *Third World Quarterly*, 31(5).

Farida, M. [2018] "Adopting Religion to Meet Political Goals: The Case of Hizbullah," *Journal of Policing, Intelligence and Counter Terrorism*, 13(3).

Fisk, R. [2013] "Iran to Send 4,000 Troops to Aid President Assad Forces in Syria," *The Independent*, June 16.

Gause III, F. G. [2014] *Beyond Sectarianism: The New Middle East Cold War*, Brookings Doha Center Analysis Paper, 11, July 2014, Doha: Brooking Doha Center.

Ghobadzdeh, N. and S. Akbarzadeh [2015] "Sectarianism and the Prevalence of 'Othering' in Islamic Thought," *Third World Quarterly*, 36(4).

Goodarzi, J. M. [2009] *Syria and Iran: Diplomatic Alliance and Power Politics in the Middle East*, London and New York: I. B. Tauris.

Hashemi, N. and D. Postel [2017] "Introduction: The Sectarianization Thesis," N. Hashemi and D. Postel eds., *Sectarianization: Mapping the New Politics of the Middle East*, London: Hurst.

Hassan, H. [2017] "The Sectarianism of the Islamic State: Ideological Roots and Political Context," F. Wehrey ed., *Beyond Sunni and Shia: The Roots of Sectarianism in a Changing Middle East*, London: Hurst.

International Crisis Group (ICG) [2012] *A Precarious Balancing Act: Lebanon and the Syrian Conflict*, Middle East Report 132, November 22, Brussels: International Crisis Group.

────── [2014] *Lebanon's Hizbollah Turns Eastward to Syria*, Middle East Report 153, May 27, Brussels: International Crisis Group.

────── [2017] *Hizbollah's Syria Conundrum*, Middle East Report 175, March 14, Brussels: International Crisis Group.

────── [2018] *Israel, Hizbollah and Iran: Preventing Another War in Syria*, Middle East Report 182, February 8, Brussels: International Crisis Group.

Khatib, L. [2011] *Islamic Revivalism in Syria: The Rise and Fall of Ba'thist Secularism*, London: Routledge.

Lister, C. R. [2015] *The Syrian Jihad: Al-Qaeda, the Islamic State and the Evolution of an Insurgency*, London: Hurst.

Meier, D. [2018] "Hizbullah's Shaping Lebanon Statehood," *Small Wars and Insurgencies*, 29(3).

Nakhoul, S. [2013] *Hezbollah Gambles All in Syria*, Reuter Special Report, September 26.

Phillips, C. [2015] "Sectarianism and Conflict in Syria," *Third World Quarterly*, 36(2).

Pinto, P. G. H. [2017] "The Shattered Nation: The Sectarianization of the Syrian Conflict," N. Hashemi and D. Postel eds., *Sectarianization: Mapping the New Politics of the Middle East*, London: Hurst.

Saouli, A. [2011] "Hizbullah in the Civilising Process: Anarchy, Self-Restraint and Violence," *Third World Quarterly*, 32(5).

Shanahan, R. [2017] "Hizbullah as a Regional Brand: Not All Parties are Equall," *Australian Journal of International Affairs*, 71(2).

Smyth, P. [2015] *The Shiite Jihad in Syria and Its Regional Effects*, Policy Focus 138, Washington D.C.: The Washington Institute of Near East Policy.

Suechika, K. [2018] "Strategies, Dynamics and Outcomes of Hezbollah's Military Intervention in the Syrian Conflict," *Asian Journal of Middle Eastern and Islamic Studies*, 12(1).

Sullivan, M. [2014] *Hezbollah in Syria*, Middle East Security Report 19, Washington D.C.: The Institute for the Study of War.

Tomass, M. [2016] *The Religious Roots of the Syrian Conflict: The Remaking of the Fertile Crescent*, London: Palgrave Macmillan.

Worrall, J., S. Mabon and G. Clubb [2016] *Hezbollah: From Islamic Resistance to Government*, Santa Barbara CA: Praeger.

宗派主義の拡大と後退の条件
──イラク世論調査にみる政党支持構造分析から──

山尾 大

はじめに

　中東政治において宗派が注目される契機となったのは，イラク戦争である．というのも，戦後イラクでは，旧体制下で国外に亡命していたシーア派イスラーム主義勢力が凱旋帰国し，選挙を経て政権の中枢に躍進した．そして，イランの影響下にあると考えられたシーア派中心の政府がイラクに成立したことを懸念した周辺のスンナ派諸国が，イラクの政治状況を宗派主義だと批判するようになったからである（序章参照）．それと並行して，アルカーイダなどのイスラーム過激派勢力がシーア派とスンナ派の対立を扇動した結果，宗派主義が実際にしばしば暴力的な対立に帰結した[1]．

　イラクでみられるようになった宗派主義の要因については，既存研究で大きく2つの見方が提示されてきた．1つ目は，いわゆる本質主義的な議論である．歴史的に一体性のない地域や宗派民族集団を外部から統合した「人工国家」イラクでは，旧体制の強権的支配の重しが外れると，宗派（民族）間の対立が表面化するのは当然だという点が，主たる論調である[2]．

　2つ目は，宗派主義の要因を宗派そのものではなく，政治に求める議論である．多くの研究がこの立場に立っているが，重視する点は大きく5つに分けられるだろう．第1に，アメリカを中心とする介入と国家建設政策の失敗が，宗派対立を扇動したという議論である［Allawi 2007; Ghanim 2011; Ismael and Fuller 2009］．第2に，外部アクターよりは内部アクターに力点をおき，政党ごとに形成されたパトロン・クライアント関係が「新家産性国家」を作り上げ，それが宗派対立に発展したという議論である［Herring and Rangwala 2006］．第3に，

選挙プロセスに着目し，選挙での動員の結果として宗派民族別の政党支持を表明する「政治的宗派主義」（political sectarianism）が生まれたという議論である［Dawisha 2010; Yamao 2012］．第4に，より長期的・歴史的な国民形成の過程で繰り返された様々なナラティブが，宗派主義を段階的に蓄積させていったという議論である［Osman 2015; Al-Qarawee 2012; Khoury 2010; Haddad 2013］．第5に，世論調査データを活用し，シーア派とクルド政党の支持構造において宗派主義的傾向が強く，スンナ派政党の支持構造には宗派主義的傾向が弱い点を指摘した研究がある［山尾・浜中 2014］．

　このように，イラクの宗派主義をめぐる研究は相当程度蓄積されており，とりわけ政治的要因に着目した議論からは多大な示唆を得ることができる．とはいえ，戦後イラク政治の実態を詳細に観察すると，本章で示すように，宗派主義が政治を方向付ける最も重要な要因であり続けたわけではないことがわかる．だとすれば，いかなる条件で宗派主義が政治的重要性を持つようになるのだろうか．この点には，いずれの先行研究も明確な答えを提示していない．

　したがって，本章では，政党に対する支持の要因と構造に着目し，どのような時に宗派主義が政治的重要性を持つようになり，また，いかなる場合に宗派主義が重要性を減退させるのか，その条件を実証的に解明することを目指す．それに加え，宗派とは別の政党支持要因を浮き彫りにしたい．

1　戦後イラク政治にみる宗派主義
——仮説と世論調査データ——

(1)　選挙前後

　はじめに，戦後イラクの政治状況を，宗派主義を軸に瞥見しておこう．重要なことは，過去4回の国民議会選挙では，いずれも宗派主義が色濃くみられたという点である．

　2005年1月の制憲議会選挙は，全国を1区とする拘束名簿式比例代表制で行われた．その結果，大規模なシーア派系政党（党幹部の大半がシーア派で，しばしばイスラーム主義を主たる党是の1つとする政党）がシーア派有権者の多い南部で，クルド系政党が住民の大半がクルド人である北部のクルディスターン地域で，それぞれほとんどの票を獲得する結果となった．スンナ派系政党（党幹部の大半がスンナ派である政党）の多くはボイコットした．そのため，スンナ派有権者が

多い中部および西部では投票率が伸びなかった．このように，体制転換後の最初の選挙では，投票行動を宗派主義が強く規定する結果になった．

　だからこそ，県を1つの選挙区とする18選挙区制が導入された2005年12月の第1回国民議会選挙では，シーア派系政党はシーア派有権者が多い選挙区のみで候補者を擁立した．クルド系政党もスンナ派系政党も同様の戦略をとった．その結果，制憲議会選挙と同じように宗派民族ごとの投票が行われ，結果にも宗派民族的な偏りが出た［Yamao 2012］．

　第2回国民議会選挙（2010年3月）では，宗派民族ごとにまとまっていた政党連合が大幅に分裂した．だが，各政党の得票率をシーア派系／スンナ派系／クルド系政党に分けると，過去2回の選挙とほぼ同様の結果になった［山尾 2010］．第3回国民議会選挙（2014年4月）でも，政党連合の分裂がさらに進んだが，宗派民族別の投票が行われた点ではそれまでの選挙同様であった．第4回国民議会選挙（2018年5月）では，スンナ派地域の一部でシーア派系の政党が得票するという例外がみられたが，北部のクルディスターン地域と南部ではそれまで同様に宗派民族別の投票結果となった［山尾 2018b］．

　このように，選挙では宗派民族別の動員が行われ，宗派民族別の投票が行われてきた．もちろん，宗派や民族にもとづく動員だけがみられたわけではないが，選挙結果は常に宗派民族的な分断にそったものであった．こうした現象は，紛争後の選挙では，宗派や民族などの社会的亀裂にそった投票が行われやすいという一般的傾向と合致している．紛争後の選挙はエスノポリティクスを促進しやすいのである［Mansfield and Snyder 2005］．というのも，紛争によってアイデンティティが浮き彫りになる中で，宗派や民族という社会に埋め込まれた要素を政治動員に用いることで，確実に票につながるからである．

　とはいえ，大半のイラク人の中には，以上のような宗派主義を国民統合の分断を促進する悪であるとする規範が存在している．だからこそ，選挙動員では，自らを宗派共存的な存在であると主張する一方で，他者こそがこうした共存を乱し，イラクの分断を促進する宗派主義を扇動していると主張する．本章ではこうした他者の宗派主義をことさら批判することで自派に支持者を動員するという現象を，「宗派主義化」と呼んでおこう．

(2) 選挙間期

　このように，選挙前後には「宗派主義化」によって宗派が重要な政治的意味

を持つようになる．ところが，上記4回の選挙をはさんだ3回の選挙間期には，この宗派主義の役割が減退し，代わって各党の利益を体現するための政治工作が前景化しているようにみえる．具体的にみていこう．

第1選挙間期（2006年1月～10年2月）には，選挙直後にメソポタミアのアルカーイダが宗派対立を扇動したものの，その後治安が安定すると，各主要政党は各党の利害を実現するために宗派や民族の垣根を超えて連合を形成し始めた．具体的には，最大争点であった米軍の占領政策をめぐって，選挙で結成された政党連合が大幅に再編されたのである．ダアワ党やイラク・イスラーム最高評議会（ISCI）などのシーア派イスラーム主義政党を中心とする政党連合のイラク統一同盟は，連立パートナーであるクルディスターン同盟と協力して，米軍に依存した治安政策を進めようとした．2006年2月以来の内戦に対処するためには，このような対米依存政策が不可欠だったからである．これに対して，イラク統一同盟内から，対米依存政策を強く批判する勢力が出現した．イラク戦争直後から一貫して米軍の占領政策を批判し続けてきた同じシーア派のサドル潮流である．サドル潮流は，2007年4月にマーリキー政権の対米依存政策を批判して閣僚を引き上げ，国会もボイコットした．このようなサドル潮流の行動に同調したのが，スンナ派の政党連合であるイラク合意戦線であった［山尾 2010］．かくして第1選挙間期には，宗派とは無関係に，各党の政策やイデオロギーにもとづいて合従連衡が展開された．選挙時とは明らかに異なるロジックが政治対立の中にみられるようになったのである．

第2選挙間期（2010年4月～14年3月）は，権限を強化しようとしたマーリキー首相に対して，宗派を超えた政党連合が抵抗した時期であった．選挙後の中心的争点は，組閣と首相権限の縮小であった．すなわち，いずれの政党も選挙で過半数を獲得できないという状況で，議会で多数派を形成するための駆け引きが8カ月も続いた．政治エリートがこの多数派形成ゲームに注力する中で，電気・燃料・水道などの安定供給やインフラ整備などの社会サービスが大幅に滞った．だからこそ，2011年の「アラブの春」を受けてイラクでも抗議行動が爆発的に拡大した．抗議行動に参加したイラク人は，政治闘争を回避して国民統合を進め，社会サービスを充実すべきである，と主張した［山尾 2012］．組閣後も，政党の合従連衡は続いた．最大の争点は首相権限の縮小であった．首相府の予算を拡大して治安権限を掌握するなど，首相権限を拡大しようとしたマーリキー首相に対して，スンナ派系政党やクルド系政党のみならず，シーア

派のサドル潮流も参加して「反マーリキー連合」を形成し，退陣に追い込もうとした．こうした政治対立が激化する中で，国民は滞る行政サービスの向上を求めて再び抗議行動を活性化させたのである［山尾 2013］．

第3選挙間期（2014年5月〜18年4月）には，イスラーム国（IS）に対する掃討作戦と油価下落によって滞った行政サービスの改善と汚職対策を要求する抗議行動が，かつてない規模で広がった．無論，IS がシーア派を不信仰者として断罪し，その殺害を主張したことや，IS掃討作戦に動員された様々なシーア派民兵のアンブレラ組織である人民動員隊がスンナ派住民に嫌がらせを繰り返したことで，この時期にも宗派対立が広がった［山尾 2018a］．ところが，より深刻な問題に発展したのが，不足する行政サービスへの批判や汚職対策を主張する抗議行動である．こうした動きは首都を中心に15年7月頃から急速に活発化した．これに対して，アバーディー首相は同年7月と翌16年2月の2度，大規模な改革を実施しようとした．だが，政治エリートの反発にあっていずれも頓挫した．再三にわたる要求が実現しないことに怒りを覚えたデモ隊は，国家機構が集中するグリーンゾーンに突入し，議会（16年4月）や首相府の占拠（5月）を強行した．国家の中枢がデモ隊に占拠されるという前代未聞の事態に陥ったのである［山尾 2016］．

このように，いずれの選挙間期においても，政治アリーナで最も重要であったのは宗派主義ではない．そうではなく，政治エリートの間では，自政党の政策や利害の実現のための越宗派民族的な合従連衡や多数派形成ゲームが，有権者の間では行政サービスの改善をもとめる抗議運動が，最も重要なイシューだったのである．

(3) 仮説と使用するデータ

だとすれば，選挙前後では宗派が決定的に重要になる一方で，選挙間期にはその重要性が後退するというパターンが見いだせる，と言えないだろうか．

すなわち，選挙が近づくと，有権者の票を可能な限り多数動員するために，最も確実な方法の1つとして「宗派主義化」を積極的に行う．それゆえ，選挙前後は宗派主義が政治的に重要さを増す．だが，選挙間期には，「宗派主義化」による動員が緩和され，選挙時に結成された宗派ごとの政党連合が解体され，対米政策や組閣・首相権限の制限，改革といった重要争点にしたがって政党連合が再編される．そして，合従連衡が激しくなると，社会サービス政策が

滞り，それに対して国民が抗議行動を始める．それゆえ，選挙間期には宗派主義が政治的な重要性をそれほど持たなくなるというわけである．

　したがって，本章は次のような仮説を提示する．「選挙前後には宗派主義が政治的に重要な意味を持つようになるが，選挙間期には宗派主義の政治的規定力や重要性が低下する」．

　この仮説を実証するために，筆者を中心とする研究チームがイラク国内で独自に実施した4回の世論調査結果を統合して構築したプールデータの解析を行う．調査は2011, 16, 17, 18年に実施し，サンプリングは，イラク計画省が発表した人口データにもとづいてあらかじめ宗派民族の割合と県別人口の割合を固定した後にランダムに回答者を選択する，いわゆる層化無作為抽出法をとった[8]．サンプル数は，2011年の701, 16年の800, 17年と18年のそれぞれ1000であり，合計3501人分のデータをプールし，経年変化を分析するために選挙前後と選挙間期の変数をコード化して投入した[9]．

▌2　宗派主義が台頭するとき，後退するとき

(1)　選挙前後の宗派主義の台頭

　以上のデータを用いて，仮説を検証していこう．

　まず，「明日選挙があるとすればどの政党に投票しますか」という質問の回答を[10]，シーア派系政党（法治国家同盟マーリキー派〔マーリキー元首相の派閥〕，同アバーディー派〔アバーディー元首相の派閥〕[11]，ISCI，サドル潮流，ファタハ同盟[12]），スンナ派系政党（モスルを中心としたスンナ派地域の利権を主張するムッタヒドゥーン，アンバール県を中心とするスンナ派政党アラビーヤ／国民対話戦線，ディヤーラー県に拠点をおくイラク同盟[13]），クルド系政党（KDP，PUK，ゴラーン）に分類する．これらの政党は，いずれも政権の中枢を担う主要政党である．次に，これらの宗派別の主要政党を選択する要因を，多項ロジット・モデルを用いて回帰分析した[14]．

　結果は表6-1に示した通りである．係数の値にアスタリスクがついている変数が統計的に有意である（投票政党の選択に影響を与えている）ことを示しており，正の値であれば，「その他の政党」と比較してその政党に投票しやすいことを意味している（負の値はその逆を意味する）．宗派別の主要政党へ投票する確率が上がる要因を，それぞれみていこう．

　シーア派の主要政党に投票する要因として有意なのは，シーア派であるこ

と，クルド人でないこと，紛争強度（が高いところではシーア派系政党に投票しにくい），旧体制との和解に消極的であること，中央地方関係の改善を重視すること，イスラーム主義を支持していること，教育水準が低いこと，収入が低いことである．スンナ派系政党は，スンナ派であること，旧体制との和解に積極的であること，年齢が高いことである．政策志向やイデオロギー，属性については個別の追加的分析・説明が必要になるが，ここでは，いずれの主要政党も，投票先を決めるうえで宗派（および民族）が重要な規定力を有している点を確認しておこう．言い換えるなら，投票政党の選択において，宗派主義が意味を持っていることは否定できないのである．

とはいえ，ここで注目したいのは，選挙間期と選挙直前の2変数である．全ての宗派（と民族）政党で有意になっている選挙直後の係数をみると，シーア派系政党とスンナ派系政党で選挙前に正の値をとっており，クルド系政党は負の値であることがわかる．つまり，選挙直前にはシーア派系政党とスンナ派系

表6-1　宗派民族別の投票政党の決定要因（参照カテゴリーは「その他の政党支持」）

	シーア派系政党		スンナ派系政党		クルド系政党	
	係数	標準誤差	係数	標準誤差	係数	標準誤差
スンナ派	−0.171	0.235	1.509***	0.351	−0.177	0.365
シーア派	1.667***	0.170	−0.190	0.445	−2.024***	0.550
クルド	−1.520***	0.395	−1.186	1.075	2.141***	0.285
選挙間期	0.604***	0.190	0.422	0.439	−0.227	0.258
選挙直前	1.258***	0.196	0.997**	0.429	−0.951***	0.294
紛争強度	−0.009*	0.005	−0.001	0.006	−0.013**	0.006
旧体制派との和解	−0.103**	0.046	0.213**	0.107	0.026	0.081
中央地方関係の改善	0.100**	0.051	−0.310***	0.100	0.072	0.116
アラブ民族主義	0.092	0.084	0.239	0.188	−0.044	0.141
クルド民族主義	0.063	0.081	−0.143	0.165	0.464***	0.174
イスラーム主義	0.236***	0.083	0.184	0.177	−0.173	0.128
性別	−0.083	0.127	0.289	0.268	−0.022	0.202
年齢	0.001	0.001	0.003***	0.001	−0.009	0.008
教育水準	−0.140***	0.031	−0.030	0.068	−0.141***	0.051
収入	−0.173**	0.072	0.124	0.136	0.131	0.102
（定数項）	1.445**	0.659	−2.688*	1.526	−1.793*	1.044

サンプル数	1791
χ^2	1050.202
対数尤度	2725.509
Pseudo R^2	0.278

*p＜0.1　**p＜0.05　***p＜0.01
（出所）筆者作成.

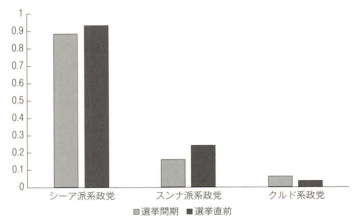

図 6-1　宗派民族別の投票政党の確率

(出所) 筆者作成．

政党への支持が拡大し，クルド系政党は支持を落とすということである．これは，選挙直前には「その他の政党」と比較して各宗派の主要政党を選択する確率が上がる——宗派が投票政党の選択においてより重視される——ということを意味している．言い換えるなら，表 6-1 の結果をもとに各政党へ投票する確率を算出した図 6-1 が示しているように，投票政党を選択する際の宗派の規定力は，選挙間期と比較して選挙直前には強くなるのである（クルド系政党は逆の結果）．以上のことから，選挙間期と比べて選挙前に宗派主義の規定力が強くなるという仮説は支持されるだろう．

(2) 選挙間期の宗派主義の減退

では，選挙間期にはどうなるのだろうか．第 1 節の記述から導出された仮説では，選挙間期に主要政党が大幅に支持を失うことになる．支持を失うという事実は，主要政党に「投票しない」と回答する者が増えることで証明できるだろう．選挙間期にこの「投票しない層」が実際に増えるかどうかを確かめるために，「投票しない層」の出現要因をさぐるロジスティック回帰分析を行った．[15] 分析では，上記の多項ロジット・モデルと同じ独立変数を投入した．

結果は表 6-2 に示した通りである．有意となった変数は，宗派（スンナ派とシーア派〔およびクルド〕），選挙間期，選挙後，紛争強度，教育水準である．つ

表6-2 「投票しない層」の決定要因

	係数	標準誤差
スンナ派	−0.384**	0.181
シーア派	−0.762***	0.154
クルド	−0.831***	0.216
選挙間期	1.328***	0.172
選挙後	1.089***	0.196
紛争強度	0.005*	0.003
旧体制派との和解	0.001	0.044
中央地方関係の改善	−0.006	0.051
アラブ民族主義	0.061	0.082
クルド民族主義	0.091	0.080
イスラーム主義	−0.040	0.078
性別	0.125	0.122
年齢	0.000	0.001
教育水準	0.108***	0.029
収入	0.001	0.062
（定数項）	−2.331***	0.403
サンプル数	1791	
X^2	131.990	
対数尤度	1742.605	
Pseudo R^2	0.109	

*p＜0.1　**p＜0.05　***p＜0.01
（出所）筆者作成.

まり，いずれの宗派集団もいずれかの政党に投票する確率が高いものの，教育水準が上がると「投票しない層」がわずかに増えることもわかる．これは，高学歴ほど政治不信が蔓延している点を示している．

　加えて重要なのは，選挙間期と選挙後の2変数である．選挙間期とそれ以外の時期に「投票しない層」になる確率を，**表6-2**の結果にもとづいて算出したのが図6-2である．ここからわかるように，「投票しない層」の確率は選挙間期には高いものの，それ以外の時期には減少している．実際に，選挙間期に当たる2017年調査結果をみても，「投票しない」と回答した者は全体の21％を占め，いずれかの主要な宗派別政党に投票すると回答した者よりも圧倒的に多い[16]．つまり，選挙間期には，選挙前や選挙後と比較して，投票政党にみる宗派主義の規定力が著しく減退するという仮説が支持できるのである．

　このように，世論調査の投票政党をみる限り，選挙前後で重要になった宗派主義が，選挙間期には後退するという仮説が支持された．

　だとすれば，なぜこのような変化がみられるのだろうか．これについては，

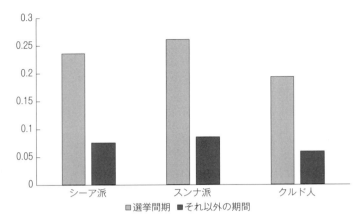

図6-2 「投票しない層」の確率

(出所) 筆者作成.

　第1節の仮説で記述したとおり，選挙前には票の動員のために「宗派主義化」が促進される一方で，選挙間期には「宗派主義化」による政治動員が下火になることに加え，「投票しない層」の増大が示すように，主要政党が大幅に支持を喪失するからであろう．言い換えるなら，政治アリーナの争点が，選挙前の宗派主義から，選挙間期の政治利権をめぐる対立／政治不信と抗議運動へとシフトする，ということである．

3　宗派主義を超える要因はあるのか

(1) 選挙間期の政党支持理由を抽出する

　ただし，選挙間期に「投票しない層」が増えるのは単に選挙が目前に迫っていないためだ，という批判はあり得る．これに答えるために，宗派主義が後退する選挙間期には，有権者はどのような要因で支持政党を選んでいるのか，という点について考えたい．言い換えるなら，政党支持の選好には宗派とは異なる要因が影響を与えているのだろうか．

　この問題を解明するために，選挙間期の世論調査データ（2017年調査）を取り出して分析したい．この調査では支持理由を詳細に聞いているので，まずは記述統計でどのような支持理由が重視されているのか瞥見してみよう[17]．前節と同

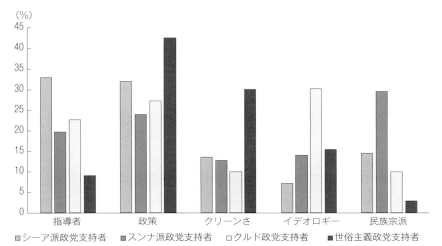

図6-3 宗派民族別の政党支持理由

(出所)筆者作成.

　じ要領で宗派別に政党を分け,それぞれの支持理由を整理したのが図6-3である.ここからわかるように,指導者を重視して支持政党を決める割合はシーア派系政党の支持者に多く,政策とクリーンさを重視するのは世俗主義政党支持者,宗派民族はスンナ派系政党支持者が,それぞれ重視する項目である.[18]

　とはいえ,宗派別にみても目立った特徴は浮き彫りにできない.というのも,同一宗派内に多数の政党が存在し,どの支持理由を重視するかは同じ宗派でも政党によって異なるからである.そのため,個々の政党への支持理由にまで踏み込んで分析する必要があるだろう.以下では,最も多くの回答者が選んだ各主要政党の支持理由を取り上げ,なぜその理由を重視するのかをさらに詳細に分析することにしよう.

　まず,支持理由として指導者を選択する割合が最も大きかったISCI,サドル潮流(ともにシーア派),ムッタヒドゥーン(スンナ派)の支持者の回答から,指導者を重視して支持政党を選択する理由を集計したのが図6-4である.ここから読み取れるように,いずれも半数近くが指導者の名前(出自を表すラカブ)が重要だと回答している.ISCIの指導者であるハキーム家,サドル潮流を率いるサドル家,そしてムッタヒドゥーンを率いるヌジャイフィー家の家名こそが支持要因だというわけだ.

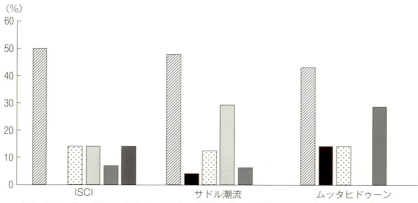

図6-4 指導者を重視する理由

(出所)筆者作成.

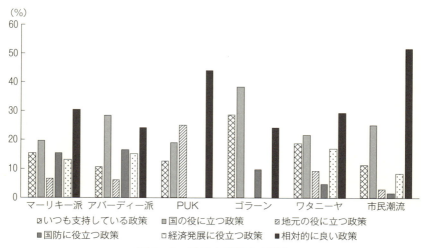

図6-5 政策を重視する理由

(出所)筆者作成.

　他方,支持理由として政策を重視する割合が最も高かったのが,法治国家同盟マーリキー派と法治国家同盟アバーディー派(ともにシーア派),PUK,ゴラーン(ともにクルド),ワタニーヤ,市民潮流(ともに世俗主義)であった.政策を重

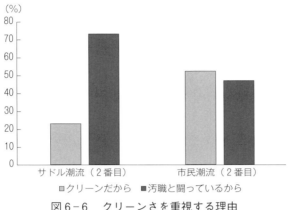

図6-6 クリーンさを重視する理由
(出所) 筆者作成.

視する理由として最も多いのが，相対的に良い政策を掲げているという点であるが，アバーディー派とゴラーンの支持者は国の役に立つ政策を掲げている点を重視する割合が最も高い（図6-5）．

イラクで問題になっている汚職とどの程度無縁なのかを尋ねたクリーンさはどうだろうか．支持理由としてクリーンさを最も重視する支持者が一番多い政党はないが，サドル潮流（シーア派）と市民潮流（世俗主義）はクリーンさが2番目の支持理由になっている．サドル潮流支持者はサドル潮流が汚職と戦っているという点を重視し，市民潮流の支持者はクリーンであることを重視する者が多いことがわかる．どちらの政党も汚職撲滅キャンペーンの最前線に立っているため，支持者が重視する理由と政党が主張するイメージはよく合致していると言えるだろう（図6-6）．

最後に，民族・宗派・部族を重視する割合が最も多かったアラビーヤとイラク同盟（いずれもスンナ派）の支持者は，なぜそれが重要と考えるのかを確認しよう．図6-7のように，いずれの政党支持者も，圧倒的多数が自らの支持政党こそイラク国内の全宗派を包摂しているからだと回答している．言い換えるなら，宗派民族を重視する理由は，宗派や民族への偏りに対する批判を表しているということである．

これらの回答傾向から読み取れる重要な特徴は，次の3点に整理できるだろう．第1に，同一の宗派集団内に政党支持の要因をめぐって多様な見解が存在

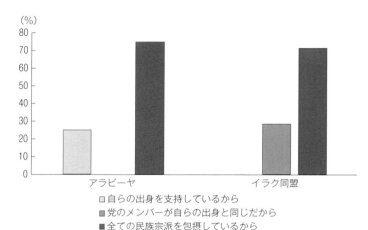

図6-7　宗派・民族・部族を重視する理由
(出所) 筆者作成.

することである．とくにシーア派系政党の支持理由は，指導者や政策，クリーンさまで，多種多様である．これは，シーア派政党が多数派の政党連合であり，各政党が有権者の支持をめぐって異なる政策やクリーンさなどの点を強調している点を反映している．第2に，各政党が宣伝するイメージや主義主張と支持理由がおおむね一致している点である．たとえば，サドル潮流は汚職撲滅運動の急先鋒であるが，重視する要因としてクリーンさを挙げる支持者の割合は30％を超えている．サドル潮流の指導者は著名な宗教指導者を輩出してきたサドル家の出身であるが，サドル潮流支持者の半数近くがこの家名を重視している．第3に，宗派を支持理由として挙げているのはほとんどがスンナ派系政党の支持者で，宗派を重視する理由として自らの支持政党が全ての宗派集団を包摂している点を挙げている．

(2) 支持理由の計量分析

以上の記述統計で得られた知見を計量分析によって検証していこう．まず，選挙間期の宗派政党ごとの支持要因を，多項ロジット・モデルを用いて分析した．投入する独立変数は，上記の記述統計で検討した支持理由に加え，外的要因（サウジアラビアとイランに対する好感度），そして統制変数（性別，年齢，教育水準，収入）である．

表6-3 選挙間期の政党支持理由（参照カテゴリーは「世俗主義政党」）

	シーア派系政党		スンナ派系政党		クルド系政党	
	係数	標準誤差	係数	標準誤差	係数	標準誤差
指導者	1.333***	0.379	0.747	1.899	−0.275	0.360
政策	0.031	0.325	−0.541	1.135	−1.552	0.306
クリーンさ	−0.581	0.358	−1.100*	3.561	−2.338*	0.384
民族宗派	1.476***	0.517	2.257***	13.695	0.226***	0.501
サウジアラビア	−0.956***	0.090	0.243**	0.120	−0.117**	0.086
イラン	0.602***	0.085	−0.063	0.127	0.107	0.093
性別	0.074	0.197	−0.088	0.310	0.262	0.226
年齢	−0.001	0.007	0.004	0.012	−0.002	0.009
教育水準	−0.041	0.052	−0.096	0.080	−0.069	0.059
収入	−0.160	0.104	0.008	0.156	0.055	0.115
(定数項)	1.532	1.212	0.944	1.797	−3.432***	1.217

サンプル数	821
χ^2	416.977
対数尤度	1588.25
Pseudo R^2	0.207

*p<0.1　**p<0.05　***p<0.01
(出所) 筆者作成.

　結果は**表6-3**の通りである．参照カテゴリーとしたのが世俗主義政党であるため，宗派（と民族）がいずれも有意に出ている．それを除けば，世俗主義政党と比較して，シーア派系政党を支持する要因は，指導者を重視し，サウジアラビアが嫌いで，イランに好意的であると言えそうだ．他方，クリーンさを重視する者は，スンナ派系政党やクルド系政党よりも世俗主義政党を選ぶ傾向にある（係数の値が負であるため）．さらに，スンナ派系政党の支持者はサウジアラビアに好意的である一方，クルド系政党の支持者は否定的である．すなわち，宗派別にみた場合，支持理由のなかでは，指導者とクリーンさが重要な変数であることがわかる．

　ただし，宗派別の分析ではシーア派系政党支持者の特徴しか明確に浮き彫りにできない．したがって，それぞれの宗派内の各政党を支持する要因を個別に求めていく必要があるだろう．**表6-3**と同じ独立変数を投入し，同様のモデルを用いて各政党の支持要因を分析してみよう．

　まずはシーア派である．参照カテゴリーを法治国家同盟マーリキー派に設定し，多項ロジット・モデルで分析した結果が**表6-4**である．ここから読み取れるのは，マーリキー派の支持者と比較して，指導者・政策・クリーンさを重

表6-4　シーア派政党の支持理由（参照カテゴリーは「法治国家同盟マーリキー派」）

	法治国家同盟アバーディー派		ISCI		サドル潮流	
	係数	標準誤差	係数	標準誤差	係数	標準誤差
指導者	1.198**	0.502	1.545*	0.823	3.090***	1.058
政策	1.331***	0.481	1.266	0.826	1.900*	1.089
クリーンさ	1.008*	0.611	0.077	1.295	3.924***	1.097
イデオロギー	0.184	0.642	0.681	0.9986	1.604	1.176
サウジアラビア	0.391***	0.125	0.190	0.195	−0.150	0.165
イラン	−0.064	0.093	0.232	0.142	0.106	0.101
性別	0.882***	0.280	−0.311	0.445	−0.012	0.328
年齢	−0.014	0.011	0.006	0.015	−0.022	0.013
教育水準	0.128	0.079	−0.108	0.113	−0.122	0.084
収入	0.162	0.157	0.408*	0.234	0.073	0.190
(定数項)	2.157	1.697	2.447	2.936	8.416***	3.386

サンプル数	353
χ^2	131.903
対数尤度	766.438
Pseudo R^2	0.146

*p＜0.1　**p＜0.05　***p＜0.001
（出所）筆者作成.

視する者はアバーディー派を支持しやすく，同様にサウジアラビアに好意的な者と女性はアバーディー派を支持しやすいという点である．マーリキー元首相と比較してクリーンでリベラルな指導者を自称しているアバーディー首相のイメージと，ぴったり一致する結果となった．さらに，サドル潮流の支持者もまた，マーリキー派の支持者と比較して指導者とクリーンさを重視しており，こちらもサドル潮流が喧伝するイメージや戦略と合致している．サドル潮流の支持者が指導者の家名を重視するという上記の記述統計とも整合的である．

　スンナ派はどうだろうか．参照カテゴリーをジュブーリー元国会議長率いるイラク同盟に設定すると，ムッタヒドゥーンとアラビーヤを支持する要因にかかわるどの変数も有意にならなかった．これは，スンナ派政党内の支持理由は，このモデルに投入した独立変数とは別の変数が影響しているか，あるいは政党間の支持理由に明確な差がない可能性が高いことを意味している．ところが，世俗主義政党の代表であり，スンナ派政党支持者の受け皿になっているワタニーヤを入れて分析すると，**表6-5**のように，指導者，政策，クリーンさ，イデオロギーを重視する者は，いずれのスンナ派政党でもなくワタニーヤを支持しやすいことが浮き彫りになった．宗派以外の要素を重視する者は，ス

表6-5　スンナ派政党の支持理由（参照カテゴリーは「イラク同盟」）

	ムッタヒドゥーン		アラビーヤ		ワタニーヤ	
	係数	標準誤差	係数	標準誤差	係数	標準誤差
指導者	0.715	0.930	0.495	1.048	1.725**	0.868
政策	−0.114	0.866	−0.111	0.942	2.383***	0.727
クリーンさ	−0.574	1.053	−0.738	1.298	2.555***	0.781
イデオロギー	0.247	1.051	−0.804	1.376	1.892***	0.878
サウジアラビア	−0.104	0.274	−0.210	0.305	−0.089	0.212
イラン	0.221	0.255	−0.287	0.317	0.002	0.207
性別	0.137	0.635	0.989	0.731	0.357	0.509
年齢	−0.011	0.026	−0.014	0.030	−0.010	0.021
教育水準	−0.095	0.159	−0.005	0.181	−0.102	0.132
収入	−0.315	0.327	−0.063	0.359	−0.019	0.245
（定数項）	2.297	3.096	−3.931	3.549	8.782***	2.616

サンプル数	200
χ^2	46.990
対数尤度	329.460
Pseudo R^2	0.124

*$p < 0.1$　**$p < 0.05$　***$p < 0.01$
（出所）筆者作成.

ンナ派系政党ではなく，世俗主義政党を支持する傾向にあるというわけだ．この分析結果は，イスラーム主義を党是とするスンナ派政党と比較してイラーキーヤが選挙で躍進した理由を，イラーキーヤという政党連合に参入することで政治エリートや有権者が独自の動員ネットワークや社会的属性を維持できる点に求めた酒井の議論［酒井 2013: 73-77］と整合性がある．各自が有する理想の指導者や政策を維持したままイラーキーヤに参入／支持できるというわけだ．

　以上の分析結果は次の2点に整理できるだろう．

　第1に，宗派以外に多様な支持理由が存在するが，それが意味するところはシーア派とスンナ派では異なるという点である．シーア派系政党の場合，大規模な主要政党が複数存在するため，宗派ではなく，指導者や政策，クリーンさといった点で独自さを喧伝する必要がある．この点が政党支持の選好にも反映され，支持理由が多様になっているのである．他方，スンナ派系政党は，多様な指導者（の属性）や政策を包摂するいわばアンブレラ組織としての世俗主義政党に支持を奪われている．いずれにしても，これらの結果は，宗派が政党支持の最も重要な要因ではない点を明確に実証している．

第2に，各政党の支持要因は，宗派というよりはむしろ，それぞれの党が喧伝するイメージや主義主張とおおむね合致している点である．これは，政党の主張を有権者が受け入れて支持を決定しているということを意味している．同時に，この結果が，「投票しない層」の出現しやすい選挙間期のデータにもとづいている点を考慮に入れると，分析対象となった回答者は主要政党のコアな支持者であると想定できる．こうした固い支持基盤においては，政党の主張と支持理由が合致することは自然な結果である．より重要なのは，これらの固い支持基盤において，その支持理由が宗派以外の要因に求められたという事実に他ならない．政党の主張と支持理由の合致は，選挙間期においては，政党支持構造を規定している要因が，必ずしも宗派には求められず，むしろ他の要因が決定的に重要になり得る点を証明しているのである．

おわりに

　冒頭の問いに戻ろう．イラクでは，どのような場合に宗派主義が台頭し，どのような場合に宗派主義が後退するのか．

　本章が導き出した答えは，選挙前後で宗派主義が政治的重要性を増す一方で，選挙間期には，投票政党を選択する際の宗派主義の規定力が減退するというものであった．これは，イラクの政治プロセスの観察から帰納的に導き出した仮説を支持する結論である．

　選挙前後で宗派主義が重要性を増すのは，票の動員のために「宗派主義化」が活発になるからである．他方，選挙間期に宗派主義の規定力が弱くなるのは，「宗派主義化」の減退に加え，第1節で記述した通り，政治エリートが自らの利益を優先する政治工作に専念するために有権者の支持を大幅に失い，その結果，「投票しない層」の増加に現れる政治不信が広がるためである．選挙間期には，宗派主義よりも政治不信の拡散が深刻な問題になるというわけだ．

　さらに，政党支持構造の分析からは，選挙間期の支持理由としては宗派よりも優先される要因が多数存在し，そのうちどの要因が重視されるかは，宗派集団ではなく，政党によって異なるという点も明らかになった．

　とはいえ，本章で解明できなかった問題も残る．それは，選挙間期にいったんは後退した宗派主義が，次の選挙に際して再び力を持つようになる理由を，「宗派主義化」だけで説明できるのか否かという点である．言い換えるなら，

選挙間期に重要になった宗派以外の要因を凌駕し，宗派が再び前景化してくるメカニズムは何なのか．これについては，世論調査に加え，動員のメカニズムを，テキスト分析などの手法を用いて実証的に解析する必要があるだろう．今後の課題としたい．

注

1）本章では宗派主義を「政治動員のために宗派が利用される現象，またはその政治的営為」と便宜的に定義する．

2）代表的な議論は，宗派の相違が容易に政治対立や武力衝突に発展する点を強調したBengio［2008］，宗派と民族の対立はイラク固有の社会的亀裂であり，歴史的に醸成された対立が戦後イラクで露呈したに過ぎないと論じたAnderson and Stansfield［2005］，Stansfield［2007］，Hussain［2010］などを参照．

3）中部や西部のスンナ派多数地域においては，宗派以外の地縁や部族的紐帯などにもとづいた選挙動員も行われたことが実証的に明らかになっているが［酒井 2013］，全体の結果としては宗派主義的な偏りがみられた．

4）ただし，2018年の第4回選挙では，シーア派政党がスンナ派地域とクルディスターン地域で候補者を擁立し，アバーディー首相率いるシーア派主体の「勝利同盟」がニーナワー県で第1党になるなど，部分的に宗派主義が緩和された．だが，ニーナワー県で勝利同盟が得票を伸ばした要因は，モスル出身のウバイディー元国防相（スンナ派）が全国2位となる大きな票を動員できた点に求められるため，必ずしも宗派主義の克服とはいえない［山尾 2018b］．

5）エチオピアでは，メンギツ政権に対する軍事クーデタ後の選挙において，民族と密接に結び付いた地域間の対立が露呈した［Harbeson 1998］．ベニンでは，世論調査の結果，演説で利益誘導型の自民族優遇政策を主張した地区のほうが，民族に依らない全国統一的改革政策を呼びかけた地区よりも多くの支持を獲得することが判明した［Wantchekon 2003］．アンゴラでは，内戦後の1992年に行われた選挙で，民族が投票を決める基準となっただけではなく，選挙結果を左右する決定的な要因となった［Ottaway 1998］．

6）IS後の新聞報道を分析した酒井は，スンナ派もシーア派もどちらがより宗派共存的であり宗派主義的でないかをめぐって競合し，そのために相手の宗派をいかに宗派主義的であるかを強調し続けているという点を明らかにした［酒井 2017］．

7）「宗派主義化」は，ハーシミーとポステルが提示した「宗派化」（なんらかの（宗教的）アイデンティティを示す指標にもとづいて大衆動員を行い，政治的目標を達成しようとする政治主体によって形作られるもの）［Hashimi and Postel eds. 2017］とほぼ同様の概念であるが，本章では，宗派主義を国民統合に反する悪であるとの規範のもとで政敵を批判するために利用することを強調する点で，より限定的な用法になっている．

8）筆者を中心とする研究チームが質問票の草案を作成し，現地の実査機関と協議を重ねて完成させるという共同プロジェクトで，実査は，2011年はベイルートに拠点をおくイラク戦略研究所，それ以外はバグダード大学社会学部に依頼した（2017〜8年の調査

は，新学術領域研究「グローバル関係学」の研究の一部として実施された）．結果の単純集計については，現代中東政治研究ネットワーク（CMESP-J.net）のホームページ（https://cmeps-j.net/ja/, 2018年11月28日閲覧）および新学術領域「グローバル関係学」のホームページ（http://www.shd.chiba-u.jp/glblcrss/index.html, 2018年11月28日閲覧）に掲載している．

9）選挙直前は2018年，選挙後は2011年，選挙間期は2016, 17年調査のサンプルをダミー変数にした．

10）「支持政党」を従属変数にするべきかもしれないが，4つの調査のうち2011年，16年調査で支持政党を聞いていないため，経年変化をみることができない．代わりに，全ての調査で質問した「投票政党」を従属変数とする．

11）アンマール・ハキーム議長が2017年に分離して形成した国民知恵同盟も含める．

12）人民動員隊内の政党組織で形成された政党連合で，ISCI の元軍事部門であるバドル組織を中核とする．詳細は山尾［2018b］を参照．

13）宗派主義の解明を主眼とする本章ではクルド系政党を扱う必要はないが，投票政党と政党支持を解明するためにクルド系政党を分析モデルに含めることが不可欠である．そのため，クルド系政党はモデルには含めるが分析結果の説明は省略することにする．

14）参照カテゴリーはその他の政党（ワタニーヤや市民民主潮流，その他などの世俗主義政党）とし，「投票しない」は23.0%と多いが，ここには含めていない．

15）「投票しない」と回答した者を1，それ以外を0とする従属変数を，二項ロジット・モデルで分析した．

16）法治国家同盟マーリキー派（12.6%），ワタニーヤ（9.4%），同アバーディー派（8.1%），サドル潮流（8%）という結果になった．

17）支持政党を尋ねる質問項目の次に，「その政党を支持する理由を選んでください」（選択肢：指導者，政策，汚職と無縁（クリーンさ），イデオロギー，民族，宗教／宗派，部族）と聞いている．それに引き続き，支持理由ごとに「なぜその支持理由が重要なのか」を追加的に問うている．

18）クルド系政党支持者はイデオロギーを重視している．

◈参考文献◈

邦文献

酒井啓子［2013］「紛争と選挙，アイデンティティの相互連関――戦後イラクの国家建設過程――」『国際政治』174.

――――［2017］「戦後のイラクで何が対立しているのか――関係性の結果としての宗派――」『国際政治』189.

山尾大［2010］「政党の合従連衡がもたらす宗派対立の回避――戦後イラクの政党政治と権力闘争（2003年～2008年8月）――」，佐藤章編『新興民主主義国における政党の動態と変容』アジア経済研究所.

――――［2012］「ハイジャックされた「アラブの春」――サドル派の政策転換をイラク政治の動態――」『中東研究』513.

――――［2013］『紛争と国家建設――戦後イラクの再建をめぐるポリティクス――』明

石書店.

――――[2016]「『古参』幹部の政治か，合理的政府の形成か――アバーディー改革が惹起した政治構造をめぐるポリティクス――」『海外事情』64(9).

――――[2018a]「分断がもたらすイラクの不確実な安定の促進」，足立研幾編『セキュリティ・ガヴァナンス論の脱西欧化と再構築』ミネルヴァ書房.

――――[2018b]「政治不信がもたらした組織政党の躍進――第4回イラク議会選挙（2018年5月）の分析――」『中東研究』533.

山尾大・浜中新吾[2014]「宗派主義という隘路――イラク世論調査に見る政党支持構造の分析を手掛かりに――」『日本中東学会年報』30(1).

外国語文献

Allawi, A.［2007］*The Occupation of Iraq: Winning the War, Losing the Peace*, New Haven and London: Yale University Press.

Al-Qarawee, H.［2012］*Imagining the Nation: Nationalism, Sectarianism and Socio-Political Conflict in Iraq*, Lancashire: Rossendale Books.

Anderson, L. and G. Stansfield［2005］*The Future of Iraq: Dictatorship, Democracy, or Division*, New York: Palgrave MacMillan.

Bengio, O.［2008］"Iraq: From Failed Nation-State to Binational State?," A. Susser ed., *Challenges to the Cohesion of the Arab State*, Tel Aviv: The Moshe Dayan Center.

Dawisha, A.［2010］"Iraq: A Vote against Sectarianism," *Journal of Democracy*, 21(3).

Ghanim, D.［2011］*Iraq's Dysfunctional Democracy*, Santa Barbara: Praeger.

Haddad, F.［2011］*Sectarianism in Iraq: Antagonistic Visions of Unity*, London: Hurst & Co.

――――[2013]"Sectarian Relations in Arab Iraq: Contextualising the Civil War of 2006-2007," *British Journal of Middle Eastern Studies*, 40(2).

――――[2014]"A Sectarian Awakening: Reinventing Sunni Identity in Iraq after 2003," *Current Trends in Islamist Ideology*, 14.

Harbeson, J. W.［1998］"Elections and Democratization in Post-Mengistu Ethiopia," K. Kumar ed., *Postconflict Elections, Democratization, and International Assistance*, Boulder and London: Lynne Reinner Publishers.

Hashimi, N. and D. Postel eds.［2017］*Sectarianization: Mapping the New Politics of the Middle East*, Oxford and New York: Oxford University Press.

Herring, E. and G. Rangwala［2006］*Iraq in Fragments: The Occupation and Its Legacy*, Ithaca and New York: Cornell University Press.

Hussain, I.［2010］*Afghanistan, Iraq and Post-conflict Governance: Damoclean Democracy?*, Leiden and Boston: Brill.

Ismael, T. and M. Fuller［2009］"The Disintegration of Iraq: the Manufacturing and Politicization of Sectarianism," *International Journal of Contemporary Iraqi Studies*, 2(3).

Khoury, D. R.［2010］"The Security State and the Practice and Rhetoric of Sectarianism in Iraq," *International Journal of Contemporary Iraqi Studies*, 4(3).

Mansfield, E. and J. Snyder［2005］*Electing to Fight: Why Emerging Democracies Go to War*,

Cambridge and London: MIT Press.

Osman, K. F. [2015] *Sectarianism in Iraq: The Making of State and Nation since 1920*, London and New York: Routledge.

Ottaway, M. [1998] "Angola's Failed Elections," K. Kumar ed., *Postconflict Elections, Democratization, and International Assistance*, Boulder and London: Lynne Reinner Publishers.

Stansfield, G. [2007] *Iraq: People, History, Politics*, Cambridge and Malden: Polity Press.

Visser, R. [2005] *Basra, the Failed Gulf State: Separatism and Nationalism in Southern Iraq*, Münster: LIT Verlag Münster.

——————— [2010] "The Territorial Aspect of Sectarianism in Iraq," *International Journal of Contemporary Iraqi Studies*, 4(3).

Wantchekon, L. [2003] "Clientelism and Voting Behavior: Evidence from a Field Experiment in Benin," *World Politics*, 55(3).

Yamao, D. [2012] "Sectarianism Twisted: Changing Cleavages in the Elections of Post-war Iraq," *Arab Studies Quarterly*, 34(1).

付表1　基本統計量（プールデータ）

	度数	最小値	最大値	平均値	標準偏差
スンナ派	3501	.00	1.00	.1917	.39366
シーア派	3501	.00	1.00	.4102	.49193
クルド	3501	.00	1.00	.1574	.36421
選挙間期	3501	.00	1.00	.5141	.49987
選挙直前	3501	.00	1.00	.2856	.45178
選挙後	3501	.00	1.00	.2002	.40023
紛争強度	3501	1.00	133.00	13.8775	19.35071
旧体制派との和解	3214	1.00	5.00	2.6587	1.42567
中央地方関係の改善	3359	1.00	5.00	2.1334	1.30403
アラブ民族主義	3501	1.00	3.00	1.6101	.81640
クルド民族主義	3501	1.00	3.00	1.8760	.85226
イスラーム主義	3501	1.00	3.00	1.7441	.83198
性別	3491	1.00	2.00	1.4881	.49993
年齢	3438	16.00	91.00	35.3130	12.89206
教育水準	2233	1.00	10.00	4.6762	2.12711
収入	3223	1.00	6.00	2.3292	1.10438

（出所）筆者作成.

付表2　基本統計量（2017年調査）

	度数	最小値	最大値	平均値	標準偏差
指導者	1000	.00	1.00	.2260	.41845
政策	1000	.00	1.00	.3390	.47361
クリーンさ	1000	.00	1.00	.1820	.38604
イデオロギー	1000	.00	1.00	.1430	.35025
民族・宗派	1000	.00	1.00	.1100	.31305
サウジアラビア	941	1.00	5.00	3.4910	1.39268
イラン	937	1.00	5.00	3.4226	1.42049
性別	1000	1.00	2.00	1.5190	.49989
年齢	996	17.00	94.00	36.8906	13.60391
教育水準	1000	1.00	9.00	6.2760	2.01541
収入	885	1.000	6.000	2.31186	1.033339

（出所）筆者作成.

第7章

湾岸諸国と宗派

保坂修司

はじめに

1501年，イランのサファヴィー朝建国者エスマーイールⅠ世は12イマーム派シーア派を同国の国教に採用した．それによってイランでは急速にシーア化が進み，国境を接するスンナ派のオスマン帝国としばしば衝突を繰り返すことになった．その結果，両大国のちょうど結節点というべきペルシア湾岸地域は宗派や民族がときに共存，ときに対峙する場となり，スンナ派とシーア派，アラブ人とペルシア人（イラン人）など異質な要素が混在するようになった．現代にまでつづく，この地域の宗派的・民族的分布の特徴が形成されていく1つのきっかけはサファヴィー朝がシーア派を国教に制定したことといえる．

今日においてペルシア湾岸地域の宗派分布がどのようになっているか確実なことをいうのはむずかしい．宗派問題は大半の国できわめてセンシティブな問題であり，きちんとした人口統計などほとんど存在していないからだ．しばしばいわれるのは，いわゆる湾岸協力会議（GCC）諸国中バハレーンでは人口の過半数がシーア派であり，ついでクウェートやサウジアラビアにも一定数のシーア派人口があり，カタル，アラブ首長国連邦，オマーンにも少数ながらシーア派コミュニティが存在するという見かたである（表7-1）．インターネットで自由に見られる公開情報のなかでは，コロンビア大学を拠点とする湾岸地域研究グループである Gulf 2000 が宗派別人口などの数値のついた地図を公開しており，しばしばメディアでも利用されている．

これらのうち，後述するようにクウェートには選挙時の有権者登録をベースにした宗派・部族別統計があり，ある程度精度の高い宗派別人口を推測できる

表7-1 GCC諸国の宗派構成

	スンナ派	シーア派	シーア派	その他
クウェート	77.27%	22.8%	20-30%	
サウジアラビア	75.2%	24.8%	10-15%	
バハレーン	28.3%	73.58%	60-70%	
カタル	81.27%	18.7%	10%	
アラブ首長国連邦	78.2%	9.2%	10-15%	6.9%
オマーン	13.8%	5.1%	5%	86.1%

(出所) http://gulf2000.columbia.edu/images/maps/Mid_East_Religion_lg.png (2018年11月19日閲覧,
地図の製作者はマイケル・イザーディー (Michael Izady)), Matthiesen [2013] をもとに筆者作成.

(なお Gulf 2000のクウェートに関するデータがそれに依拠しているかどうかは不明). しか
し, 他の国についてはほとんど信頼しうる数字はないといっていいだろう. た
とえば, 在バハレーン日本大使館のウェブサイトではバハレーンの人口の6割
から7割がシーア派だと指摘されているが, 根拠が挙げられているわけではな
い (2018年9月閲覧). 筆者がかつてバハレーンのシーア派元議員に尋ねたとこ
ろ, バハレーンのシーア派は総人口の55%から60%のあいだで, その比率は政
府側によるスンナ派人口増加政策により下がりつづけているとの主張であっ
た. また湾岸諸国の宗派問題について多くの業績を残しているマッティースン
は60%から70%という数字を挙げている. さらにバハレーンのシーア派に関す
る現地調査を行ったゲングラーはサンプル調査であるが, 50%台なかばだとの
結果を紹介している [Gengler 2015: 96]. ゲングラーの見立ては, 筆者の聞き取
り結果とも近い.

　なお, 時期は大幅にずれるが, この50%から60%という推測を補強するデー
タも存在する. 1941年1月にバハレーンで行われた国勢調査である. これはバ
ハレーン最初の国勢調査であり, 当日は, コーヒー店など娯楽施設をすべて閉
めさせて, 全住民に家にとどまるよう命じたうえで, 調査が実施されたことが
記録されており, 信用度はそれなりにあるといえよう[2]. その結果は, スンナ派
(46.6%)・シーア派 (51.5%) とほぼ拮抗した数字になっている. バハレーンで
は人口増加率はシーア派地域のほうが高いといわれており, となると, 80年近
く昔から割合が変化していないというのはおかしいが, 一方で政府が意図的な
スンナ派人口増加政策を進めているため, 結果的に人口比に大きな差が出な
かったとも推測できる. したがって, バハレーンのシーア派人口はバハレーン

表7-2　バハレーン国勢調査（1941年）

地域	スンナ派	シーア派	その他
マナーマ市	13,151	13,467	1,217
ムハッラク市	15,993	1,772	10
ヒッド市	3,654	10	
マナーマの村落：シトラ，ナビー，サーレフ，ウンム　ンナァサーン，ジッダ島	7,236	28,663	
ムハッラクの村落：ハーラ・ウンムッシャジャルッサ　ギーラ，ハーラ・ウンムッシャジャルルカビーラ，　ハーラ・ナイーム，ハーラ・セルタ島	1,910	2,442	
合計	41,944	46,354	1,672
総計	89,970		

（出所）バハレーン政府1359年年次報告をもとに筆者作成.

表7-3　GCC諸国支配層法学派

国名		支配層法学派
	クウェート	マーリキー派
	サウジアラビア	ハンバリー派
	バハレーン	マーリキー派
	カタル	ハンバリー派
UAE	アブダビ	マーリキー派
	ドバイ	マーリキー派
	ラァスルハイマ	ハンバリー派
	シャールジャ	ハンバリー派
	ウンムルカイワイン	ハンバリー派
	アジュマーン	ハンバリー派
	フジェイラ	シャーフィイー派
	オマーン	イバード派

（出所）筆者作成.

人の55％台なかばから60％ぐらいというのが当たらずとも遠からじということになろう（表7-2）.

　一方，サウジアラビアでシーア派が集中している東部州は，19世紀はじめの時点ではシーア派信徒の数が3万から4万と見積もられており，1980年代には30万から44万人とされている．また，21世紀のシーア派人口を150万とする数字があり，これだと全サウジ人の7.5％程度となる．一般にシーア派信徒によ

るシーア派人口評価は，これよりもかなり高く，10％から15％というのが一般的である［Matthiesen 2015: 4-6］.

　いずれにせよ，GCC加盟国では，イバード派のオマーンをのぞき，王族，首長家はスンナ派で，そのオマーンとバハレーンを除けば，国民もスンナ派が多数派を占めている点はまちがいない（表7-3）．そして，この捩れ構造が，域内で宗派問題をこじらせる大きな要因となっている点も否定できないだろう．

　本章は，GCC諸国内，とくにクウェート，サウジアラビア，バハレーンにおけるスンナ派対シーア派の関係を軸に宗派問題を考察するものであるが，そもそも基礎的な事実の部分すらはっきりしていないため，どうしても概念的・選択的なものにならざるをえない点をあらかじめお断りしておく．また，歴史的な流れにも言及する必要性から現代のさまざまな問題について包括的に網羅することもできず，しばしば断片的な記述にならざるをえないことも指摘しておかねばならない．

　2003年のイラク戦争後のテロ事件の頻発や2010年末以降のいわゆる「アラブの春」の影響でペルシア湾岸諸国の宗派問題にも注目が集まるようになり，英語だけでも，多数の研究が公開されている．現代の諸問題については，これらの著作に負っているところが大きいことにも言及しておかねばならない．

1　歴史的流れ

　湾岸地域が複雑な宗派構成を維持しているのは，冒頭指摘したとおり，歴史と深く結びついている．たとえば，10世紀からのバハレーンやハサー地方（あるいはアフサーとも．現在のサウジアラビア東部州に相当）を拠点とした過激なカルマト派の活動は今日でもバハレーンのシーア派と結びつけて語られることが少なくない[3]．しかし，いうまでもなく，現在のバハレーンのシーア派はカルマト派とは無関係である．

　ペルシア湾岸地域の場合，やはり16世紀以降の歴史がより重要になってくる．サファヴィー朝，ガージャール朝時代，イランはアラビア半島のペルシア湾側への領土的野心からしばしば軍事侵攻を行っており，バハレーンに関しては何度か実際に占領も行っている．こうした歴史的事実が，のちにパフラヴィー朝イランがイギリスの保護下にあったバハレーンの独立に反対し，バハ

レーンはイラン領だと主張する根拠になっている.

　ペルシア湾岸地域の歴史は，イラン本土，イラク，アラビア半島内陸部の歴史と深く結びついているが，同時にこの地域に内在的な要素で突き動かされる場合もあり，きわめて複雑である．さらにインドや東アフリカとの関係，17世紀以降になると，ポルトガル，オランダ，そしてイギリスというきわめて異質な要素まで混入してくる.

　歴史的にみると，湾岸諸国のシーア派は，こうした域内・域外諸勢力のペルシア湾地域への侵攻・流入，撤退などによって政治的・社会的・宗教的な影響を受けてきた．また，そうしたものとの直接的な関わりまでは不明だが，イランやイラクからのイラン系・アラブ系住民の移住が域内の宗派的・民族的人口構成を大きく左右していたことも忘れてはならない.

　たとえば，ペルシア湾のイラン側からはシーア派のペルシア人のみならず，シーア派のアラブ人，そしてスンナ派のアラブ人までもがアラビア半島側に移住しており，とくにこうしたイラン側から移住してきたアラブ人を，ハウラ（ḥawla）とかフーラ（hūla）と呼ぶ[4]．いずれも移民・移住者の意味であるが，彼らの場合，スンナ派が多い点は重要である.

　バハレーンに関していえば，もともとこの国はアケメネス朝からサーサーン朝までペルシアの強い影響下にあったが，7世紀にイスラームが到来して以降，急速にイスラーム化，アラブ化していく．ただし，アラビア語の古典地理書でバハレーンといった場合，現在のバハレーン王国だけでなく，現在のサウジアラビア東部州，あるいはさらに大きな範囲までも指す.

　前述のとおり，バハレーンおよび現在のサウジアラビア東部州はカルマト派の影響が大きかったが，その後，カルマト派勢力の影響が減少するとともに，住民はカルマト派から，周辺のスンナ派にとってより危険が少ないとみなされていた12イマーム派シーア派へと改宗していったといわれている．13世紀ごろになると，バハレーンやハサーから12イマーム派の著名な学者が輩出されるようになってきた．しかし，カルマト派がいなくなったわけではなく，14世紀にかの地を訪れたイブン・バットゥータは「そこにはアラブ族の諸集団が住み，彼らは過激なラーフィダ派の人たちであり，何人をも恐れずに異端の教説をおおっぴらに宣伝している」と述べており［イブン・バットゥータ 3: 189-190］，これはカルマト派のことを指していると考えられる.

　しかし，14世紀から15世紀にかけてバハレーンのみならず，ハサー地域から

も多くの著名なシーア派法学者が現れ，12イマーム派がアラビア半島のペルシア湾側に組織的に確立していき，カルマト派の影響は消失したとされる．

この地域に12イマーム派シーア派の信仰が確立したとはいえ，天然真珠採取経済やインド洋・東アフリカとの中継貿易の中心であったバハレーンは，ナジュド地方の遊牧民やペルシア湾のホルムズ王国，ポルトガル，イラン，オマーン，オスマン帝国などの外敵からの侵略にさらされるようになり，しばしばスンナ派や，ときにキリスト教徒の統治を受けざるをえなくなった．

1602年，12イマーム派シーア派を国教とするサファヴィー朝のアッバースⅠ世がバハレーンを占領したが，サファヴィー朝のバハレーン支配はむしろ間接的なもので，しばしばイラン本土南部のスンナ派アラブ人や上述のハウラと呼ばれる移住アラブ人がバハレーン統治で重要な役割を果たしていたとされる．

もちろん，サファヴィー朝の宗教的な影響がないわけではない．17世紀のイランではシーア派法学上の大きな議論が巻き起こり，ウスーリー学派（Uṣūlīya）が主流になっていった．その影響は当然，バハレーンにもおよび，サファヴィー朝が，ウスーリー学派に属する法学者をバハレーンの裁判所等に任命したため，バハレーンのシーア派学派にもウスーリー学派が浸透していった．

しかし，サファヴィー朝期バハレーンで重要なのは，バハレーンのシーア派がイラン本土とは異なる，独自の発展を遂げはじめたことである．とくに18世紀に活躍したバハレーン生まれのシーア派法学者ユースフ・ディラージー・バフラーニーは，バハレーンにおけるシーア派の知的な営みを代表する人物として特筆すべき存在だった．ユースフ・バフラーニーは，もともと父親がウスーリー学派の法学者であったため，最初はウスーリー学派の徒としてスタートするが，アフバーリー学派（Akhbārīya）に転向し，バハレーンにおけるアフバーリー学派の確立に貢献した．今日，ウスーリー学派は大半のシーア派諸国で支配的であるが，バハレーンおよびバハレーンから他の湾岸地域に移住した人々（いわゆるバハールナ Baḥārna）ではいぜんとしてアフバーリー学派が大きな勢力を維持しているといわれている．

一方，18世紀末から19世紀にかけて，ハサー地方にアフマド・アフサーイーという法学者が現れた．アフサーイーはハサーで生まれたのち，バハレーンでアフバーリー学派を学び，ナジャフやカルバラーでも学んだ．その後，晩年をイランで過ごしたが，その秘教的，かつ終末論的な教義はウスーリー学派が支配的なイランでは異端視され，彼の没後，彼の教えを信奉するものはシャイ

ヒー派（Shaykhīya）と呼ばれるようになった．現在でもシャイヒー派はイラン，イラクに少数残存しているが，多くはバーブ教やバハーイー教に吸収されていった．なお，サウジアラビア東部州やハサーから他の湾岸地域に移住していった人々（ハサーウィーヤ Ḥasāwīya）のあいだでは今もシャイヒー派が一定数の支持者をもっている．

さて，今見てきたことからもわかるとおり，アラビア半島ペルシア湾沿岸地域のシーア派は，地域で長い歴史と伝統をもっている．その文化は，イラクやイランといったシーア派メインストリームとはしばしば異なる，固有の展開を遂げており，法学派の広がりも，イラクやイランのウスーリー学派とは別のアフバーリーであったり，シャイヒー派であったりしていた．しかし，だからといってイラクやイランとは隔絶していたわけではなく，湾岸のシーア派法学者たちは，ごくふつうにイラクやイランに留学し，知的な刺激を受けていたのである．

2 湾岸諸国の成立

18世紀は湾岸地域にとって大きな変化の時代であった．18世紀前半にはアラビア半島中部ナジュド地方にハンバリー派の法学者ムハンマド・ビン・アブドゥルワッハーブが現れ，一種の宗教改革運動を開始する．この運動はのちにワッハーブ派という名で知られるようになるが，ナジュドの土豪，スウード家によって受け入れられ，瞬く間にアラビア半島を席巻し，ペルシア湾岸地域の宗派問題にも大きな影響を与えていった．

ワッハーブ派は，当時のアラビア半島のイスラームを不純物に穢されたものとして否定，正しいイスラームへと立ち返らねばならないと主張した．当然，彼らの目からみれば，シーア派は明らかに不信仰者であり，背教者であった．ムハンマド・ビン・アブドゥルワッハーブの属するハンバリー派法学自体，もともと反シーア派的傾向が強いので，彼がシーア派を否定するのは当然である．しかし，彼の議論のなかでシーア派に対する批判は一般に考えられているほど強くはない．そもそも彼の著作のなかでシーア派に対する非難を主たる内容とするものは，『ラーフィダ派に対する反駁の書』の1冊しか存在しないのだ．しかも，彼の批判は，シーア派のなかのいくつかの論点に対するものであり，シーア派全体を批判しているわけではなかった［DeLong-Bas 2004: 84-85］．

彼は，シーア派という単語すら使用しておらず，前述のイブン・バットゥータと同様，代わりにラーフィダ（al-rāfiḍa）という語を用いている．この点は，彼がシーア派全体を完全否定しているというよりは，シーア派のなかの（彼からみて）より過激で，異端的な側面だけを批判しているとも解釈できる．

ムハンマド・ビン・アブドゥルワッハーブのシーア派批判は，預言者ムハンマドの後継者問題，イマームの無謬性などきわめてシンプルなもので，どれも従来のスンナ派の主張と大きくかわるものではない．現代のジハード主義者の大きな特徴に反シーア派があり，ワッハーブ派がそれに大きな影響を与えているとの言説があるが，少なくともムハンマド・ビン・アブドゥルワッハーブの著作からはそうした要素はほとんどうかがえない．むしろ，そうした側面は，スウード家の現実のジハード運動としての征服活動や後世のイデオローグの議論のなかにこそ見出すべきだろう．

おそらくそのもっとも極端な例が，1803年と1806年のワッハーブ派によるイラク侵攻である．ワッハーブ派軍勢は，異端信仰に対するジハードを口実にカルバラーにあるイマーム・フサインの墓を破壊してしまったのである．そのとき，ワッハーブ派を撤退させたのが，スンナ派の雄，オスマン帝国であったのは皮肉であろう．

また，18世紀はアラビア半島中央からペルシア湾岸沿岸に大規模な人口移動があったことでも知られている．とくに重要なのはウトゥーブ（ʻUtūb）と呼ばれるアナザ族（ʻAnaza）の移動である．この集団は1760年代に，ペルシア湾最奥部のクウェートに移住し，その後，彼らの一部が現在のカタル半島ズバーラに移り，そこからさらにバハレーンに移動する．バハレーンに移住したハリーファ家は1780年代にバハレーンからペルシア人を駆逐し，バハレーンでの支配を確立した．他方，クウェートでは住民がウトゥーブ族のスバーフ家を政治的指導者に選び，ここで現在のクウェートの原型が構築されることとなった．

当時のクウェートの宗派分布については資料がなく，はっきりしたことはわからない[5]．しかし，バハレーンの場合，シーア派が多数派を占めていたことはまちがいなく，となると，多数派のシーア派住民を少数の土着のスンナ派支配者が直接統治するという現在の宗派状況はこの時点で確立したと考えてもいいだろう（前述のとおり，バハレーンの支配は間接的なものが多かった）．

3　20世紀の湾岸地域におけるシーア派

　19世紀に大英帝国のインド統治がはじまると，英本国とインドを結ぶちょうど中間点に位置するペルシア湾岸地域は英国植民地経営の戦略上の要衝と位置づけられた．まだ石油が発見される以前であり，さしたる経済的旨みのないこの地域を英国は選択的に保護下に置いたり，無視したりした．その英国の政策により，この地域の政治地図は著しく左右されることとなったのである．

　たとえば，クウェート，バハレーン，カタル，休戦オマーン（現アラブ首長国連邦（UAE）），オマーンはイギリスが保護下におき（事実上の保護下というものも含め），その外交や安全保障を掌握した．しかし，内政は，奴隷売買の禁止や武装売買の制限等を除けば，ほぼ各地の為政者にそのまま委ねられており，そのため，国内の社会，宗教も現状がそのまま維持される傾向が強かった．さらに重要なのは，これらの国が英国の保護下に入ることで，オスマン帝国やワッハーブ派，イランなど域内超大国の脅威から守られる結果となったのである．

　これらの国々はその後，イギリスから独立し，主権国家となったが，他方，イギリスの保護下に入らなかったハサー地方は，ワッハーブ派のスウード家に併合され，のちにサウジアラビアの東部州となった．スウード家のアブドゥルアジーズは1902年のリヤード奪還直後から，ハサーの指導者たちに対し書簡を送り，降伏を要求し，ハサー側がそれを受け入れのである．ここでアブドゥルアジーズは，ハサーのシーア派に対しアブドゥルアジーズへの忠誠と引き換えに，彼らの信仰を尊重することを約束したとされる．しかし，実際にはその約束は反故にされ，この地域のシーア派は単にシーア派の信仰を妨害されるだけでなく，過酷な税金も課されるようになっていた［Ibrahim 2006: 24-26］．また，アブドゥルアジーズのワッハーブ派信仰にもとづく軍事組織，イフワーンからの圧力もあり，人的犠牲も払ったといわれている．

　しかし，アブドゥルアジーズのシーア派抑圧が彼自身の本意あるいは直接的な目標であったかどうかは微妙である．過激な，おそらくムハンマド・ビン・アブドゥルワッハーブの本来の思想もきちんと理解できないイフワーンたちからの圧力もあり，シーア派に対する弾圧を強化せざるを得なかった側面もあるのではないだろうか．実際，1928年にアワーミーヤでシーア派の暴動が発生したあと，アブドゥルアジーズはシーア派に対するいくつかの宗教的規制を撤回

したうえ，カティーフに送られていた宗教警察も引き上げさせたのである．また，シーア派側もこの措置を受け，アブドゥルアジーズに服従するとのファトワーを発している．

　もちろんだからといって，シーア派信仰の自由が担保されているわけではなく，モスクやフセイニーヤやマアタム（ma'tam，シーア派の集会用施設）の建設や修繕は厳しく制限されていたし，礼拝の呼びかけ（アザーン）もスンナ派式を強制された．またスンナ派とシーア派間の結婚も禁止されていた．シーア派の信仰や儀式は，原則としてシーア派信徒の家庭内のみでしか許されていなかったのである．

　この時点では，当事者の誰もが気づいていなかったが，この地域の地下には莫大な量の石油が埋蔵されており，将来的にサウジアラビアの繁栄を担保しつづけていくことなる．しかし，そのうえに居住していたハサーやカティーフのシーア派住民は独立の芽を摘まれてしまっただけでなく，石油の富の恩恵すら十分に受け取ることができなかったのである．ハサーやカティーフは1913年に東部州としてサウジアラビアに組み込まれて以降，1985年までずっとスウード家傍流であるジルーウィー家に支配されており，その過酷な支配のため，もっとも天然資源に恵まれた地域であるにもかかわらず，開発からはずっと取り残されていたのだ．

　一方，イギリスによりワッハーブ派の脅威から守られていた地域も別の脅威に晒されていた．1920年代から30年代にかけてクウェートやバハレーンなど天然真珠採取を主たる産業とする地域では，その肝心要の産業が不況に陥り，経済が深刻なほど悪化していたのである．これに対しバハレーン政府はイギリスの支援を得ながら社会経済改革に乗り出す．このとき，バハレーンでは政府主導の改革を良しとしない勢力が大規模な反対運動を起こした．ところが，バハレーンのシーア派は，逆にスンナ派であるハリーファ家主導の政府改革を支援したのである．

　しかし，このことはハリーファ家とシーア派が良好な関係を有していたことを意味しない．この改革は，多重債務で苦しんでいた真珠採取の潜水夫たちを助けることを目的としていたため，彼らを雇用する船長や船主は，自分たちの不利になると考え，一部の潜水夫たちをたきつけて反対運動を起こさせたのである．そして，シーア派の多くは，船長や船主ではなく，潜水夫であったため，政府の対策が自分たちのためであると考え，政府案を支持し，その遂行を

政府に求めていたわけだ.

このときシーア派は，保護国であるイギリスの駐在官に建白書を送り，政府支持を明らかにするとともに，みずからの要求を述べている．具体的にいうと，彼らは政府に対し差別的な課税をやめるよう要請している．これは逆に，政府がシーア派だけに特別な税金を課していたことでもある．また，彼らは，船長に対しムハッラム月10日のアーシューラーの日にシーア派潜水夫たちに休暇を取らせるよう求め，さらにシーア派の子どもに対してスンナ派に等しい教育を受けさせる機会を与えるよう要求している．このシーア派に対する特別課税は，シーア派の不満の最大のものの1つであった．シーア派は，1920年代にはたびたび建白書のかたちで政府やイギリス駐在官に廃止を訴えかけたのである.

こうしたシーア派の動きは，スンナ派体制のシーア派に対する制度的差別を示していると同時に，シーア派が，みずからの要求を実現させるために，政府やイギリスのインド政庁に期待を寄せていることを表しているといえよう．ただし，逆にいえば，期待が裏切られたときの反動も大きいということになる.

他方，クウェートではシーア派は異なる動きを見せていた．バハレーンでは少数派の支配層がスンナ派で，シーア派が住民の過半数を占めていたのに対し，クウェートではスンナ派が支配層だけでなく，住民全体でも多数派を占め，シーア派は少数派であった.

20世紀の湾岸諸国におけるシーア派は，それぞれの国や地域によって待遇に違いはあるものの，支配者と被支配者といった単純な関係ではなく，宗派の違いをベースにした，さまざまな差別，迫害，弾圧を受けていた．しかし，クウェートのシーア派は，クウェートの政治史を反映して，体制側，あるいは首長家であるスバーフ家とは比較的良好な関係を維持していたのである．スバーフ家にとって，危険なのは宗派の異なるシーア派ではなく，むしろ政治的なライバルとなりうるスンナ派エスタブリッシュメントであったからだ.

クウェートにおいて政治経済的エリート層を構成していたのはスバーフ家とともにアラビア半島中部から移住してきたウトゥーブ族であった．現首長家のスバーフ家は，みずからの経済的権益を守ろうとする他のウトゥーブ族から政治的支配者として選ばれたのであって，バハレーンのハリーファ家やハサーを占領したスウード家のように軍事力で地域の支配者になったわけではなかった．そのため，ウトゥーブ族のなかの非スバーフ家の一部は，みずからが選

び，経済的に支えているスバーフ家を，主従ではなく，対等な関係とみなしており，両者はしばしば緊張関係にあったといっていい．

　そのため，スバーフ家は，こうしたスンナ派の財閥らを牽制するため，シーア派を利用したのである．スバーフ家は，シーア派を支援し，フセイニーヤの建設などでも積極的に協力していった．

　1910年ごろから1930年代にかけてクウェートではスバーフ家に対抗する政治運動が進んでいたが，これらの大半はスンナ派の財閥や知識人によるものであった．彼らの政治運動のなかには，スバーフ家への対抗心のみならず，シーア派に対する根強い不信感もうかがえた．たとえば，1938年に二度にわたって設置された諸問評議会の議員は全員，スンナ派だったのである．

　20世紀になって湾岸の各地域は，イギリスなどの影響を受けた近代化を開始する．たとえば，教育分野でいうと，湾岸地域では20世紀初頭から近代的な学校が設立されはじめた．湾岸諸国では従来，教育はモスクの担当であり，各モスクに付属する学校が教育制度でもっとも重要な役割を担っていた[9]．したがって，当時の湾岸では，基本的にスンナ派かシーア派かで，教育の基本方針が異なっていたのである．なお，19世紀末ごろから，これにキリスト教ミッション系の学校が湾岸につぎつぎと設置され，高等教育や医療などで重要な役割を果たす．

　20世紀になると，湾岸諸国でも近代的な学校が建設されるようになるが，多くの場合，有力者たちの寄付によって設立されており，畢竟彼らの民族的・文化的・宗教的な背景が教育方針に強く影響を与えることになる．たとえば，1910年にバハレーンに設立されたイッティハード学校はバハレーンのイラン人（アジャム ‘Ajam（アヤム ‘Ayam））の寄付によって設立された．一方，1919年には，スンナ派の寄付によりヒダーヤ・ハリーフィーヤ学校が設立された．こちらは，首長家からの手厚い補助が入っていたが，シーア派子弟には門戸が開かれていなかった．上述のとおり，こうした点もシーア派にとっては大きな不満となって蓄積していったのである．

　また，1930年代にはクウェートのみならず，バハレーンやドバイでも政治運動の萌芽が現れた．ただし，この時点ではシーア派とスンナ派の対立点はあくまで宗派的な問題であり，かならずしも政治的な綱領へと昇華していったわけではない．それは1950年代以降のアラブ民族主義，ナセル主義が隆盛していった時代でも同様であり，こうしたイデオロギーにおいては，スンナ派・シーア

派の対立点は顕在化せず，むしろ両派協力のうえ，反政府運動へと発展していったのである．

　しかし，1970年代以降，両派のあいだに深刻な亀裂が走りはじめる．この時期，とくに1973年の第4次中東戦争後の，いわゆる「オイルショック」を受け，湾岸諸国に莫大な石油収入が入るようになると，社会構造そのものが激変していった．重要なのは，湾岸諸国は豊かになったものの，石油の富の再配分はかならずしも平等でなかった点だ．シーア派信徒たちは，スンナ派と比較して，明らかに自分たちの取り分が少ないと感じていたし，実際，シーア派居住地域へのインフラ投資はスンナ派地域のそれと比べ圧倒的に遅れていたのである．さらにオイルショックは，湾岸産油国にとってはオイルブームでもあったが，ブームが去ったあとの不況下，シーア派は，スンナ派以上に雇用を失っていった．こうした経済格差の拡大とともに，シーア派信徒のあいだを中心に労働運動も広がっていき，その結果，シーア派の政府や企業への就職がますます減少するという悪循環が生じたのである．さらにオイルマネーに惹かれて外国から安価で優秀な労働力が湾岸諸国に流入すると，結局もっとも割を食うのがシーア派ということになってしまった．

　湾岸諸国で最初に近代的な意味での議会ができたのは1963年のクウェートであり，その10年後にバハレーンがつづいた．第1期クウェート国民議会では全50議席中5議席をシーア派が獲得した．そのうち4議席は，シーア派の集中するシャルグ地区（第1選挙区）であった．

　一方，バハレーン国民議会では定数30議席で，そのうちシーア派は16議席を占めた．バハレーンには政党が存在しないが，アラブ民族主義・社会主義などを標榜する世俗的な人民ブロックが8議席を獲得，宗教的な保守派で構成される宗教ブロックが6議席を得，この両者がイデオロギー的にはっきりした存在であった．ちなみに前者はスンナ派・シーア派混淆で，後者の獲得した6議席は全員シーア派であった．しかし，この結果によって，シーア派が政権を担うわけではない．むしろ両ブロックは反目しあっており，シーア派が体制に対し政治的な圧力を行使することはできなかった．これら議会では一定数のシーア派がプレゼンスを得たが，政治的な勢力として体制にとってより脅威になったのは宗教勢力よりもアラブ民族主義，ナセル主義，バアス主義のほうであった．

　バハレーンの議会は，多かれ少なかれ，クウェートの議会を手本してお

り，議会にはそれなりに強力な権力が付与されていた．そのため，行政府を掌握する首長家にとって，議会はやっかいな存在であり，バハレーン・クウェートでは奇しくも1970年代なかばに，首長によって議会が解散させられてしまう．

　またシーア派は，体制にとって脅威とならなければ，テクノクラートとして閣僚や政府高官，国営企業幹部に登用されることもあった．しかし，閣僚でみれば，シーア派の比率は実際の人口比と比較すると低く，たとえば，クウェートではじめてシーア派閣僚が出たのはようやく1975年のことであった．この年，アブドゥルムッタリブ・カージミー議員が石油相に就任している[10]．ただし，石油省や国営石油会社はクウェートやサウジアラビア，そしてバハレーンにおいてはシーア派が比較的強いとされている．湾岸の議会で，アラブ民族主義者としてではなく，シーア派がシーア派として議席を獲得することは，彼らが政治的な組織体として機能しはじめたことを意味する[11]．もちろん，イラクやイランの政治的シーア派に影響を受けたクウェート人やバハレーン人も多く，イラクのダアワ党やムハンマド・シーラージーを信奉するグループも少なくなかった．これらのグループは議会外でも活発な政治活動を展開していた．

　一方，議会が存在しなかったサウジアラビアでは，シーア派の政治的組織は未発達であった．ナジャフやカルバラー在住のハサー出身者やサウジ人留学生が，イラク国内のシーア派政党・組織に参加し，重要な役割を果たすことはあったものの，サウジ国内への影響は限定的であった．

　しかし，ナジャフの法学者ムハンマド・フセイニー・シーラージーがイラクのバァス党政権による迫害を逃れ，クウェートに定住すると，湾岸諸国における彼の影響が一気に拡大した．湾岸における彼の支持者たちは，シーラージー派（Shirāzīyūn）と呼ばれるようになった[12]．シーラージーがクウェートに設立したフセイニーヤ「もっとも偉大な使徒のフセイニーヤ」（Ḥusaynīya al-Rasūl al-Aʿẓam）は，湾岸のシーア派から多くの信奉者を集め，湾岸シーア派の宗教的・政治的中心になっていったのである．

4　イラン・イスラーム革命と湾岸諸国のシーア派

　湾岸諸国におけるスンナ派とシーア派の関係を劇的に変化させたのが1979年のイランにおけるイスラーム革命であった．この革命によってイランでシーア

派法学者たちを頂点とする「法学者の統治」のイデオロギーが体制の公式イデオロギーとなり，革命政権はそのイデオロギーを周辺諸国に輸出しはじめたのである．そして，湾岸諸国でさまざまな不満や怒りを溜め込んでいたシーア派信徒はそれに呼応し，シーア派としての政治活動を活発化させた．革命イランは，その動きに直接間接に関与していた．たとえば，イランは，シーア派法学者のハーディー・モダッレシーやサーデグ・ロウハーニーをバハレーンに送り，過激な説教を行わせている．その際，彼らの行動を支えたのが「前衛の伝道者たちの運動」であった（注12参照）．

　イラン・イスラーム革命をきっかけにバハレーンではじまったシーア派の騒乱はすぐにクウェートやサウジアラビアに飛び火し，イランの支援や指示を受け，「前衛の伝道者たちの運動」から派生するかたちで湾岸各国に戦闘的なシーア派政治組織が設置されていった．たとえば，「バハレーン解放イスラーム戦線（al-Jabha al-Islāmīya li-Taḥrīr al-Baḥrayn）」が前述のモダッレシーによってテヘランで設立され，同戦線を中心に1981年，バハレーンでクーデタ未遂事件が起こっている．バハレーン当局側の説明によれば，イランで訓練を受けたバハレーンおよび湾岸他地域のシーア派からなるグループがバハレーンにイスラーム共和国を樹立しようとしたという．この動きに対しイランは，武器を供給し，訓練を行い，イデオロギー的な支援を行ったとされる［Fuller & Francke 1999: 127］．なお，バハレーン解放イスラーム戦線は主としてイラン系バハレーン人によって構成されていた[13]．

　一方，サウジアラビアでは「アラビア半島イスラーム解放機構（Munaẓẓama al-Thawra al-Islāmīya fī Jazīra al-'Arab）」が反スウード家体制の運動で中心的な役割を果たしていく．この運動は，もともとシーラージーの影響を受けてはじまったもので，クウェートのフセイニーヤで学んだサウジ人たちが中核にいた（その意味では「前衛の伝道者たちの運動」とは重ならない部分がある）．

　1979年2月，イランからの蜂起の呼びかけに応じるように，サウジアラビア東部州でシーア派の騒乱がはじまり，同年11月には，東部州各地のフセイニーヤで事実上当局によって禁止されていたアーシューラーの行事を実施するよう呼びかけられ，多くのシーア派信徒が街頭に出て，治安部隊と衝突，多数の死傷者や逮捕者を出した[14]．

　当局は，長年，東部州におけるシーア派迫害の中心にいたジルーウィー家の知事を解任，当時のファハド国王の息子，ムハンマドを代わって知事につけ

た．これによって，インフラ整備や学校の建設など東部州の開発は加速した
が，シーア派に対する差別そのものが消滅したわけではなかった．

　1987年にはイラン人巡礼がマッカのハラーム・モスク付近で反米デモを行っ
たことから，サウジ治安部隊が介入，両者のあいだで大規模な衝突が発生し，
400人以上（大半はイラン人）が死亡するという事件があった．その直後，サ
ウジアラビアとクウェートの在テヘラン大使館が暴徒に攻撃され，占拠されると
いう事件も発生，サウジアラビアはイランと断交した．

　スンナ派とシーア派が比較的良好な関係をもっていたはずのクウェートでも
イスラーム革命を受け，シーア派のあいだに不穏な空気が流れはじめた．そし
て1980年にイラン・イラク戦争が勃発すると，クウェート各地でシーア派によ
るテロが発生した．1983年12月にはクウェート市中心にあるアメリカ大使館で
爆弾テロがあり，5人が死亡した．これをきっかけにフランス大使館やシュア
イバ地区の製油所・造水設備，クウェート国際空港でも爆弾が爆発する連続爆
破事件であった．実行犯は，イランの支援を受けたイラクのシーア派組織，ダ
アワ党とレバノンのイスラーム・ジハード運動，そしてヒズブッラーだといわ
れている．

　1984年からはクウェート航空機やクウェートがらみでハイジャック事件が頻
発した．いずれもイランの指示や支援を受けたシーア派の犯行とされている．
さらに1985年には当時のジャービル首長を暗殺しようとする事件が発生した
（警護要員2名のほか，通行人1名が死亡，首長も負傷した）．実はこうしたテロ事件の
大半は，クウェート人の犯行ではなく，イラクやレバノンのシーア派組織によ
る犯行だといわれている．しかし，時間の経過とともに，クウェート人シーア
派も破壊工作に参加するようになっている．クウェート人の犯行という意味で
は1989年にサウジアラビアのマッカで起きた爆弾テロ事件が挙げられる（巡礼
1名が死亡）．この事件ではクウェート人シーア派多数がサウジアラビアで逮捕
され，16人が処刑されている．

　こうしたシーア派による「テロ」が増加すると，シーア派に対する社会の見
かたも大きく変化せざるをえない．クウェートのようにシーア派に対する差別
が少なかった国でも，多数派であるスンナ派は，シーア派をいわゆる「第五
列」とみなすようになり，社会の分断がますます進行していった．とくに，
シーア派のテロが国家の中枢に向けられた結果，政府によるシーア派への不信
感は深刻化し，この時期，クウェート政治は一気に反シーア派へと舵を切る結

果となってしまった.

1981年のクウェート国民議会選挙は,シーア派の当選を最小限に抑えるため政府による露骨なゲリマンダーが行われ,1985年議会は早々に首長によって閉鎖されてしまった.

このように1980年代はイランのイスラーム革命の影響で,湾岸地域のシーア派が政治的な声をあげはじめ,それが体制を揺るがす結果になったといえる.しかし,UAEやカタル,オマーンといった他の湾岸諸国にも一定数のシーア派コミュニティが存在するが,この時期,バハレーンやクウェート,サウジアラビアでのようなシーア派による騒乱,テロ事件はほとんど起きていないとの指摘は重要である [Zahlan 1998: 177-178].

5　湾岸戦争後の湾岸諸国のシーア派

1990年の湾岸危機および翌年の湾岸戦争は,湾岸諸国におけるスンナ派・シーア派の対立関係を大きく変化させた.政府レベルでは,イランがこの紛争で中立を維持したため,戦後,イランと湾岸アラブ諸国のあいだの関係が急速に改善された.それにともない,サウジアラビアおよびクウェートのシーア派とそれぞれの国の政府のあいだの関係も一気に改善したのである.

サウジアラビアはイランとの外交関係を回復させただけでなく,その後,相互の反体制組織の支援を控えることでも合意ができ,イランがイラン国内で庇護していたサウジのシーア派系反政府組織,サウジアラビアが支援していたイランのアラブ系,あるいはスンナ派系組織がそれぞれの国に戻り,プロパガンダ活動も一時的ではあるが,停止した.

当時,イランはラフサンジャーニーとハータミーといった現実派・穏健派が大統領だった時代であり,またサウジ側は,漸進的な改革を目指すアブダッラー皇太子(当時)が政権の中枢にいたこともあり,両国は,歴史的にもまれな蜜月時代を迎えることになった.また,2001年の,いわゆる9.11事件でワッハーブ派保守派への圧力が高まり,暴発するかたちで2003年ごろからアルカイダのテロがサウジ国内で頻発していった.こうした事態を受け,アブダッラー皇太子は,ワッハーブ派保守派の反対を抑えこむかたちで「国民対話」というイニシアティブを開始し,国内の統合を進めていった.重要なのは,ここでいう国民には,シーア派も含まれていた点である.さらにいえば,シーア派のな

かの多数派である12イマーム派のみならず，サウジ南部に多い少数派のザイド派やイスマーイール派までもが含まれていた．

一方，クウェートでは，イラクによるクウェート占領中，多くのクウェート人が国外に逃れていたなか，シーア派クウェート人が対イラクのレジスタンスを組織し，祖国回復のために努力していたことが評価され，戦後，シーア派に対するスンナ派住民の評価は格段と上昇していった．閉鎖されていた議会も湾岸戦争後に復活し，シーア派はふたたび政治的な発言権を享受するようになったのである．

他方，バハレーンではいぜん混乱が継続していた．この国でも民主化圧力が高まり，当時のイーサー首長は，停止されている議会を再開させるのではなく，諮問評議会という勅選の議会を設置した．だが，諮問評議会自体，お為ごかしの機関にすぎず，改革も体制側によるコスメティクなものであった．これによってシーア派の政治力が担保されたわけではなく，シーア派の不満は一向に収まる気配がなかった．1990年代のバハレーンのシーア派による運動は，単に宗派の問題だけでなく，民主化を要求する政治的な性格を帯びていたことは指摘しておかねばならない．したがって，運動の主体はつねにシーア派であったが，要求そのものがつねにシーア派的であったわけではない．この時期のバハレーンのシーア派運動の中心になったのは「バハレーン自由運動」(Ḥaraka Aḥrār al-Baḥrayn) であった．しかし，彼らはかならずしも宗教を前面に押し出さず，世俗的な勢力とも積極的に協力しようとしていた．同運動の指導層の多くは事実上国内に亡命しており，バハレーン国内ではほぼ地下活動を余儀なくさせられていた．だが，国内シーア派からは幅広い支持を獲得しており，また国外，とくに欧米諸国からもシンパシーを得られるようになっていた．実際，1990年代前半のバハレーンの民主化要求運動には，スンナ派・シーア派双方が参加しているものがあった．

しかし，1999年にイーサー首長が没し，息子のハマドが首長に即位すると，新首長のもとさまざまな政治改革がスタートした．それに伴い，在外にあった多くの反政府勢力も帰国を果たす．2001年には新しい憲法が制定され，翌年には議会選挙も行われた．しかし，同選挙ではシーア派の主要政治組織として頭角を現したウィファーク (Jamʻīya al-Wifāq al-Waṭanī al-Islāmī) がボイコットしたため，シーア派の政治運動はその後も場外乱闘で継続する．

なお，1980年代以降，湾岸諸国で発生したシーア派組織によるものとされる

テロ事件ではしばしばヒズブッラーの名前が挙げられる．その名を冠する組織としては，レバノンのそれが有名だが，湾岸諸国でも，主にイラン留学組を中核にたとえば，ヒジャーズ・ヒズブッラー（サウジ・ヒズブッラー），クウェート・ヒズブッラー，バハレーン・ヒズブッラーなどが1980年代から90年代に設置されている[15]．

6　イラク戦争と湾岸シーア派

　9.11事件後，湾岸諸国のシーア派の状況を大きく変貌させるきっかけとなったのは2003年のイラク戦争およびその後のイラクにおける宗派対立である．イラクでシーア派主導の政権が誕生すると，イラクのスンナ派勢力の一部が過激化し，アルカーイダ・イラク支部（二大河の国のカーイダトゥルジハード組織，通称「メソポタミアのアルカーイダ」）を中心として，シーア派を主たる標的とするテロ事件が頻発するようになった．

　こうした動きは，サウジアラビアでも，反シーア派感情の高まりというかたちで現れてきた．アルカーイダ・サウジアラビア支部（アラビア半島カーイダトゥルジハード組織，通称「アラビア半島のアルカーイダ」）のリーダーだったユースフ・ウイェイリーによる反シーア派感情を煽る一連の著作は，サウジアラビア国内のみならず，国境を越えて，シーア派に対する攻撃をジハードとして正当化する理論的根拠をジハード主義系組織に与えることにもなった．

　しばしば誤解されるが，一般にアルカーイダ本体はシーア派に対しそれほど関心をもっていない．たとえば，アルカーイダ創設者オサーマ・ビン・ラーデンは，そもそも「シーア派」という単語自体，声明やインタビュー，説教のなかでほとんど使ったことがない．それどころか，レバノンにおけるシーア派主体の反米テロを高く評価するなど，シーア派へのシンパシーさえ公言している．イラク戦争後のイラクにおいてシーア派を標的としたテロが頻発したのちも，直接にシーア派を批判するような言葉は見られなかった．ようやく2006年になって，イラク政府を糾弾する文脈で，シーア派批判ともとれる発言を行ったが，それも直接明示することはなく，「南部の子ら（Abnā' al-Janūb）」というような非常に比喩的な言い回しでしかなかったのである[16]．

　他方，アルカーイダ・イラク支部のリーダーだったザルカーウィーのシーア派に対する立場は正反対といえる．ザルカーウィーがアルカーイダ本体の指導

者に宛てたとされる書簡には「シーア派は変化の鍵である．宗教的・政治的・軍事的象徴においてシーア派を標的とし，彼らを攻撃することで，彼らはスンナ派に対する怒りを示し，報復しようと考えるだろう．もし，われわれが，彼らを宗派戦争に引っ張り込むことができれば，眠っているスンナ派を起こすことになろう」というイラクにおけるその後の状況を予言するかのような文言が書かれている．

　これとほぼ同様の議論がユースフ・ウイェイリーによって行われている．彼の議論を要約すると「シーア派は十字軍と協力し，彼らを支援して，イラクに世俗的な統治を構築しようとしている」となるだろう（たとえば『バグダード陥落後のイラクとアラビア半島の未来』[ʻUyayrī: 発行年不明]）．彼によれば，シーア派の危険性はユダヤ教徒やキリスト教徒の危険性以上である．イスラーム世界の歴史からわかるとおり，シーア派はイスラームの地での戦いでキリスト教徒や多神教徒を支援してきた．ユダヤ教徒やキリスト教徒に対する彼らの敵意は，ホメイニー革命を広げるための，単なるスローガンにすぎない．つまり，ウイェリーにとっては，シーア派はイスラームですらなく，十字軍と結託し，スンナ派イスラームを破壊しようとする裏切りものにほかならなかったのである．

　他方，湾岸のシーア派側にも異なる動きがみられた．バハレーンでの不安定状態は，若干落ち着きをみせていたが，サウジアラビア東部州ではふたたびきな臭い匂いがただよいはじめた．イラクでシーア派政権の誕生し，イランの影響力が拡大したり，そのイランでは核兵器製造疑惑が出てきたり，さらにはイエメンではシーア派のなかの少数派ザイド派に属するホーシー派が断続的にサウジアラビアとの衝突を繰り返すなど，域内の状況が急速に変わってきたのである．サウジアラビア現体制はじょじょに自分たちがシーア派に包囲されているという認識を示すようになる．いわゆる「シーア派三日月地帯」論である．この議論が盛り上がるにつれ，「国民対話」の名のもと進められていた宗派間の宥和への期待感はあっという間にしぼみはじめた．

7　「アラブの春」と湾岸シーア派

　湾岸諸国，とりわけサウジアラビアやバハレーンでシーア派に対する不信感が深まるなか，チュニジアでは中東世界を揺るがす大事件が発生した．2010年12月，露天商の若者の自殺未遂事件をきっかけにチュニジアで大規模な反政府

デモが発生，翌年1月には同国のベンアリー政権が打倒されてしまった．この動乱は瞬く間に他のアラブ諸国にまで波及，エジプトではムバーラク政権を，リビアではカッザーフィー政権を倒し，シリアやイエメンでも大規模な反政府デモが発生，とくにシリアは事実上の内乱状態へと陥っていった．いわゆる「アラブの春」である．

　豊かな産油国の多い湾岸諸国はこの嵐の直撃を受けることはなかったが，バハレーンやオマーンのように経済基盤の脆弱な国では騒乱が大きくなる傾向が強かった．そしてバハレーンではまさに社会のもっとも脆弱な部分，シーア派が騒乱の中心となったのである．

　バハレーンでは2011年2月14日に大規模な抗議運動が発生した．デモ隊の主体がシーア派であったので，シーア派の権利拡大が要求項目に入っていたが，当初はむしろより幅広い民主化要求の色彩が強かった．しかし，その後，バハレーン政府がデモ隊に激しい弾圧を加えたため，じょじょにデモ隊は体制打倒の方向に傾斜していく．また，体制側も，デモ隊が体制打倒を目指す宗派主義的な組織であるといった方向にメディアの報道ぶりを誘導していったのである．

　同年3月にはハマド国王は非常事態を宣言し，戒厳令を布いた．同時にバハレーン政府の要請を受け，GCCの「半島の盾」軍がバハレーンに派遣され，バハレーン国内の主要施設の防衛に当たった．そのため，バハレーン政府の治安維持部隊は，デモ隊対応に集中することができ，結果的には騒乱は約1カ月で鎮圧されることになった．通常，デモの主体となった人々はこの騒乱を，はじまった日をとって「2月14日騒擾」とか，デモの中心地となった「真珠ラウンドアバウト」から「真珠騒擾」と呼んでいる．[17] なお，当時，議会で半分近くの議席を押さえていたウィファークは騒乱中に死者が出たのに抗議して，議員全員が辞職した．ウィファークはその後も政治活動を継続するが，2014年には指導者のアリー・サルマーンが逮捕され，2016年には組織そのものが正式に解散させられてしまった．[18]

　一方，サウジアラビアでも，サウジ社会のなかでもっとも政治的・社会的・経済的に脆弱な場所の1つである東部州で騒乱がはじまった．バハレーンで抗議活動が進んでいたのとほぼ同時期に，東部州でもとくにシーア派が集中しているカティーフ，アワーミーヤ，ホフーフなどを中心に小規模であるが，断続的にデモが発生したのである．当局側は，これをイランの支援を受けたテロと

して断罪，徹底的な取り締まり，逮捕で鎮圧していった．

　そうしたなか，発生したのが東部州のシーア派指導者ニムル・バーキル・ニムル処刑事件であった．東部州，とくにアワーミーヤでの騒乱を煽動したとして2016年1月，アワーミーヤ出身のニムルが他のアルカーイダなどスンナ派過激派とともに処刑されたのである．事件の発端は東部州における上述の一連の騒乱であった．サウジ政府を批判し，何度も逮捕されていたニムルは2012年，騒乱を率いていたとしてふたたび当局に逮捕され，2014年には，外国と結託し，為政者に従わず，治安部隊に武器を向けたとして死刑判決を受けた．ここでいう「外国」とは当然イランを指している．実際，彼はイラン留学の経験もあり，イランと同様，ウスーリー学派に属していたからである．しかし，ニムルは2008年時点ではシーラージー派のイスラーヒーヤ（al-Islāḥīya）でも，ヒズブッラーでもなく，むしろ独立系として既存のシーア派の政治活動にあきたらない東部州の若年層シーア派のあいだで人気を高めていたとされている．ただし，当時彼と面会した米外交当局者は，彼がイラン現体制やイランの核開発を支持しているとしながら，彼がイランとも距離を置こうとしていると指摘している[19]．

　これは，ニムルが，イランと関係をもちながらも，同時にサウジアラビア東部州シーア派の信条に合わせて随時，微妙な戦略上の軌道修正を図っているとも考えられる．だからこそ東部州で不満をかこつシーア派からの人望を得ることに成功したともいえよう．しかし，彼はサウード家打倒や東部州の分離も主張したといわれている．仮にそれが事実なら，サウジ当局が，ニムルにテロリストのレッテルを貼る絶好の機会を与えてしまったということでもある．

　結局，ニムルは2014年に死刑判決を受け，上述のとおり，2016年に処刑された．このとき全部で47人が処刑されたのだが，そのうち43人がアルカイダであり，ニムルを含む残り4人がシーア派であったことは，サウジアラビア当局がニムルをどう位置づけていたか明確に表しているといえるだろう．

　なお，この処刑を契機に中東各地域のシーア派はサウジアラビアを批判するデモを実施，とくにイランではテヘランのサウジアラビア大使館やマシュハドの領事館が暴徒に襲撃される事件が起きた．サウジ政府は，これに抗議してイランと断交した．なお，この動きにはバハレーンなども同調したが，クウェートはイランを非難したものの，断交までには至らなかった．

8 現代におけるクウェートのシーア派

クウェートに最初に移住したシーア派はマァラフィー家といわれている．彼らがクウェートに移住したのは17世紀とされ，これは，スンナ派を含めてもクウェート移住最初期に属する．その後，19世紀には断続的に多くのシーア派がクウェートに移住している．有名なベフベハーニーやカバーザルドなどはこのころ移住してきたシーア派である．

クウェートのシーア派はさまざまな視点からいくつものジャンルに分類できる．たとえば，民族的にはアラブ系，そしてイラン系がいる．同じアラブ系でも，現在のサウジアラビア東部州出身者は地名からハサーウィーと呼ばれ，バハレーン出身者はバフラーニー（Baḥrānī，複数はバハールナ Baḥārna）と呼ばれる．またこの2つと比較すると数は少ないが，イラク南部からの移住者もおり，こちらはシマーリー（Shimālī）と呼ばれている．

一方，イランからの移住者はアジャム（‘Ajam），あるいは湾岸方言でアヤム（‘Ayam）と呼ばれる．アジャムはアラビア語で「非アラブ人」「ペルシア人」を指す語で，彼らはまたイーラーニー（Īrānī，イラン人）と呼ばれることもある．このイラン出身者がクウェートのシーア派のなかでは多数派を占める．彼らは現在ではアラブ化，クウェート化しているが，いぜんとしてイラン文化を残していることもある．たとえば，家庭内でペルシア語が話されているケースは少なくないし，子どもをクウェート国内のペルシア語の学校に通わせたり，イランに留学させる家族も多い．

なおイランからの移住者がすべてシーア派であるわけではない．イランからの移住者であっても，もともとアラブ系の一族はスンナ派であることが多い．アリー・レザー家，アワディー家，カンダリー家などはそれに属する．

またクウェートのシーア派は学派別に分類することもできる．1つ目はシャイヒー派で，現代のクウェートではミールザー・グループとも呼ばれている．シャイヒー派であることからも想像できるとおり，ハサー地方からの移住者が多く，著名な一族としてはフレイビート家やワッザーン家などがある．

第2の学派はアフバーリーで，おもにバハールナがこれに属し，ガッラーフ家，ハイヤート家，マッキー・ジュムア家などが知られている．

3番目の学派はウスーリーである．これは数としては少なく，イラク，イラ

ン，あるいはレバノン出身者の一部がこれに属している．第4の学派はホーイーであり，イラン出身者の多くはここに分類される．ホーイーという名はナジャフにいたアブルハサン・ホーイーのことであり，彼をマルジャアとする一派である．ガバーザルド家，ダシュティー家，ベフベハーニー家，マァラフィー家などがこれに属しているといわれている．

また，学派ではないが，「イマームの路線（Khaṭṭ al-Imām）」と呼ばれるグループがいる．彼らは，みずからが属する一族の出身地域やその学派とは無関係に，イラン・イスラーム革命の公式イデオロギーである「法学者の統治（wilāya al-faqīh）」を支持するものである．ちなみに，こうした学派やイデオロギー上の分類はクウェートだけに限定されるものではなく，バハレーンやサウジ東部州とも思想・運動ともに連関するものといえる．

クウェートのシーア派人口は正確には不明だが，両派の人口比は，有権者登録から類推できる．たとえば，2016年の場合，スンナ派86％，シーア派14％という数字が出ている．[20]　クウェートの場合，国民のアイデンティティーを構成するもう1つの重要な基準があり，それは定住民（al-ḥaḍar）と部族民（al-qabā'il）という区分である．2016年の両者の比率は前者が46.9％，後者が53.1％である．シーア派は原則として定住民に分類されており，したがって，定住民のあいだでのシーア派比率は，14％によりも高いと推測できる．

また，シーア派の特徴として特定の地域に集中している点も挙げられよう．ただし，この特徴はかなり薄れてきている．現行の選挙区でいうと，第1選挙区から第3選挙区までは定住民，第4と第5選挙区は部族民という分類がされる．これらのうちシーア派は第1選挙区に集中している．この選挙区では有権者登録を行ったもののうち約4割がシーア派とされている．ただし，かつてシーア派は第1選挙区を中心に，第2と第3選挙区に主に居住していたのだが，現在は郊外にあたる第4，第5選挙区に居住するものも増えており，デモグラフィーに変化がみられる．

実際，選挙ではほぼこの人口比どおりの結果になることが多い．2016年11月26日の国民議会選挙でシーア派は第1選挙区で4人の当選者を出したが，それ以外では第2，第3選挙区で1人ずつの当選者しか出せなかった（表7-4）．

他方，閣僚レベルでもシーア派は，各内閣でおおむね何らかのかたちでプレゼンスを維持している．かつて石油省などは大臣を含め，シーア派の牙城とも呼ばれたことはあるが，近年はそうした傾向も薄れている．ただし，特定の省

表 7-4　クウェート選挙区別シーア派人口

グループ	人数	グループ	人数	グループ	人数
1		**2**		**3**	
Ḥasāwīya	10,100	Ḥasāwīya	3,775	Ḥasāwīya	4,855
Tarākma	9,700	Tarākma	1,770	Tarākma	3,260
Baḥārna	3,185	Behbehānīya	720	Baḥārna	1,045
Ashkanānīya	1,260	Baḥārna	525	Lūr	755
Behbehānīya	1,185	Ashkanānīya	350	Balūsh	560
Dashtīya	1,070	Lūr	220	Behbehānīya	535
Lūr	1,005	Dashtīya	215	Dashtīya	455
Balūsh	800	Balūsh	200	Ashkanānīya	325
Bū Shahrī	480	Others	580	Bū Shahrī	270
Banī Ka'b	475			Banī Ka'b	140
				Others	790
計	29,260		8,355		12,775
比率	37.20%		15.20%		15%

グループ	人数	グループ	人数	グループ	人数
4		**5**		**合計**	
Ḥasāwīya	1,200	Tarākma	2,800	Ḥasāwīya	22,645
Tarākma	920	Ḥasāwīya	2,790	Tarākma	18,590
Shimālīyūn	910	Shimaliyun	1,400	Baḥārna	5,800
Baḥārna	260	Baḥārna	775	Behbehānīya	2,780
Balūsh	190	Balūsh	590	Lūr	2,460
Ashkanānīya	130	Lūr	370	Balūsh	2,350
Lūr	120	Dashtīya	270	Shimaliyun	2,310
Dashtīya	90	Ashkanānīya	220	Ashkanānīya	2,245
Behbehānīya	75	Bayramīya	100	Dashtīya	2,110
Others	525	Others		Bū Shahrī	980
				Banī Ka'b	935
				Bayramīya	100
計	4,420		9,850		63,305
比率	3.40%		7.20%		14%

（出所）カバス紙報道をもとに筆者作成.

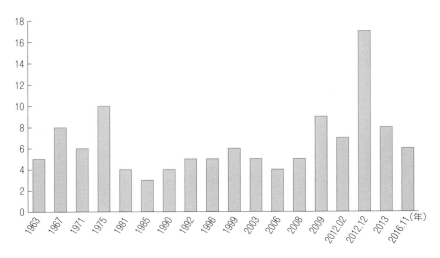

図7-1 クウェート議会におけるシーア派議員数の推移
(出所) 筆者作成.

は首長家やスンナ派によって独占されている．1つは治安・安全保障に関わる分野で，もう1つは宗教の影響が大きい分野である．具体的にいうと，司法相，ワクフ相，教育相などが挙げられる．

シーア派系財閥もクウェートでは大きな力をもっている．マァラフィー家やベフベハーニー家など湾岸を代表する財閥も少なくない．とくにイラン系のベフベハーニー家は，イランとの強い繋がりをいぜんとして維持しており，イランのイスラーム革命の指導者だったホメイニーを資金的に支えていたとの噂もあった．

また，クウェート社会のなかではシーア派は特定産業に集中する傾向があり，たとえば，両替商やパン屋，被服関係にはシーア派が多いといわれていた．

これまで述べたとおり，クウェートのシーア派は，イラン・イスラーム革命後から湾岸戦争までの10年間を例外に体制側とは良好な関係を維持していた．また，スンナ派・シーア派相互の不信感が完全に払拭されたとはいいがたいが，表面的・制度的な差別や迫害は，バハレーンやサウジアラビアと比較すると，圧倒的に少ないといえる．

いわゆる「アラブの春」でクウェートのシーア派が比較的冷静さを保ち、大きなデモを起こすことがなかったのはそのためであろう。このときもっとも激しい動きを見せたのが「ビドゥーン (bidūn)」と呼ばれる無国籍者であったことは、逆にクウェート社会でもっとも脆弱な存在がシーア派ではなく、このビドゥーンであることを浮き彫りにしたといえる。

2015年6月にクウェート市中心部にあるシーア派モスク、イマーム・サーデク・モスクで自爆テロが発生、27人が死亡、200人以上が負傷した。クウェートでは最悪のテロであった。この前後にはクウェートのみならず、サウジアラビアでもシーア派モスクを狙った事件が発生しており、その大半でテロ組織「イスラーム国」(IS) が犯行声明を出している。クウェートでの事件では、いぜんとして、少数とはいえ、国内に過激な反シーア派感情があることが明らかになった（ただし、自爆テロ実行犯はサウジ人）。こうした相互の根深い宗派感情は、たとえクウェートのような比較的宥和的な環境においても、突発的な事態（たとえば、ISの登場）や国家間の対立（イランと湾岸諸国の断交など）で、いとも簡単に非合理な暴力へと変貌してしまうことを忘れてはならないだろう。

注

1）一般にスンナ派のヨルダン人、イエメン人、パキスタン人などを警察や軍で雇用することで、彼らにバハレーン国籍を与えているといわれている。

2）*Government of Bahrain Annual Report for Year 1359* (February 1940-February 1941): 36-38. ただし、総人口には1万5930人の外国人が含まれているので、実際の宗派比率は若干異なる。

3）カルマト派はもともと7イマーム派ともいわれるイスマーイール派の一派で、10世紀なかばにマッカの黒石を奪って、ザムザムの井戸を穢したことで悪名を轟かせた。過激なサラフィー主義者、ジハード主義者たちは、バハレーンのシーア派を批判する際、彼らにカルマト派のレッテルを貼ることがある。

4）あるいは hūla と呼ばれることもある。

5）スバーフ家の統治が確立する以前のクウェートではバニー・ハーリド族の影響が大きかった。バニー・ハーリドはスンナ派・シーア派混在の部族連合である。

6）たとえば、タバコはワッハーブ派では厳禁されていたが、シーア派地域では家庭内で嗜むのは許されていた。

7）なお、サウジアラビアのシーア派は東部州だけでなく、西側のマディーナにも小規模なシーア派コミュニティ（ナハーウィラ Nakhāwila）が存在している。また、南部には5イマーム派とも呼ばれるザイド派のシーア派信徒や7イマーム派といわれるイスマーイール派のコミュニティがある。また、一部の部族にはシーア派が含まれているとされるが、たしかではない。

8）アーシューラーの日は，シーア派最大の祝祭日．序章注10参照．

9）ただし，富裕層は，子弟をインドやイラク，イランで学ばせることも少なくなかった．当然シーア派の富裕層は，イラクのナジャフやカルバラー，あるいはイランのゴムなどに子弟を送ることもあった．

10）カージミーは，1975年にサウジアラビアを訪問し，フェイサル国王に謁見している最中に，同国王が暗殺されたり，OPEC総会に出席した際にはテロリストに人質になったりするなど，波乱の政治家人生を送っていた．なお，バハレーンでは独立後，最初の内閣で司法担当相に任命されたフセイン・バハールナが最初のシーア派閣僚と思われる．彼はケンブリッジ大学で国際法の博士号を取得，クウェート外務省やアラムコの法律顧問をつとめたのち，バハレーンの司法担当相となり，1995年までその地位にあった．

11）バハレーン政府によるシーア派虐待の象徴的な人物が，1960年代から90年代にかけてバハレーン治安当局に君臨したイギリス人イアン・ヘンダーソンである．彼はバハレーンにくるまえは，イギリス植民地化のケニアでマウマウ団の反乱を徹底的に弾圧したことで悪名高く，バハレーンにおいても同様に政治犯等として逮捕されたシーア派たちに残虐な拷問を加えたとされている（ただし，ヘンダーソン自身は嫌疑をすべて否定している）．

12）シーラージーを精神的指導者とするグループは1968年に「前衛の伝道者たちの運動（Ḥaraka al-Risālīyīn al-Ṭalāʾiʿ）」と呼ばれる秘密組織を結成しており，クウェートだけでなく，サウジアラビアやバハレーン，オマーンにも支部を有していた．

13）他方，ダアワ党系の組織は主にアラブ系シーア派によって構成されていた．

14）なお，このときマッカではジュヘイマーン・オテイビーらによるハラーム・モスク占拠事件が発生していた．こちらは，過激なイフワーン運動の流れをくむもので，シーア派の運動とはまったく連動していなかったのだが，日本を含む西側メディアの多くは，この事件発生後しばらくのあいだシーア派による犯行説を示唆していた．

15）サウジアラビアのヒズブッラーについては［Matthiesen 2010］，クウェートのヒズバッラーについては［Mdaires 2010］を参照．

16）9.11事件後，アフガニスタンでターリバーン政権が瓦解したのち，アルカーイダの一部が，イランに逃亡している．実際，オサーマはスーダン時代にはイラン当局者と積極的に接触しており，イランの影響も強いレバノンのシーア派組織，ヒズブッラーとも関係をもっていたという，信頼できる証言がある．またイラク戦争に関して，ムスリムは大同団結すべきであるとの発言も行っており，これも読みようによってはスンナ派とシーア派が共闘してアメリカと戦うべきであるとも解釈できる．

17）ここでいう「騒擾」ではいずれも，パレスチナの闘争と同じ「インティファーダ（intifāḍa）」の語が用いられている．

18）アリー・サルマーンは2018年11月に終身刑を言い渡された．

19）https://wikileaks.org/plusd/cables/08RIYADH1283_a.html（2018年11月19日閲覧）．

20）なお，2016年のシーア派人口については，Ṣāliḥ al-Saʿīdī, "Qirāʾa fī al-Sijill al-Intikhābī 1 –6," al-Qabas, Māyū 29 - Yūniyū 5, 2016（サーリフ・サイーディー「選挙人登録を読む」『カバス』2016年5月29日〜6月5日）を参考にしている．なお，この数字は2016年11月に行われた国民議会選挙のそれとは若干異なっている．また，とくにシーア派人口に

ついては政治的配慮もあり，正確な数字ではなく，概数になっている．とくにシーア派が集中する第1選挙区についてはこの記事の数字はかなり丸められたものになっており，同選挙区におけるシーア派比率にも言及されていない．

◆参考文献◆
邦文献
イブン・バットゥータ［1996〜2002］『大旅行記』1〜7，家島彦一訳，平凡社．

外国語文献
Al-Mdaires, F. A.［2010］*Islamic Extremism in Kuwait: From the Muslim Brotherhood to al-Qaeda and Other Islamist Political Groups*, London & New York: Routledge.

Al-'Uyayrī, Y.［発行年不明］Mustaqbal al-'Irāq wa al-Jazīra al-'Arabīya ba'd Suqūt Baghdād, Markaz al-Dirāsāt wa al-Buḥūth al-Islāmīya（『バグダード陥落後のイラクとアラビア半島の未来』イスラーム研究調査センター）．

Belgrave, C.［1972］*Personal Column*, Beirut: Librairie du Liban.

DeLong-Bas, N. J.［2004］*Wahhabi Islam: From Revival and Reform to Global Jihad*, London & New York: I. B. Tauris.

Fuller, G. E. and Francke, R. R.［1999］*The Arab Shi'a: The Forgotten Muslims*, New York: St. Martin's Press.

Gengler, J.［2015］*Group Conflict and Political Mobilization in Bahrain and the Arab Gulf*, Bloomington and Indianapolis: Indiana University Press.

Ibrahim, F.［2006］*The Shi'is of Saudi Arabia*, London: Saqi.

Matthiesen, T.［2010］"Hizbullah al-Hijaz: A History of the Most Radical Saudi Shi'a Opposition Group," *The Middle East Journal*, 64: 2.

———［2013］*Sectarian Gulf: Bahrain, Saudi Arabia, and the Arab Spring that wasn't*, Stanford: Stanford University Press.

———［2015］*The Other Saudis: Shiism, Dissent and Sectarianism*, Cambridge: Cambridge University Press.

Zahlan, R. S.［1998］*The Making of the Modern Gulf States*, Reading: Ithaca Press.

第8章 イエメンの内戦と宗派

松本　弘

はじめに

　イラク，シリアの事例と同様に，イエメンの内戦もまた，スンナ派対シーア派という宗派対立の視点から解説や評価がなされることが多い．しかし，これも他の事例と同じく，イエメンは宗派主義や宗派対立でその紛争を考えることが妥当か否かにつき，判断が難しい事例となっている．後述するように，内戦の一方の主体であるホーシー派の成立過程やサウジアラビアとイランの代理戦争，イスラーム過激派を含むサラフィー主義者[1]といった側面には，確かに宗派がかかわっている．しかし同時に，ホーシー派のその後の展開や構成，内戦に至る経緯や内戦の実態には，宗派の問題はかかわっておらず，宗派対立という要素は見られない．

　問題の内容や性質と宗派対立という評価との間に大きなギャップが存在する状況は，イエメンに限らない．そのような場合，問題の本質は宗派にかかわる教義や信徒の意識にあるのではなく，政治経済的格差を含む宗派間の社会的亀裂や，政治権力の闘争や制度・政策における宗派の利用などにあるとする議論が，一般的である．実は，イエメンにかかわる本章もこのような議論を多く含む．しかし，それは上記した宗派がかかわる側面を否定できるものではないし，さらに宗派と社会的亀裂が重なったり，宗派の政治利用が一定の効果を示したりするのであれば，そこには宗派の政治的意味といったものがあるのではないかと考えられる．宗派対立や宗派主義であるのか否かという二者択一的な問題設定や，そうである側面とそうでない側面があるといった並列的な評価は，かえって議論を現実から遠ざけてしまうかもしれない．

図 8-1　イエメンの州地図

　そうであるならば，宗派対立であるようにも，ないようにも見える問題の全体を，何らかのかたちでまとめて考察する必要がある．たとえば，サウジアラビアとイランの代理戦争という地域レベルと，イエメンの政治的混乱や内戦という国家レベルとで評価が大きく異なっているのであれば，両者をつないだり，そのあいだを埋めたりする作業が必要なのではないか．そのような作業はイエメン内戦の全体について，より現実的な見方を提示できよう．

　本章の目的は，そのような作業を試みることにある．そのためには，まずイエメンの内戦にかかわる事実関係の確認をしなければならない．次節で内戦に至る経緯と内戦の展開を，第2節では内戦の主体を，本章の目的に必要な範囲で簡潔に解説する．そして結論において，宗派対立や宗派主義を包含する新たなアプローチを提案して，イエメンの事例に対する筆者なりの評価を試みたい．

1　内戦の経緯

(1)　2011年政変

　2011年「アラブの春」はイエメンにも波及した．同年1月から大規模な反政府デモが各都市で続き，首都サナアではデモ隊が市街の一角を占拠して常駐し

た．アリー・アブドゥッラー・サーレハ大統領はサウジアラビアに対し仲介を依頼し，サウジアラビアは湾岸協力会議（GCC）にこの問題を委ねた．GCC は4月に，サーレハの辞任と2年間の移行期間中に新憲法の制定や大統領および議会選挙を行なうことを骨子とする調停案を提示した．サーレハが調停案を拒否するなど紆余曲折はあったが，11月にサーレハは調停案に署名した．翌2012年2月，アブドゥラボ・マンスール・ハーディー副大統領を単独候補者とする大統領選挙（信任投票）が実施され，ハーディーが大統領に就任した．これにより移行期間が始まったが，サーレハは与党の国民全体会議（GPC）の党首を続け（ハーディーは同党の幹事長），内閣も半数の閣僚を GPC が占める挙国一致内閣であった．

　この間，イエメンは国家の体をなさない危機的状況に陥った．サーレハの異父弟で第一機甲旅団長のアリー・ムフシン・アハマル[2]は，ホーシー派との戦闘を放棄して旅団とともに首都サナアに戻り，反政府デモを支持して，その護衛に布陣した．これに対し，サーレハの長男で共和国防衛隊司令官のアハマド・アリー・サーレハは，政権支持を堅持して第一機甲旅団と対峙し，サナア市街で軍の精鋭同士がにらみ合う事態となった．

　また，反政府デモの発生以降に軍部隊を各都市に移動させたことから，政府は地方部でのコントロールを失った．北辺にあるサアダ州の一地方に割拠するだけの勢力であったホーシー派は，サアダ州に加え隣接するハッジャ州とジョウフ州の3州を掌握した．一方，南部ではアビヤン州とラヘジ州の州都が，イスラーム過激派の「アラビア半島のアルカーイダ（AQAP）」に制圧された．さらに，2011年に AQAP とは別に成立した過激派であるアンサール・アル＝シャリーアは，南部の内陸部に勢力圏を確立し，AQAP と並んで南部の地方をほぼ抑えた（2014年にはアンサール・アル＝シャリーアから「イスラーム国」が分派した）．

(2)　ホーシー派の南下と内戦の勃発

　こうした危機的状況のなかで成立したハーディー政権は，南部の2州都をAQAP から奪還するとともに，軍内部で要職を占めていたサーレハの親族や側近の更迭をすすめた．アリー・ムフシンとアハマドはそれぞれの司令官職を解任され，第一機甲旅団と共和国防衛隊は分割されて，国防相の直接指揮下に移管された．

　しかし，順調であったのはこの2点のみで，ホーシー派やイスラーム過激派

の支配地域に変化はなかった．また，移行期間開始に伴って GCC 諸国などからの援助が増加したにもかかわらず，その援助をうまく用いることができず，国民経済は疲弊をさらに深め，以前にも増して汚職が横行する事態となった．

新憲法作成のための基本方針を決めるため，国内の各勢力や地方，女性などの代表が参加する包括的国民対話会議が設置された．しかし，その開催は予定より大幅に遅れ，2013年3月にようやく議論が開始された．ホーシー派や，1990年南北イエメン統一以前の旧南イエメン（イエメン民主主義人民共和国）の地域の平和的な再分離独立を目指す南部運動（al-Ḥirāk al-Junūbī，ヒラーク）も，この会議に参加した．2014年1月，会議は連邦制の導入を含む新憲法の方針を採択して閉幕し，その直後に政府より，新憲法制定と大統領および議会選挙の早期実施を条件に，移行期間を1年間延長するとの発表がなされた．

翌2月，ホーシー派はサアダ州から南下を開始し，8月にサナア近郊に達した．途中のアムラーン州では，軍の迎撃をほとんど受けず，ハーシド部族連合の連合長を務めるサーディク・アブドゥッラー・アハマルの出身部族であるウサイマート部族の民兵とは衝突したが，ほぼ一戦でこれを敗走させた．（後述）にもかかわらず，サアダ州からサナアまで半年を要するきわめて移動速度の遅い進軍であり，さらにサナア近郊に達してからその市街に入るまで，1カ月を無為に過ごしている．

9月，政府がガソリンなどの生活基礎物資への補助金を事前通告なしに撤廃すると，ホーシー派は補助金撤廃に反対し，政府を糾弾するデモをサナア市民に呼び掛けた．市民多数がデモを始めると，ホーシー派はこれに乗じてようやく市内に入り，スタジアムやイエメンのスンナ派サラフィー主義者の牙城であるイーマーン大学にキャンプを張った．その後，ホーシー派は治安部隊と衝突して政府機関や空港を占拠し，サナアを掌握した．ホーシー派のサナア入城に際して，アリー・ムフシンとサーディクは行方不明となり，のちにサウジアラビアに逃亡していたことが判明した（後述）．

しかし，ホーシー派はサナア掌握後，ハーディー政権に経済再建や憲法制定，選挙実施などの要求を繰り返しながらも，特段の政治的，軍事的行動をとっていない．なし崩し的な移行期間の再延長が眼前に迫った2015年1月，突然ホーシー派は首相府と大統領府を攻撃し，ハーディー大統領を軟禁状態に置いた．ハーディーは辞意を表明し，翌2月にホーシー派は「革命委員会」を組織して，2年間の暫定統治を発表した（実際の行政はホーシー派が任命した500人の

議会が運営），ホーシー派のクーデターによる政権の奪取であった．

　しかし，３月15日にハーディーはサナアを脱出してアデンに逃亡し，そこで正統な政府の存続を主張した．同月20日，ホーシー派が多く集まるサナアのモスクがイスラーム国による爆弾テロの標的となり，40名以上の死者を出すと，これを契機にホーシー派はサナア以南への本格的な侵攻を開始した．各地でハーディー政権側の国軍部隊やホーシー派の支配を嫌う部族民兵との衝突しながら，ホーシー派はアデンに達した．

(3) アラブ有志連合の介入と南部諸勢力

　ホーシー派がアデンに達した直後の３月26日，サウジアラビアが主導するアラブ有志連合がホーシー派への空爆を開始した．突然の軍事介入であり，イエメン内戦は一気に地域紛争に昇華した．アラブ有志連合の形成以前に，ハーディーはサウジアラビアに移動しており，アデンにはその内閣のみが常駐していた．アデン市街の争奪戦の後，その近郊で戦線は膠着状態に陥った．５月にはサウジアラビアとアラブ首長国連邦（UAE）が地上部隊の派遣を開始し，ホーシー派は弾道ミサイルによる対サウジ直接攻撃を始めた．

　この間，ヒラークを母体とするさまざまな武装組織がUAEの支援を受けて発足し，ホーシー派との戦闘に参加した（本章では，これらの武装組織をまとめて便宜的に南部諸勢力と呼ぶ）．一方，内戦以前からホーシー派へのテロ攻撃を行なっていたイスラーム過激派は，アデンのハーディー政権へのテロ攻撃も開始し，対立は三つ巴の様相を呈するようになる．

　2016年４月，サウジアラビアに滞在していたアリー・ムフシンは，ハーディー政権の副大統領に就任した．一方，７月にはホーシー派が革命委員会を解体し，新たにサーレハ支持派とともに最高政治委員会を設けて，最高意思決定機関とした．

　2017年１月，アデンから紅海沿岸部を北上していたUAEの支援する南部諸勢力は，タイズ州の港町モカに達した．南部諸勢力が次第に反転攻勢を強めるなか，UAEの支援を受けて新たに発足した南部移行評議会（al-Majlis al-Intiqālī al-Junūbī, STC）が，2018年１月にハーディー派部隊と戦闘の末，アデンを掌握した．ハーディー政権は有名無実の状態となり，内戦の主体はSTCを中心とする南部諸勢力に取って代わられた．

　一方，サナアでは2017年12月２日，GPCの党大会でサーレハがサウジアラ

ビアとの和平とホーシー派との関係断絶に言及した（サウジアラビアは歓迎の意向を表明）．その2日後，ホーシー派はサーレハの車列を襲撃し，サーレハを殺害した．長男アハマドはUAEから復讐を呼び掛け，その後に複数のGPCメンバーが離反したものの，ホーシー派の支配に変化はなかった．

紅海沿岸部を進んだ南部諸勢力は，2018年5月にイエメン最大の港湾都市ホデイダの近郊に達し，6月から市内への攻撃を開始した．しかし，ホデイダは陥落せず，戦線は停滞した．12月，国連の仲介によりホーシー派とハーディー政権は和平協議を開始し，ホデイダ州全域での停戦に合意した．

2　内戦の主体

(1)　ホーシー派の成立過程

ホーシー派とは，イエメンのシーア派であるザイド派[4]にかかわる勢力である．イエメン・ザイド派の起源は9世紀に，北部の山岳地帯に盤踞するハーシド部族連合とバキール部族連合に属する諸部族（以下ハーシド・バキール）が収拾不可能な抗争に陥ったことに遡る．部族民は預言者ムハンマドの子孫（サイイド）であるヤヒヤー（859–911）をマディーナから招聘して調停を依頼し，調停により抗争が終結するとヤヒヤーにイエメンへの移住を要請した．このヤヒヤーがザイド派に属していたことから，ハーシド・バキールの部族民もザイド派に宗旨替えした．それゆえ，イエメンのザイド派信徒とは，ハーシド・バキールの部族民と同一集団ということになる．

ヤヒヤーの子孫は，イエメンにおいて複数のサイイドの家系を形成し，部族社会の調停や指導を担った．その家系の1つがホーシー家である（よってホーシー家は部族ではない）．さらに，サイイドの代表者であるイマームは，1918年成立のムタワッキル王国において国王となった．しかし，1962年の北イエメン革命（イエメン・アラブ共和国の成立）により，ザイド派のイマーム制は廃止され，宗派の権威や影響力は政治的にも社会的にも失われた．一方，革命後もハーシド・バキールはその強い民兵力から大きな政治的影響力を維持したため，彼らはザイド派という宗派の集団よりも，ハーシド・バキールという部族勢力として認識され，自覚もしていた．

ところが，このザイド派地域において，1970年代からサウジアラビアのワッハーブ派の宣教活動が始まる．80年代には，サアダ州州都の近郊に「ハディー

スの家」というセンターが設けられ，ザイド派信徒にワッハーブ派の思想を広める活動を積極的に展開した．しかも，ハーシド部族連合長のアブドゥッラー・アハマルはザイド派の信徒でありながら，自らが持つサウジアラビアとの関係を優先して，ハーシドの部族長らにワッハーブ派の活動を支援するよう求めた．サウジアラビアを後ろ盾とするワッハーブ派の宣教活動とハーシド部族連合長のそれへの支援は，ザイド派という宗派に存亡の危機をもたらした[Bonnefoy 2011: 265; 275; 280].

　ここで立ち上がったのが，ホーシー家家長のバドルッディーン・ホーシーとその息子たちである．バドルッディーンはザイド派の復興を掲げ，サアダ州に「信仰する若者たち（Shabāb al-Muʾmin）」という団体を設立した．この団体は，主として地元青年向けのキャンプ活動などでザイド派の教育を行なった．1990年に南北イエメンが統一され，イエメン共和国が成立すると，複数政党制と普通選挙の導入による民主化が実施された．ホーシー家はハック党という新党を立ち上げ，長男のフサイン・ホーシーと他1名が1993年の第1回総選挙で当選した．しかし，1997年の第2回総選挙で両名とも落選した後は，フサインはもっぱら青年層への演説にその活動を移した．

　フサインの演説は当然，ワッハーブ派を否定しサウジアラビアを非難するものであったが，2003年イラク戦争を契機として，その内容は反米の傾向を強く示すようになる．フサインの反米演説は多くの若者を引き付け，その支持者を増やしていった．当時のイエメン政府にとって，これは看過できない深刻な問題であった．以前から「テロリストの隠れ家」という批判を受けていたイエメンは，2001年米同時多発テロ以降，テロ支援国家に指定されかねない危機的状況にあった．このため，政府はアメリカの対テロ戦争に積極的に参加し，テロ対策として米軍の顧問団も受け入れていた．そのようななかで反米演説が人気を博すことは，政府の施策とは逆行するものであった．

　サーレハ大統領はフサインへの説得を試みたが，フサインはこれに応じず，サーレハは2004年6月にアリー・ムフシン麾下の第一機甲旅団に彼の拘束を命じた．ところが，拘束に向かった部隊はフサインの支持者である部族民兵と銃撃戦となってしまい，双方に多くの死者を出した．拘束に失敗しただけでなく，武力衝突がその後も拡大し続けたため，状況は泥沼化した．当時，この衝突はサアダ事件と呼ばれ，このときからフサインとその支持者たちはホーシー派と呼ばれるようになる．フサインと父バドルッディーンは同年中の銃撃戦で

死亡し，ホーシー派の指導者は異母弟アブドゥルマリク・ホーシーら，フサインの弟たちに引き継がれた．

ホーシー派は2005年から，イランの革命防衛隊の支援を受けている［Salmoni, Loidolt and Wells 2010: 170］．政府はホーシー派に対し，ザイド派の「イマーム制復活」やイラン式の「ウラマーによる政治」を目指すものとの批判を繰り返した．ホーシー派はそのような批判をすべて否定し，政府の攻撃に反撃しているだけの防衛戦であると主張するとともに，逆に政府の不正や汚職を非難する声明を出し続けた［松本 2016: 116-118, 120］．

第一機甲旅団は，ホーシー派を鎮圧することができなかった．サーレハは2007年に，父アブドゥッラー死去に伴いハーシド部族連合長を継いだばかりのサーディク・アハマルに支援を要請し，サーディクはハーシド諸部族の民兵を動員して組織した義勇軍を，ホーシー派との戦闘に投入した．この義勇軍の中心はサーディクの出身部族であるウサイマート部族の民兵であったが，加えてイエメンのスンナ派サラフィー主義者も多数動員されていた．サラフィー主義者たちは，不倶戴天の敵であるシーア派の討伐という動機で参戦した［Brandt 2017: 352］．それゆえ，ホーシー派の直接的な敵はアリー・ムフシンとサーディク・アハマルであり，2014年にホーシー派がサアダ州から南下した際，アムラーン州でウサイマート部族と衝突したのも，彼らのサナア入城時に両名がサウジアラビアに逃亡したのも，これを理由としている．2009年には，サウジアラビアがホーシー派に激しい空爆を行なっている．

このような衝突が続くなか，ホーシー派への参加者は増え続けていった．まず，第一機甲旅団と義勇軍の攻撃，サウジアラビアの空爆により死亡した部族民兵の親族が，部族社会の慣習である「血の復讐」（同害報復）に従ってホーシー派に参加する例が多かった．さらに，第一機甲旅団と義勇軍の兵士たちは素行が悪く，その戦闘でも地元住民への配慮が欠けていたため，ホーシー派とは無関係の住民に大きな被害が及んだ．政府が用意した避難キャンプも劣悪なものであった．地元住民にとって，第一機甲旅団と義勇軍は治安の回復を図るような存在ではなく，むしろ彼らの生活を脅かすよそ者であり，被害を被った住民の多くもホーシー派に参入したといわれる［Brandt 2017: 350］．

(2)　ホーシー派の位置付け

このような武力衝突が続くなか，既述した2011年政変が生じ，ホーシー派は

表 8-1　連邦制導入にかかわる新州の範囲

新州の名称案	現在の州名
アザル州	サアダ州，アムラーン州，サナア州，ダマール州
サバ州	ジョウフ州，マーリブ州，ベイダー州
ティハーマ州	ハッジャ州，マフィート州，ホデイダ州，ライマ州
ジャナド州	イッブ州，タイズ州
アデン州	ダーリウ州，ラヘジ州，アデン州，アビヤン州
ハドラマウト州	シャブワ州，ハドラマウト州，マハラ州，ソコトラ州
中央政府直轄地域	サナア市，アデン市

(注) アザルは，ノアの長男セムの息子の名前．イエメンではサナアの建設者とされる．サバはイエメン古代王朝
　　 の名称で，旧約聖書のシバに同定される．ティハーマは紅海沿岸の海岸平野一帯の地名．ジャナドはタイズ
　　 を中心とした高原地帯を指す古名．
(出所) Salisbury [2015: 16-17].

北辺の３州を掌握することになる．その後の2014年南下や2015年クーデターに
は，不明な点が多い．2014年２月にホーシー派がサアダ州から南下を始めた理
由は，未だにわかっていない．おそらくは，地方自治に大きな権限を認める連
邦制の導入が関わっていると考えられる．包括的国民対話会議が合意した連邦
制の導入に，最も強く反対したのはホーシー派とサーレハであった．ホーシー
派の南下は，その導入合意の直後に開始されており，何らかの因果関係が想像
される．さらに，南下の速度がきわめて遅く，サナア入城にも躊躇の形跡が見
られたことから，南下の目的がサナアであったかどうかも疑わしい．

　表 8-1 は，連邦制導入に関して発表された新しい州の編成である．現在の
22州を北部４州と南部２州の計６州に再編するものであるが，ホーシー派の支
配地域である北辺３州は，異なる３つの新州に振り分けられた．加えて，拠点
であるサアダ州は首都を擁するサナア州と同じ新州（アザル州）に編入され，
連邦政府の施策や影響力が働きやすい州に組み入れられた．いわばホーシー派
つぶしの州編成であり，ホーシー派に受け入れられるようなものではない．
ホーシー派は，過去にも複数回アムラーン州に侵入しているが，同州の南方は
広大な盆地平野となっており，国軍の組織的展開に撃退されている．それゆ
え，ホーシー派の2014年南下の目的は，可能なかぎり自らの勢力範囲を広げ，
それを以って新州の１つと認めさせて，実質的な独立状態を得ようとしたこと
にあったのではないか．

　ところが，案に相違してアムラーン州で軍の組織的な迎撃を受けなかった．

このため，障害や抵抗がほとんどないまま，サナアに到達してしまった．軍の対応がなかったことには，サーレハの策略が指摘されている．確かに，ホーシー派のサナア入城に関するサーレハ黒幕説には信憑性がある．ここから，ホーシー派の南下自体，サーレハとの密約や協力のもとに行なわれたとも指摘されている．しかし，そうであるならば，ホーシー派はもっと早くサナアに入っていたはずである．ホーシー派との連絡や協議をしないまま，サーレハが軍に影響力を及ぼして，その南下を助けたと考えた方が現実的であろう．2015年1月のホーシー派クーデターについても，サーレハとの協力関係が指摘される［e.g. Brandt 2017: 338-339］．しかし，ホーシー派はサナア入城後4カ月も経ってから，クーデターをおこなった．政権奪取が目的なら，サナアに入ってからすぐにクーデターを行なえばよい．ホーシー派が，クーデターによる政権の掌握を目的に，サアダ州からの南下を始めたとは到底考えられない．

　ホーシー派とサーレハの利害が一致していた点は，無能なハーディー政権に対する怒りであろう．ハーディーはサーレハ政権の副大統領ではあったが，政権のナンバー2であったわけではない．サーレハ大統領が旧北イエメン出身であるため，旧南イエメン出身の副大統領が必要とのバランス人事のみで任命されたにすぎない．援助の分配や有力者層との折衝など，イエメンに不可欠な統治能力では，サーレハの足元にも及ばない．それが，2011年政変時のGCCによる調停で大統領になってしまった．このため，既述のように経済は停滞し，憲法も選挙も一向に準備が進まないという無能ぶりをさらけ出した．

　サーレハは，もともとGCCの調停による辞任やハーディーによる親族・側近のパージに大きな不満を持っており，そこにハーディーの国家運営のつたなさが加わって，政権に見切りを付けていたのだろう．ホーシー派は，サーレハ政権時から政府の不正や汚職を非難していたが，ハーディー政権になってからは上記の失政をより強く糾弾するようになった．ホーシー派のサナア入城時，サナア市民がたとえ一時でも，ホーシー派の扇動に呼応してデモに繰り出し，ホーシー派を支持するかのような姿勢を見せたのも，ハーディー政権に対する同様な不満や怒りによるものであった．

　サーレハからすれば，ホーシー派の南下はハーディー政権弱体化につながる可能性を持つ事件であり，軍に影響力を行使してその行動を阻止させなかったのだろう．サナア入城後に，ホーシー派がハーディーにさまざまな政治的要求を繰り返しても，政権は相変わらず無能なままであったため，ホーシー派は

クーデターによる政権の打倒に至ったと考えられる．そして，サーレハとその支持者たちは，このクーデターに便乗した．サーレハとその支持者たちが，どれだけハーディーに不満を持っていようと，その排除はGCCの調停を反故にすることにつながり，サウジアラビアとの関係を悪化させる．それゆえ，自ら政権を倒すことはできないが，GCCの調停とはかかわりのないホーシー派であれば，それが可能と判断したのであろう．しかし，イランの支援を受けるホーシー派は，サウジアラビアにとって最も許容できない存在であり，政権の奪取からサナア以南への侵攻に至って，アラブ有志連合の形成と介入に傾いた．ホーシー派によるハーディー政権の打倒が，サウジアラビアとの交戦を生む展開は，サーレハとその支持者たちの誤算と失策によるものといえよう．

　このように，ホーシー派の成立から内戦までの過程を見てみると，ホーシー派がザイド派という宗派に深くかかわるものであったのは，ごく初期のころに限られることがわかる．確かに，「信仰する若者たち」はザイド派の復興運動であり，それはワッハーブ派の宣教活動がもたらした危機への対処であった．そのキャンプ活動には，1万人を超える青年が参加したといわれるが［Salmoni, Loidolt and Wells 2010: 89-101］，1997年総選挙でのフサイン落選を考えると，当時の支持者は決して多くなかったと見られる．ホーシー派の支持者が急増するのは，既述のように2003年以降のフサインによる反米演説と，2004年サアダ事件以降の武力衝突に起因している．反米演説への共鳴者にしろ，武力衝突の被害者にしろ，2003年以降にホーシー派に参加した人々は，ザイド派の信徒ではあるが，その動機や意識にザイド派は反映されていない．ホーシー派自身も，政府による「ウラマーによる政治」や「イマーム制の復活」を目指すものとの批判を否定し，長く自称すら持たなかった．その後，アンサール・アッラー（Anṣār al-Allāh）と名乗るようにはなるが，政府の不正や汚職を非難するのみで，宗派にかかわる自己規定はせず，クーデター後の統治にも宗教色を一切見せていない．

　さらに，2015年のサナア以南への侵攻に参加した人数は数万人規模であり，現在ホーシー派と呼ばれる勢力には，明らかにサーレハ支持派の政治家，軍人やテクノクラートが含まれている．既述した便乗の結果であり，人数からすれば，純然たるホーシー派はもはや少数にすぎない．ホーシー派は，確かにザイド派にかかわるものではあるが，成立後の展開や現在の状況を見ると，ザイド派という宗派そのものとは離れた存在となっている．

(3) 南部諸勢力

アデンにおいて2007年5月，退役させられた軍将校らが政府に抗議するデモを行ない，そのまま市内の通りで座り込みを続けた．この座り込みは小規模であったが，抗議行動はすぐにアデン市内やその近郊に広がり，退職させられた教員などの元公務員が，多くの場所でデモや座り込みを行なった．政府は最初にデモを行なった退役軍人などを拘束したが，抗議行動は収まらず，旧南イエメンの革命記念日である10月14日（祝日）には，治安部隊がデモ隊に発砲して4名の死者を出した．この事件により，抗議行動はさらに活発化，大規模化し，それはアデンを超えて南部一帯に広がった［Alwazir 2015］．

そして，翌2008年の春頃に成立したのがヒラークであった．既述のように，これは平和的な旧南イエメンの再分離独立を目指す運動であるが，その実態は上記した抗議行動のなかで生じたさまざまなグループや団体の総称に過ぎず，単体の組織であるわけではない．このヒラーク成立につながる抗議行動は，1994年内戦と1996年から始まる国際通貨基金（IMF）・世界銀行の構造調整から生じたリストラに起因していた．

冷戦崩壊を背景として，1990年5月に南北イエメンは統合を発表した．イエメン統一は対等合併であることが強調され，大統領は北出身（サーレハ），副大統領と首相は南出身，閣僚は南北半数ずつで，国防大臣は南出身，参謀総長は北出身とされた．この時点で，旧南北間のパワーシェアリングは，ほぼ完璧なかたちでできていた．ところが，民主化による1993年第1回総選挙の結果により，状況は一変する．

旧北イエメンの大政翼賛組織であったGPCと旧南イエメンの単独支配政党であったイエメン社会党（YSP）は，複数政党制導入により通常の政党となったが，同時にGPCから保守派の政治家たちが分派し，新党であるイエメン改革党（イスラーハ）を結成した．これは，ハーシド・バキールとスンナ派地域のムスリム同胞団が連合してできた政党で，党首にはハーシド部族連合長のアブドゥッラーが就任した．このイスラーハが総選挙で第2党（301議席中63議席）に躍進し，GPCとYSPの連立体制を突き崩してしまう（GPC122議席，YSP56議席）．サーレハは上位三党による連立内閣を選択し，イスラーハよりも多い閣僚をYSPに割り当てるなどの配慮を見せた．

しかし，長くマルクス・レーニン主義を標榜してきたYSPと保守派のイスラーハは，いわば水と油の関係にあり，同じ閣内に参加したことでかえって両

者の対立が先鋭化してしまう．YSP の最高幹部はサナアからアデンに帰還し，1994年5月に南部におけるイエメン民主共和国の独立を宣言した．イエメン共和国政府はこれを認めず，94年内戦が勃発する．内戦自体は2カ月後に統一維持派の勝利に終わるが，イエメンの経済は疲弊を深め，破綻寸前の状況に追い込まれた．

翌1995年から，政府は IMF 世銀と構造調整受け入れのための協議を開始し，1996年から構造調整が開始された．これにより，イエメン経済は再建されるのだが，構造調整の条件とされた生活基礎物資への補助金削減や公務員・軍人のリストラは，イエメン国民への痛みとして重くのしかかる．そこで，リストラの対象としてスケープゴートとなったのが，94年内戦の敗者である旧南イエメンの軍人と公務員であった．もちろん，リストラの対象には北出身者も含まれるが，その人数は南出身者が圧倒的に多い．しかも，リストラ後の年金の支払いも滞るようになり，冒頭に記した抗議運動が生じることとなる［Alwazir 2015］．政府への不満や怒りは，ヒラークにイスラーム過激派を呼び寄せ，また逆にイスラーム過激派にヒラークの関係者（特に退役軍人）が参加する事態をも，引き起こしたといわれる．

94年内戦で分離独立派を形成した YSP の政治家は少数で，YSP の議会議員の大半はサナアにとどまった．内戦後，YSP は資産を凍結されたが，政治活動は従前どおりに認められ，政党としては存続した．しかし，YSP は内戦中に三党連立から外され，1997年の第2回総選挙は資産凍結が解かれないことを理由にボイコットしたため，その政治的影響力を失った．旧南北間のパワーシェアリングは崩壊し，南部住民の多くは1997年および2003年の総選挙で GPC 支持に回って，GPC 政権による利害調整に望みをつないだ．GPC もそれを訴えて南部での得票を伸ばし，1997年総選挙以降は単独政権を維持したが，公約であった南部への手当てはほとんどなされなかった．

2011年政変とその後の国家再建において，旧南北間の格差は大きな不安定要因と認識され，連邦制の導入を以って改善されるべき問題となった．それゆえ，包括的国民対話会議に参加したヒラークはこの連邦制導入を強く主張し，この時点で旧南イエメンの再分離独立は彼らの目的から外されていた．2015年クーデターにより，ハーディー政権がアデンに逃亡すると，ホーシー派の支配を拒否するヒラークはハーディーを支持し，ホーシー派との内戦に参加する．UAE はヒラークを前身とする複数の武装組織を支援し，とりわけアデン，ラ

ヘジ，アビヤンの3州を防衛する強力な民兵組織であるセキュリティ・ベルト（al-Ḥizām al-'Amnī，ヒザーム）の編成を主導した．

2015年12月，アデン州知事がイスラーム国による爆弾テロで死亡すると，ハーディーは民兵組織のリーダーであったアイドルース・ズベイリーを後任に任命した．2017年4月，ズベイリーが他の州知事とともに解任されると，翌5月にアデンで大規模な抗議デモが発生し，ズベイリーは南部移行評議会（STC）を設立した．STCはUAEの支援を受け，ヒザームのリーダーも副代表として参加した．2018年1月，STCはアデンで非常事態を宣言し，ハーディー政権の部隊と交戦した．STCは，3日間でハーディー政権の本部施設などを占拠し，アデンを掌握した．これ以降，ハーディー政権に代わりSTCが南部諸勢力の中心となり，内戦の一方の主体を担っている．

（4）　沈黙する多数派

内戦の主体をこうして見ていくと，ホーシー派も南部諸勢力も，成り行きで内戦を戦っているとしか言いようがない．ホーシー派はサーレハ支持派の便乗によりハーディー政権を打倒し，サーレハ支持派との実質的な同盟関係で，全土の掌握を目指した．しかし，彼らの関心はザイド派地域という一地方に限られたもので，彼ら自身には国家の支配を担う意志も能力もない．

一方，アデンに逃亡したハーディー政権は，ヒラークや南部諸勢力からすれば，南部を冷遇し続けたサーレハの後継政府に過ぎず，旧南イエメンの再分離独立など認めるはずもない者たちであった．当初は連邦制の実現がハーディー支持の目的にあったのだろうが，サウジアラビアとUAEの支援が旧南イエメンの再分離独立に現実性を与え始めると，彼らにとってハーディー政権は不必要かつ障害といえる存在となった．

政府（ハーディー政権）対反政府派（ホーシー派）という内戦の構図はすでに崩れ，その主体はホーシー派と南部諸勢力となった．しかし，ホーシー派はハーディー政権と連邦制の導入に反対した勢力であって，そのクーデターやサナア以南への侵攻に，旧南イエメンの再分離独立は何のかかわりもない．ホーシー派にとって，内戦の敵は現在なお，サウジアラビアとその支援を受ける勢力なのである．一方の南部諸勢力も，ホーシー派の侵攻とアラブ有志連合の介入のあとで，旧南イエメンの再分離独立を掲げたのであり，その前身たるヒラークは連邦制の導入を主導した勢力であった．内戦以前には，誰も言及していない

旧南イエメンの再分離独立が，内戦の過程のなかで最大の争点となっている．

ここで問題となるのが，旧サーレハ支持派の動向である．サーレハ支持派という呼称自体は，サーレハを支持する政治家，軍人，テクノクラートといったエリートたちや部族長などの地方有力者を指しているが，その主たる基盤は旧北イエメンのスンナ派地域にある．この地域は，イエメンで最大の人口を擁している．現在の人口は推定で最大2800万人だが，概観すれば半数の1400万人程度が旧北イエメンのスンナ派地域，これ以外のザイド派地域と旧南イエメンが700万人程度ずつとなっている．

もちろん，ホーシー派がザイド派のすべての地域や住民を代表しているわけではないし，南部諸勢力も同様であるが，それぞれの地域が彼らの支持基盤であることは事実であり，彼らは地域住民のために行動していると自任している．ところが，旧北イエメンのスンナ派地域には，そのような政治勢力がない．2015年のホーシー派によるサナア以南への侵攻では，すでにサーレハ支持派との同盟による行動であったにもかかわらず，各地の部族やスンナ派地域の軍部隊はホーシー派と衝突している．その後はホーシー派の支配に甘んじているとはいえ，ザイド派にかかわるホーシー派に嫌悪感を抱く人々であることは疑いない．サーレハ支持派の基盤ではあるが，ホーシー派との同盟など論外の人々であることから，サーレハがホーシー派との断絶に言及して殺害されたことにより，上記エリート層とともにホーシー派に反旗を翻してもよさそうなものだが，現在まで特段の変化を見せていない．

なぜ，旧北イエメンのスンナ派地域は，内戦のなかで自らの利害を掲げた政治運動を展開しないのか．イエメン内戦を左右するキーポイントは，ホーシー派でも南部諸勢力でもなく，この沈黙する多数派にあると考えられる．

3　イエメン内戦への視座

(1)　アイデンティティ政治

これまでの記述で明らかなように，イエメン内戦を宗派対立と見たり，ホーシー派の思想や動向を宗派主義と捉えたりすることには無理がある．しかし，その一方でホーシー派の成立過程やイラン，サウジアラビアの介入などに，宗派が関わっていることは否定できない．序論で提起したこのようなこの問題を克服し，さまざまな要素や側面を包含して，全体に対する現実的な評価を下す

には，どのような方法を用いればよいのか．本章は，イエメンの事例に対する
より合理的な評価を可能にするアプローチとして，アイデンティティ政治
（identity politics）を採用したい．

　アイデンティティ政治というアプローチは，近年その対象事例が広がって，
定義が困難となっている[6]．筆者の理解によれば，それは異なる時期に生じた3
つのカテゴリーを含むものと考えられる．1970年代から始まった最初のカテゴ
リーは，少数派や社会的弱者が被っている不正や不利益について，その所属集
団の主張として解決や是正を求める運動であった．その所属集団は，民族・宗
教や性にかかわる少数派，人種やジェンダー，先住民などであり，彼ら自らが
正当な権利の獲得を求めた．第2のカテゴリーは，冷戦崩壊後に多発した民族
または宗教にかかわる紛争や対立である．これらの問題は，冷戦期には隠れて
いた不満が体制変革のなかで表面化し，それぞれの所属集団の利害や欲求がぶ
つかるかたちで対立に至ったものと見られている．

　そして第3のカテゴリーは，近年のインドやアメリカにみられる新しい傾向
である．インド人民党の政権獲得（2014年）やアメリカのトランプ大統領当選
（2016年）は，それぞれヒンドゥー至上主義や「新下層白人」の勝利といわれ
る．これは，国民統合のためになされてきた少数派や社会的弱者への優遇政策
に対して，国内の多数派が自らへの逆差別といった不満を募らせ，それが所属
集団の意識として選挙結果に反映されたものと考えられている．いわば「多数
派の反撃」であり，アイデンティティ政治の対象が多数派に拡大された事例と
言えよう．

　現在はこれら3つの異なるカテゴリーが，ともにアイデンティティ政治とし
て議論されており，その結果としてアプローチ自体があいまいさを帯びるよう
になった．もともと，アイデンティティ政治は国民統合を阻害し，国内の分断
を促進するものとの事例，事象に対する批判があったが，近年ではその対象が
拡大されたことから，どんな事例にでもあてはまる「何でもあり」の状態に
なったというアプローチに対する批判も加わっている．実際，従前にはナショ
ナリズムまたはエスニシティの問題として議論や評価がなされてきた事例が，
その後アイデンティティ政治ともみなされるようになり，現在まで両者の区別
や整理がついていないものも多い．

　それゆえ，アイデンティティ政治を用いることには十分注意が必要である
が，上記した批判などが，そのアプローチとしての有効性を打ち消したわけで

はない．未だ議論の最中であるとはいえ，アイデンティティ政治はさまざまな対立や問題に対して，その状況の把握や本質の理解に資する可能性を持っている．このため本章において，イエメンの事例に対するアイデンティティ政治からの考察を試みることとした．

　少数派や社会的弱者の地位向上・権利獲得であれ，冷戦後のエスニック紛争であれ，選挙における「多数派の反撃」であれ，アイデンティティ政治とは格差や不満を何らかの所属集団にまつわるものと認識し，その集団の主張として問題の解決や是正を求めるものであるとするならば，イエメン内戦の主体であるホーシー派と南部諸勢力はこれにあてはまる．言うまでもなく，それぞれのアイデンティティは「ザイド派」と「南イエメン」ということになる[7]．

(2) イエメンのアイデンティティ政治

　ザイド派にかかわるアイデンティティ政治とは，ホーシー派の成立過程に限らない．それよりも，むしろ反米演説や武力衝突を契機にホーシー派に参加した人々の不満や不利益を背景としている．そもそも，ザイド派の信徒とハーシド・バキールの部族民が同じ人々であるのに，ハーシド諸部族の民兵と戦うホーシー派とは何者なのか．指導者であるホーシー家はザイド派の復興運動の担い手だが，それに参加したのはハーシド・バキールの政治的凋落に幻滅し憤慨した若い部族民である．

　実は，1996年からの構造調整受け入れは，サーレハによって中央集権化の推進，すなわちハーシド・バキールの政治的弱体化に利用されてきた．それ以前まで，ハーシド・バキールはイエメン最大の圧力団体として，中央政府をしのぐ政治的影響力を持っていた．ところが，94年内戦で中央政府も地方部族もともに疲弊したのだが，構造調整によって中央政府のみが先に復活した．サーレハはこの機を逃さず，それまで従わざるを得なかった地方部族の大小さまざまな要求を拒否し始め，同時に構造調整で投下された莫大な資金の一部を，部族長やその息子たちの都市部での起業（建設業や携帯電話など）に回す便宜を図った．いわばアメとムチによる部族勢力の懐柔であり，それは部族社会に大きな変容をもたらした．

　都市部での起業に携わった部族長は不在地主化し，地元を顧みなくなる．それまで部族長が担っていた部族社会の統率や調停といった機能は失われ，若い部族民は年長者の指示に従わなくなった．部族社会の慣習がすべて失われたわ

けではないが，ハーシド・バキールの諸部族は部族単位の団結を弱め，その政治的影響力を減退させた．部族長の不在地主化は一例にすぎず，このほかにも民主化や地方自治拡充によるハーシド・バキールの相対化（特別な存在ではなくなる）や，2007年アブドゥッラー死去と息子サーディクの就任に伴なうハーシド部族連合長の求心力低下など，複数の要因が部族勢力の弱体化に作用した［松本 2012］．

　かつてハーシド・バキールはイエメンで最強の存在であったのに，わずか10年ほどでそれは中央政府により骨抜きにされた．部族の誇りが傷つけられただけでなく，外国からの援助を優先的に得られるなどの優遇措置や，政府との折衝における特権的な地位もなくなり，その地元社会は斜陽の憂き目を見るようになる．客観的に見れば，それはイエメン政治の正常化といえるのだが，当事者である若い部族民には不条理な展開として，大きな不満を鬱積させることとなる．

　当初，「信仰する若者たち」に参加したのは，ホーシー家の地元に居住するバキールの一部族のみであった．しかし，その後はハーシドを含めたさまざまな部族の若者が，サアダ州の内外から参集するようになる［Brandt 2017: 350］．反米演説や武力衝突でホーシー派に加わった部族民に対しては，サーレハの意向を受けた彼らの部族長たちが，ホーシー派から離れるよう命じたが，それに従う者はいなかった．2014年南下の際には，ハーシド部族連合長など歯牙にもかけず，その出身部族を躊躇なく撃破した．

　ホーシー派に参集した若い部族民は，自らが属するハーシドあるいはバキールという部族連合ではなく，その凋落に不満を持つがゆえに，ザイド派というアイデンティティを選択した者たちである．彼らは部族長の下で団結を誇るような伝統的な部族民ではなく，部族の上下関係を一顧だにしない新しいタイプの部族民なのである．

　南イエメンにかかわるアイデンティティ政治については，すでに前節でヒラークの不満や不利益につき論述した．ヒラークや南部諸勢力に参集した人々は，その不満や不利益を解決する手段として旧南イエメンの再分離独立を選択している．当然，そのアイデンティティは旧南イエメンの地域と居住者であり，将来の南イエメン国家の国民ということになる．

　イランとサウジアラビアは，イエメンのアイデンティティ政治とどのようにかかわっているのか．イランは，ザイド派というシーア派のアイデンティティ

に呼応して，ホーシー派への支援を行なった．両者がシーア派でなければ成立しない展開だが，もちろんそれにとどまらず，イランとしてはサウジアラビアのいわば裏庭に進出するための足掛かりを作る，ホーシー派としては政府軍との戦闘に必要な武器弾薬などを入手するという，それぞれの目的に合致した関係であった．双方の利害がシーア派アイデンティティに重なった状況であるといえる．

　サウジアラビアについては，イランへの対抗という意味からはスンナ派アイデンティティに基づく介入といえる．イランの支援を受けるザイド派の勢力ホーシー派が，隣国イエメンの政権を奪取してしまったのであるから，このアイデンティティはサウジアラビアにとって不可欠な意味を持つ．ただ，やはりその延長線上に，自らが発足に関与したハーディー政権の維持や，南部諸勢力による南北イエメン再分離など，自らの目的や利害に沿うイエメンの変化や展開を望んでいよう．後者については UAE も同様であり，場面によってはサウジアラビア以上に積極的な関与を見せている[8]．

　一方，ホーシー派でも南部諸勢力でもない「旧北イエメンのスンナ派」という人々には，アイデンティティを成立させる所属集団が存在しない．彼らの基本姿勢は統一イエメンの維持であり，自らの分離独立という選択肢はないから「旧北イエメンのスンナ派」というアイデンティティは生じない．一方，統一維持を求める「旧北イエメン」というアイデンティティには，ホーシー派が入ってしまう．スンナ派である彼らには，ホーシー派のザイド派アイデンティティは許容しがたい．もう一方で，「スンナ派」というアイデンティティには，独立を目指す南部諸勢力が入ってしまい，統一維持とは相容れない．

　ホーシー派と決別したサーレハ支持派が，おそらく唯一の受け皿であったのだろうが，そもそも政治家個人への支持層はアイデンティティ政治の基盤たる所属集団とはならないし，受け皿だとしても，決別直後にサーレハが殺害されたため，それは消失してしまった．ホーシー派でも南部諸勢力でもない人々を所属集団としてくくる方法がなく，アイデンティティ政治が成立しない．それゆえに，ホーシー派に従属する沈黙の状態を続けている．彼らの沈黙は，暗黙の支持や嫌悪といった一般に用いられるサイレント・マジョリティとは異なる．それは，動こうにも動けない閉塞状況に陥ってしまった多数派の姿なのである．

　こうしてアイデンティティ政治からイエメンの事例を見てみると，その最大

の特徴はホーシー派や南部諸勢力といった内戦の主体にかかわる個別性よりも，むしろ人口的に多数を占める「旧北イエメンのスンナ派」が，そのどちらにも属さないアイデンティティを形成できないという閉塞状況にある．内戦の主体にかかわるアイデンティティが，一方は宗派であり，もう一方が地域であるということも十分に特殊なのだが，宗派の分布と旧南北イエメンの境界が大きくずれているために，両者のアイデンティティとは異なる多数派の人々をくくる所属集団の設定を困難にしてしまうのである．

　内戦の当面の帰趨は，ホーシー派と南部諸勢力のどちらが優勢かということになろう．しかし，内戦後の国家再建を含めて考えれば，内戦終結のための最大のキーポイントは，やはり多数派住民である「旧北イエメンのスンナ派」の動向となる．アイデンティティ政治の基盤となる所属集団意識は，一般に状況依存的で流動性を帯びている．アイデンティティ自体が変化しやすいため，イエメンにおける今後のアイデンティティ政治は予断を許さない展開となろう．

注

1）イスラーム以外の一切を拒否するサラフィー主義の信奉者であるスンナ派サラフィー主義者は，国によって存在が異なるが，イエメンの場合はイスラーム過激派と，過激派ではないがワッハーブ派に心酔する者たちに大別される．後述するホーシー派と戦う義勇軍に参加したのは，後者にあたるサラフィー主義者である．

2）サーレハとアリー・ムフシンは，ハーシド部族連合サナハーン部族のアハマル家出身．後述するハーシド部族連合長のウサイマート部族アハマル家とは単なる同姓で，血縁関係はない．

3）アラブ有志連合には，サウジアラビア，UAE，クウェート，バハレーン，カタル，エジプト，スーダン，ヨルダン，モロッコ，パキスタンの10カ国が参加している（エジプトとパキスタンは海軍艦艇の派遣のみ）．

4）第5代イマームの弟ザイド（698ca-740）を名祖とする，シーア派史上最初の分派．イエメンとカスピ海沿岸にのみ存在する．指導者の資質や条件などに現実主義的な規定が多く，神秘主義的な性格の強い12イマーム派とは教義が大きく異なる．イエメンのシーア派はほかにごく少数のイスマーイール派が存在するのみで，人口のおよそ75％はスンナ派が占める．

5）ハーディーは統一前の南イエメン参謀総長であったが，1986年のアデン内戦で敗退し，北イエメンに亡命した．94年内戦に際してサーレハ政権の国防相に任命され，南部に対する工作を担った．その功績から，内戦後に副大統領に任命されたが，その後に特段の働きは見せていない［松本 2016: 128n2］．

6）アイデンティティ政治については，現在さまざまな議論が喚起されており，その説明は容易ではない．本章では紙数の制約から，その説明は本章の内容に必要なもののみに

限って簡略化した．アイデンティティ政治にかかわる議論については，とりあえず Kenny［2004］，中溝［2012］，Fukuyama［2018］を参照．

7）アイデンティティ政治に，所属集団のすべての人々が参加するわけではない．選挙に反映される場合は，得票というかたちでその実数がわかるが，そのほかでは所属集団の利害という政治的主張に，どれだけの人数が参加，支持しているかは判別しがたい．ホーシー派と南部諸勢力の場合も，ザイド派や南部住民の全体ではなく，その戦闘に参加している人々とその支持者が，各々のアイデンティティ政治の主体と考えられる．

8）ヒザームやSTCへの支援はその例だが，ほかにも2018年5月にアラビア海上のイエメン領であるソコトラ島にUAEの地上部隊を上陸させ，占領してしまった事件がある．本土での戦闘に無関係な軍事行動であり，この事件はハーディー政権との軋轢を生じさせた．

◆参考文献◆

邦文献

松本弘［2012］「イエメンの民主化と部族社会——変化の中の伝統——」，酒井啓子編『中東政治学』有斐閣，67-80ページ．

―――――［2016］「イエメン・ホーシー派の展開」，酒井啓子編『途上国における軍・政治権力・市民社会——21世紀の「新しい」政軍関係——』晃洋書房，112-129ページ．

中溝和弥［2012］『インド　暴力と民主主義——一党優位支配の崩壊とアイデンティティの政治——』東京大学出版会．

外国語文献

Alwazir, A.［2015］"The Yemeni Uprising: A Product of Twenty Years of Grassroots Mobilization," A. Ghazal and J. Hanssen eds., *The Oxford Handbook of Contemporary Middle-Eastern and North African History*, Oxford Handbooks Online.

Brumi, I.［2018］*Destroying Yemen: What Chaos in Arabia Tells Us about the World*, Oakland: University of California Press.

Bonnefoy, L.［2011］*Salafism in Yemen: Transnationalism and Religious Identity*, London: Hurst & Company.

Brandt, M.［2017］*Tribes and Politics in Yemen: A History of the Houthi Conflict*, London: C Hurst & Co Publishers.

Fukuyama, F.［2018］*Identity: The Demand for Dignity and the Politics of Resentment*, London: Profile Books.

Hill, G.［2017］*Yemen Endures: Civil War, Saudi Adventurism, and the Future of Arabia*, London: C Hurst & Co Publishers.

Kenny, M.［2004］*The Politics of Identity : Liberal Political Theory and The Dilemmas of Difference*, Cambridge : Polity Press（藤原隆・山田竜作・松島雪江ほか訳『アイデンティティの政治学』日本経済評論社，2005年）．

Lackner, H.［2018］*Yemen in Crisis: Autocracy, Neo-Liberalism and Disintegration of a State*, London: Al Saqi.

Salisbury, P. [2015] *Federalism, Conflict and Fragmentation in Yemen*, Saferworld (http://www.
　　saferworld.org.uk/resources/view-resource/1007-federalism-conflict-and-fragmentation-in-
　　yemen, 2016年6月9日閲覧).
Salmoni, B. A., B. Loidolt and M. Wells [2010] *Regime and Periphery in Northern Yemen: the
　　Huthi Phenomenon*, Santa Monica: RAND Corporation.

第 *9* 章

上からの宗派主義化への抵抗
——シーア派宗教国家下におけるクルド系国民とサラフィー主義——

松永泰行

は じ め に

　イラン・イスラーム共和国は，シーア派ムスリムが圧倒的多数派（人口の約
9割）を占める社会構成を持ち，それゆえそこでは12イマーム・シーア派イス
ラームの諸制度が，中東・イスラーム世界においても稀有な形で，領域主権国
家が統率する公的空間において社会的，さらに政治的な重要性を帯びる形で確
立されている．無論，この傾向は，1979年のイラン革命後に，シーア派・イス
ラーム法学者を国家元首とするイスラーム国家が樹立されたことで更に強まっ
たものである．しかし，そもそもイランでイスラーム法学者主導のイスラーム
革命が可能となった背景に，独自の財源と社会ネットワーク的基盤を持ち，世
俗的な国家権力と時に競合するほどの影響力を持ちうるシーア派イスラーム宗
教界の存在があったことは，つとに指摘されてきた［Algar 1972; Akhavi 1980;
Ashraf 1988; Parsa 1989; Moaddel 1993］．とはいえ，イスラーム世界全体で見ると，
12イマーム・シーア派が圧倒的な少数派であることは自明の事実であり，イラ
ン（やイラク）のシーア派宗教界もそのことは十分自覚している．国境内では
多数派であるものの，国境を越えたイスラーム世界全体では少数派であるとい
う両面的な複合性が，ムスリムが人口の99％を占めるイランにおける宗派問題
を考察する際の必須の前提的了解であるといえる．

　加えて，この事情をさらに複雑にする別の側面が存在している．それは，イ
ランの人口の10％前後を占めるスンナ派ムスリムが，ほぼ例外なく，クルド
系，バルーチ系，トルキャマン（トルクメン）系，ターリシュ系などの，（1）
国境周辺に居住する，（2）非ペルシア系のエスニック・マイノリティ（民族的

少数派）によって占められていることである[1]．20世紀初頭のイランにおいて国家機構を含む社会組織の近代化を希求した勢力は，1906年のイラン立憲革命後の最初の成文憲法（1906年制定）において，イランを，ペルシア語を公用語とする国民国家と想定していた［Hassanpour 1992: 125; Mojab and Hassanpour 1995: 231］．1920年代以降，近代的な国民国家としてのイランの実質的な礎を築いたパフラヴィー王制は，地方の部族の反乱を平定し，国境地帯の部族の武装解除を強制的に行う一方で，1930年初頭より，隣国トルコ共和国に倣った西洋型世俗近代国家の建設（いわゆる対外的な防衛目的の「権威主義的近代化」）を目指した．その西洋型世俗近代国家の中身については，ペルシア人／ペルシア語を核とするイラン・ナショナリズム（国民主義）を下敷きにした近代的な国民国家像を描き，それを新たな法・教育制度の構築を通じて浸透させる（すなわち強制する）ことで，中央集権的な統治を進めた［Atabaki 2014: 220-222; McDowall 2004: 222-226］．たとえば，本章で検証するクルド系国民の例に即してみると，早くも（名目的にはまだガージャール朝下であった）1923年の時点で，トルコ系とクルド系が多数派を占めるイラン北東部のアーゼルバーイジャーン州では，テヘランの中央政府の首相の命令の名の下で，学校においてペルシア語の使用を徹底する通達が出されていたという．その後，1934年には学校におけるクルド語の使用が明示的に禁止となり，その翌年には行政的な告知においてもクルド語の使用が禁止となり，クルド語を学校内や路上で話しただけで厳罰に処される抑圧的な状態が始まった［Hassanpour 1992: 126; McDowall 2004: 225; Vali 2011: 18］．したがって，パフラヴィー王制期（1925-1979）を通じて，イランのスンナ派ムスリムは，宗派的な観点からマイノリティ（少数派）である以前に，まずペルシア語以外の母語を話す非ペルシア系のエスニック・マイノリティとして，テヘランの中央政府との間に，その言語政策や服装等の統制を通じて民族的差異を抑圧される関係に置かれてきた［Vali 2011: xii, xiv, 18-19; Mojab and Hassanpour 1995: 232］[2]．

　その一方で，イランのスンナ派ムスリムは，国内の文脈では宗派的にも言語・民族的にもマイノリティであるものの，国境を挟んだ域外に，宗派的にも民族的にも，多数の同胞を抱えるという側面をもつ場合が多い．それゆえ，例えば，スンナ派イスラーム世界における復興主義の台頭の潮流など，国境外の大きな流れに過敏に影響を受けることがありうる．もちろん，この側面の重要性は一定なものではなく，国境の内外のさまざまなダイナミズムに応じて，変動するものである．実際のところ，イランの国境付近に居住するエスニック・

マイノリティと国境外の同胞の社会集団あるいは政治的単位との関係には，それぞれのケースにおいて大幅に異なる．アーゼリー系やトルキャマン系には国境外に独立国（アーゼルバーイジャーンおよびトルクメニスタン）が存在するが，どちらも旧ソビエト共和国であり，どちらもイラン国内のコミュニティとは，歴史的に国際関係上の立ち位置や国内の社会組織のあり方が大幅に異なる．イラン南西部のアラブ系は，イラク南部やクウェートなどのシーア派アラブ諸部族との社会関係的繋がりがある一方で，政治的・歴史的には国民国家としてのイランの切り離されがたい一部であるともいえる．バルーチ系はパキスタンの同胞との関係がきわめて強い．イラン北西部のクルド系はイラク北部のクルディスタンとの歴史的・社会的結びつきを強く維持してきている一方で，イランのクルド系の一部には歴史的にシーア派に改宗し，テヘランの中央政府と良好な関係を築いてきた部族も存在する．

　本章では，このような背景の下，2003年のイラク戦争後に中東地域を広く巻き込む形で（またその少なくとも一部において「安全保障化［securitize］」された形で）顕在化している，スンナ派対シーア派という枠付けによる「上からの宗派主義化（sectarianization）」の流れの文脈の中で[3]，イランの北西部に存在するスンナ派ムスリム・クルド系コミュニティが，いかに「上からの宗派主義化」に影響を受けながらも，全面的に巻き込まれることに「下から」抵抗してきているかを検証する．後述するとおり，イランのスンナ派ムスリム・クルド系コミュニティは，過去40年間の間だけに限っても，さまざまな「上からの宗派主義化」の流れに直面し，それらに抗してきた．それらのダイナミズムの「下からの」視点からの解明も本章の目的の１つである．

1　イラン革命後のシーア派「イスラーム共和国」への抵抗

　1979年２月のパフラヴィー王制の崩壊で国家権力を奪取した，ホメイニーを指導者とする「イスラーム革命」派勢力には，当初，主義主張や政治傾向の点においてきわめて雑多な政治勢力が含まれていた．しかし「革命」派の指導権を握ることになった，ホメイニーの任命によるイスラーム革命評議会の中核的メンバー，さらに1979年秋に憲法制定専門家会議において主導的な役割を果たすことになったモンタゼリー等のイスラーム法学者は，「イスラーム共和国」の名の下で，12イマーム・シーア派法学（ジャアファリー法学派）に基づくイス

ラーム国家の建設を前提としていた［松永 1999］．それゆえ，「民族解放」を求め王制期よりテヘランの中央政府との間で紛争状態にあった世俗主義・左翼主義系のクルド・ナショナリスト運動体はもとより，イラン北西部のクルド系国民が居住する，西アーゼルバーイジャーン州，コルデスターン州，ケルマーンシャー州等（いわばイランの「クルディスタン」）において，王制崩壊までにホメイニー主導のイスラーム革命運動に合流していたスンナ派イスラーム復興主義運動の指導者たちとも，1979年のイラン・イスラーム共和国憲法制定過程において真っ向から対立することになった［Mojab and Hassanpour 1995: 234-242］．

　1979年12月の国民投票を経て施行されたイラン・イスラーム共和国憲法は，「イランの公式宗教はイスラーム，宗派はジャアファリー・12イマーム派であり，この原則は未来永劫に亘り変更不可である」（第12条）と宣言した[4]．コルデスターン州サナンダジュの著名なイスラーム学者の家系の出で，同州においてイスラーム革命運動を率いたアフマド・モフティーザーデ（1933-1993）は，当初，ホメイニー派との対話を通じて，スンナ派ムスリムとシーア派ムスリムの法的・政治的平等を憲法において明示的に規定することを要求していた．その要求が拒否されたことが確定した後，モフティーザーデらクルド系のスンナ派イスラーム主義者は，1980年春以降，イラン東部国境地帯のバルーチスターンのウラマーらと共闘し，スンナ中央会議（Shura-yi Markazi-yi Sunnat, 略称 Shams）を結成し，政治運動の組織化を模索した．しかし同会議の活動にも制限が加えられ，1982年8月にはその指導者であったモフティーザーデも逮捕・投獄され，会議に参加していたナーセル・ソブハーニー（1951-1990）らムスリム同胞団系のスンナ派イスラーム主義運動の活動家は地下に潜伏することを余儀なくされた．ソブハーニーは，地下活動中にパキスタンに二度，トルコに一度潜行し，急進的サラフィー主義者やエジプトのムスリム同胞団幹部らと交流を深める一方で，クルド語による著書や膨大な数のクルアーン解釈に関するカセット・テープ版講義を地下出版し，多大な影響力を及ぼしたといわれるが，1989年6月に逮捕され，翌年3月に処刑された．一方，モフティーザーデは，長期に亘った投獄中に度重なる拷問を受け重篤状態に陥り，1992年9月に釈放されるが通院を制限され，1993年2月に搬送された病院で亡くなった［Kadivar 2018; Eslahe 2008][5]．

　その後，イラン国内のスンナ派のウラマーは，イランの最高指導者に敬意を表し，シーア派優位体制を黙認せずには，弾圧を余儀なくされる結果となり，

多くのスンナ派ウラマーは体制に融和的な姿勢を見せるようになった．同様に，非ウラマー系のイスラーム主義団体である，ムスリム同胞団系のエスラーフ（Jama'at-i Da'wat wa Islah）やモフティーザーデの支持者の一派からなるマクタベ・クルアーン（Maktab-i Qur'an）も，1990年代以降，それぞれ穏健改革路線および非政治的な穏健路線を選択して，公然活動の維持に努めてきている［Vahid and Golchin 2017: 125］．なお上述のとおり，イラン・クルディスタン民主党（KDPI）に代表される世俗的なクルド民族主義運動も，1979年の革命直後より一貫してテヘランの中央政府（すなわちイラン国家）から，武力鎮圧やメンバーの逮捕・投獄や指導者の暗殺等の厳しい弾圧の対象となってきた．しかし，KDPIや「クルディスタン自由生命党」（PJAK）のような世俗民族主義やマルクス主義系のクルド・ナショナリスト運動は，スンナ派イスラーム主義団体のように穏健化することなく，イラク等の国外に活動の本拠地を置きながら，40年近くに亘り国境付近で治安部隊と紛争等をくりかえしてきている．

　この文脈において特筆されることは，ホメイニー以下，イラン・イスラーム共和国体制の指導者たちが，12イマーム・シーア派のイスラーム復興主義潮流の担い手であると同時に，ペルシア・ナショナリズムの存在と受容を下敷きにした「イランのムスリム共同体」（millat-i musalman-i Iran）という宗教的ナショナリズムの言説と実践を貫いてきた点である［松永 2005; Aghaie 2014］．その一方で，革命後40年近くの国内政治の展開を眺めると，シーア派ムスリムであるクルド系国民の場合，閣僚や国会主要委員会の委員長職，また州知事など政府機関の高位の任命職につくことに関し，政治的に全く問題ないことが見て取れる．この双方を踏まえると，（1）一見すると，革命後のイランにおいて最もタブー視されており，法的・政治的・社会的に二級市民扱いになっているのは，エスニック・マイノリティではなく（スンナ派ムスリムを含む，広義の）宗教的なマイノリティであること，（2）スンナ派ムスリムであるクルド系国民の場合，ムスリムであるため，憲法で規定されているイランの「公認宗教的マイノリティ」（ゾロアスター教徒，ユダヤ教徒，アッシリアおよびアルメニア教会キリスト教徒）には含まれず（したがって憲法上の二級市民ではないものの），政治的・社会的にはシーア派ムスリムとは平等とはいえず，実質的な「マイノリティ」の地位に置かれていること，が見て取れる．（3）しかし次節で見るとおり，（立憲革命以来のものであり，現在のシーア派イスラーム国家の指導部を含む歴代のテヘランの中央政府が標榜してきた）ペルシア・ナショナリズムと真っ向から対立する世俗・左

派系のクルド民族主義運動体への対抗策として，イラク・クルディスタン出身の様々なスンナ派イスラーム主義者が国境のイラン側に逃れてきた際に庇護を与えるイラン国家の方針が，イランのクルディスタンのローカル宗教ネットワークの「サラフィー主義化」を招き[7)]，それが過激主義（武装ジハード組織）へ一部の若者が流れる背景要因を作り出した[8)].

▌2　3波にわたるスンナ派サラフィー主義の浸透とその反響

　大戦間期にエジプトで勃興し，それまでイラン国内にはまったく浸透していなかったムスリム同胞団系のスンナ派イスラーム主義が[9)]，1979年2月のイラン・イスラーム革命の成就から間もない時期に，初めてイラク・クルディスタン経由でイランのクルディスタンに伝播してきた．その最も著名な担い手は，サラーハッディーン・バハーウッディーン（1950-）ら若手の活動家であった．イラクとの国境沿いのケルマーンシャー州パーヴェの出身で，同年代ながら既に同地のマドラサで教鞭をとっていた上述のソブハーニーは，1980年にバハーウッディーンの影響下でムスリム同胞団のメンバーとなったといわれている［Vahid and Golchin 2017: 123］．イランのクルディスタンに1980年代に広まったムスリム同胞団の思想潮流は，同時期までにエジプトでは穏健化（中道主義化）していたムスリム同胞団のそれとは異なり，イラクのクルディスタン経由で伝播してきたがゆえに，クルド・ナショナリズムと（中道化する以前の）政治的なイスラーム主義が合体したものであったところに最大の特徴があった[10)].

　その後，イラン・イラク戦争開始後の1980年代初めに一旦国外に逃避していたイラク・クルディスタンのムスリム同胞団系のイスラーム主義者が，1986年までに，イラン国境に近いイラク・クルディスタンの町ハラブジャに戻り，同地出身でイラク（バグダード）のムスリム同胞団の古参メンバーであったウスマーン・アブドゥルアズィーズ（1922-1999）を中心に活動を再開した．すると，イラクのバアス党体制にその活動を知られることになり，1987年5月にハラブジャでの大衆蜂起が厳しい弾圧の対象となると，アブドゥルアズィーズらは再び国境のイラン側に大挙して逃避し，ケルマーンシャー州のサラーセ・バーバージャーニー，ラヴァーンサル，パーヴェ，また隣接するコルデスターン州のカームヤーラーンと州都のサナンダジュに定住するにいたった［Shourush 2002: 179; Siwayli 2010: 18; Vahid and Golchin 2017: 55n1, 125-126; Leezenberg 2006: 218-219］．そ

こで同月，アブドゥルアズィーズらは，ムハージルーン・ウラマー協会（Jamā'a al-'Ulāma' al-Muhājirīn）という団体を結成し，イラク・クルディスタンのイスラーム主義団体としては初めてイラク国家に対する武力闘争をジハード（jihād）として開始することを宣言した．さらに同団体は，1987年7月に，イラク・クルディスタンの他のイスラーム主義団体と合流し，アブドゥルアズィーズを指導者とし，「クルディスタン・イスラーム運動」（al-Ḥaraka al-Islāmīya fī Kurdistān al-'Irāq, 略称 IMIK）が結成された [Siwayli 2010: 18; Vahid and Golchin 2017: 55].

　同年（1987年）3月には，イラン・イラク戦争の一環として，イラン軍が北方の西アーゼルバーイジャーン州において，イラク・クルディスタンの民族主義政党（クルディスタン民主党 KDP およびクルディスタン愛国同盟 PUK）の民兵（ペシュメルガ）と一体となり，北部戦線において再び戦端を開いていた．それを受けて，イラクのサッダーム・フセイン大統領は従兄弟のアリー・ハサン・マジードを同年3月末に北部問題局長に任命し，翌4月には化学兵器の使用を含む対クルド掃討作戦（いわゆるアンファール作戦）が開始されていた．翌1988年3月の悪名高い化学兵器によるハラブジャにおける一般住民の大量殺害は，（1）イラン・イラク戦争におけるイランとクルド人民兵との共闘作戦の開始，（2）ハラブジャを本拠地としていたイラク・クルディスタンのムスリム同胞団系イスラーム主義団体のジハード（武力闘争）宣言，さらに（3）それらに対するイランの庇護という文脈を抜きに説明されうるものではない．

　さて，イラク政府が1988年3月にハラブジャを化学兵器で攻撃した結果，その地を拠点としていたジハード（武力闘争）主義者がイランのクルディスタンに長期的に留まることになり，同地域においてムスリム同胞団系のイスラーム主義の思想を広める重要な役割を果たすこととなった（1980年頃のものを，イラク・クルディスタンからイランのクルディスタンへのスンナ派イスラーム主義伝播の第1波と考えると，1987年のものはその第2波とみなすことができる）．かれらは，1991年1月の湾岸戦争後のインティファーダ（一斉蜂起）とその弾圧，多国籍軍による飛行禁止空域の設定を経て，イラク・クルディスタンが事実上の自治区となるまで，その地に留まった．加えて，同時期同地域において，さらに別の重要な展開が見られた．それは，1980年代にアフガニスタンにおける対ソ連「ジハード」にイラク・クルディスタンから参加していた，いわゆる「アフガン・クルド」（イラク・クルディスタン出身で，アフガニスタンにおける対ソ連「ジハード」に従事した元戦闘員）も，ハラブジャに対する化学兵器攻撃の結果，ソ連軍のアフガニ

スタン撤退後もその地へ帰還できず，国境のイラン側でこれらのイラク・クルディスタンから逃れてきていたイスラーム主義者に合流したことであった．その結果，この時期（1980年代末から1990年代初めの第2波の時期）にイランのクルディスタンで広まったイスラーム主義は，1979年のイラン革命直後期に到来したクルド・ナショナリズムと融合した政治的イスラーム主義の流れに加え，1980年代にパキスタンでサイイド・クトゥブ（Sayyid Quṭb），アブール・アアラー・マウドゥーディー（Abū'l-A'lā Mawdūdī），アブドゥッラー・アッザーム（'Abd Allāh 'Azzām）らの思想と実践的なジハード主義が結合した，急進的なサラフィー主義（いわゆるジハード型サラフィー主義）を含むものとなった［Vahid and Golchin 2017: 54n3, 56, 60-62］[13]．

　イランに逃避していたイスラーム主義者たちが1991年にイラク・クルディスタンに帰還した後のその地における様々な展開の中で，再びイランのクルディスタンへ影響を与えることになるジハード型サラフィー主義イスラーム運動の潮流に分析を限定すると，以下に注目することが重要となる．まず，イラク・クルディスタンにおける同潮流は，1998年頃までに，アフガニスタンで対ソ連「ジハード」に従事したイラク・クルディスタン出身の急進派イスラーム主義者（「アフガン・クルド」）が帰還して，いくつかのローカルなジハード主義サラフィー組織を結成し，アフガニスタンに拠点を置くアルカーイダの遠方——「グローバル」——ネットワークの一環として進展し始めていた［Vahid and Golchin 2017: 67-70］．2000年には，そのようなアルカーイダ系の急進派の「アフガン・クルド」のリーダー格の一人であった，アブー・アブドゥッラー・シャーフィイー（クルド名はWuria Hawleri）らが「スーラーン2部隊（Qūwa Sūrān 2）」を組織した[14]．この組織は，ハラブジャの北西にあり，イラン国境に近い山間の町ビヤーラを拠点とし支配下においた．シャーフィイーは，さらに2001年9月初めに，アイマン・ザワーヒリーらの仲介と後押しを受け，より小規模のローカルなサラフィー主義グループ（タウヒードおよびハマース）を吸い上げて，イラク・クルディスタンにおける親アルカーイダ組織として「イスラームの兵士」（Jund al-Islām）を結成した［Vahid and Golchin 2017: 71n1; 74-81］．「イスラームの兵士」は，その数カ月後の2001年12月に，古株の急進派サラフィー主義者で（1990年代前半には一時ノルウェーに逃れていたものの）学識があり地元ではより人望があったマラー・クレカール（Najm al-Dīn Faraj Aḥmad，通称Mala Fateh Krekar）が率いていた，イラク・クルド人のみからなるサラフィー主義団体「改革協会」

（Jamīya al-Iṣlāḥ）と合流し，「アンサール・アル＝イスラーム」（Anṣār al-Islām）を結成した（しかし同組織の軍事部門は，シャーフィイーが率いていた「スーラーン 2 部隊」が引き続き構成していたという）[Vahid and Golchin 2017: 56n1; 74n1; 90-91].

この「アンサール・アル＝イスラーム」には，さらに，2001年 9 月11日の米国同時多発攻撃後の米国によるアフガニスタン空爆（2001年10月～11月）から逃れてきたアラブ人らのジハード主義者（「ムハージルーン」）が加わった．同組織はビヤーラとその近郊を，「ビヤーラ・イスラーム国」（Imārah Biyārah al-Islāmīya）として実効支配し，（アフガニスタンでターリバーンが1990年代に行ったように）イスラーム法を厳格に施行した．同「イスラーム国」では，イラク・クルディスタンの既存の世俗的な民族主義政党に対するタクフィール裁定（不信心者・背教者との烙印を押すこと）を発し，同地域を勢力下においていた PUK と武力衝突を繰り返した [Vahid and Golchin 2017: 86-88; 91-95; 127].

イランのクルディスタンにおけるサラフィー主義イスラーム運動の潮流の展開の文脈で最も重要な質的変化の契機となった出来事は，2003年 3 月のイラク戦争開始直後におこった．アメリカは南方より軍事侵攻しバグダードのバアス党国家を攻略する一方で，「アンサール・アル＝イスラーム」をアルカーイダに連なる「国際的テロ組織」として認定し，同組織が実効支配していたビヤーラとのその近辺に対し 3 月22日より 2 日間にかけて70発に亘るミサイル攻撃を行った．それを受けて，当時「アンサール・アル＝イスラーム」は千名規模の「戦士」を抱えていたとされるが，爆撃での殺害を逃れた「戦士」が多数，国境のイラン側へ逃避する結果となった [Vahid and Golchin 2017: 94-95; 127-128].この第 3 波の一部として逃避してきたサラフィー主義者の多くは国境地帯にとどまらず，イランのクルディスタンでのスンナ派イスラームの教学の中心であるサナンダジュ，マリヴァーン，サッゲズやブーカーン，さらにケルマーンシャー州パーヴェ周辺などにおいて，マドラサの教員やモスクの礼拝導師（imām）の間に浸透し，スンナ派を含む周りの一般のムスリムに不信心（kufr）の烙印を押す急進的なサラフィー主義をイランのスンナ派クルド人の間に広める役割を果たした [Vahid and Golchin 2017: 95n1; 128].

この展開の副産物の 1 つが，2009年の 9 月に起こったコルデスターン州の州都サナンダジュで起こった，スンナ派金曜礼拝モスクの導師ブルハーン・アーリー（1953-2009）の殺害，さらにその 5 日後に同じくサナンダジュにおいて，イランの指導部専門家会議の議員にコルデスターン州より選挙で選出されてい

た，スンナ派イスラーム法学者モハンマド・シェイホルエスラーム（1936-2009）が同様の手口でサイイド・ゴトブ・モスクの外で殺害された事件であった．その後の捜査でイランの情報省は，一連の事件は，逃避してきていた「アンサール・アル＝イスラーム」の残党の傘下に一時期入っていたイランのスンナ派クルド人のサラフィー主義者の若者らが結成していた「タウヒード・ワ・ジハード」（Tawhid wa Jihad）という組織の犯行であるとし，2年以上をかけてその全メンバーを摘発し，逮捕・投獄した［Vezarat-i Ettela'at 2016; Vahid and Golchin 2017: 131］．その首謀者等は，2016年8月に集団処刑されている［BBC Persian 2016］．

▎3 「イスラーム国」の台頭へのローカル・レベルでの反響

「アンサール・アル＝イスラーム」は，アメリカ軍の攻撃を受ける直前の2003年2月に，指導者でありながら自らは再びノルウェーへ退避していたクレカールを執行部から追放していた．アメリカ軍の攻撃後に一旦イラン側に退避した後，「アンサール・アル＝イスラーム」の残党の一部は，同年8月に（元「スーラーン2部隊」および「イスラームの兵士」の指導者の）シャーフィイーを新たなアミール（指導者兼司令官）に選出した．シャーフィイーらクルド系のジハード主義者はその後，アメリカ他の占領下に置かれたイラク国内の混乱に乗じて，2004年よりモースルやキルクークなどイラク・クルディスタンに隣接する地域に移動し，「アンサール・アッ＝スンナ」の名でクルディスタン自治政府に対する攻撃に従事し始めた［Vahid and Golchin 2017: 36; 96-100］．[16)]

その一方で，イラン側（マリヴァーン近郊）に逃避した「アンサール・アル＝イスラーム」の残党の別のあるグループは，イラク・クルディスタンとイラン側のクルディスタンにまたがる国境地帯に残存し，イランのクルディスタンの若者をも巻き込んで，非公然活動を再開した．同グループは，2001年10月のアメリカによるアフガニスタン攻撃から逃れて，イランのクルディスタンおよびイラク・クルディスタン経由でバグダードへ潜行し，自らのジハード型サラフィー主義団体を組織し，2004年にアルカーイダに忠誠を誓ったアブー・ムスアブ・ザルカーウィーの組織（「メソポタミアのアルカーイダ」）と関係を構築し，同様にそれを経由してアルカーイダに忠誠を誓っていたという．しかしバグダードやファッルージャへ潜行し，ザルカーウィーらに合流したクルド系のジ

ハード主義者の間で，2004年以降逮捕や殺害される者が相次ぎ，残りの勢力は国境地帯のイラン側に再び戻り，2007年に「カターイブ・クルディスタン」（Katā'ib Kurdistān li-Tanẓīm al-Qā'ida）として公然活動を開始した［Siwayli 2010: 32; Vahid and Golchin 2017: 96-100］[17]。

ところで，イランの情報省や革命防衛隊などの公安当局は，これらのジハード型サラフィー主義の活動家の行動や軍事訓練場の存在を把握していながら，放置していたといわれている。このことは，国境のイラン側に留まり続け，上述のようにモスクやマドラサのネットワークに浸透し，宣教活動を続けたとされる別の残党たちについても当てはまる。その理由としては，武装闘争を行っているジハード主義に関しては，その攻撃対象がイラン国外の主体である限り，一定程度良好な関係を維持しておくことが得策だと計算をしていたともいわれる。実際のところ，2007年末には，イラク・クルディスタンを実効支配していた自治政府とイランの革命防衛隊が秘密裏に交渉し，前者がイランの武装反体制組織（KDPIとPJAK）を制御し，イラン側がイラク・クルディスタンの自治政府の拠点に攻撃をしかけていた小さな武装ジハード主義グループを制御することで合意したとの噂が流れたことがある。

イランのクルディスタンにおけるスンナ派宗教ネットワークにイラク・クルディスタンから逃避してきたサラフィー主義者が浸透していくことを容認していた点については，同地域における世俗派や左派系の民族主義運動が（今以上に）高まることを抑制する目的で，イラン国家はむしろサラフィー主義系のイスラーム主義の思潮が拡大することを望んでいたと批判する者も少なくない。同様に，上述の2009年のサナンダジュにおけるイランの「タウヒード・ワ・ジハード」グループによるスンナ派宗教指導者の連続殺害事件についても，イラク・クルディスタン出身のジハード型サラフィー主義者が，イランの公安当局と余りに懇意であることに反発し，地元の若手サラフィー主義者が彼らと袂を分かち，急進的な独自行動（すなわち，イランのシーア派イスラーム国家に融和的な非サラフィー系の地元のスンナ派宗教指導者を「背教徒」として殺害する行為）を取り出したことがその背景にあったと指摘する者もいる［Hooshmand 2017; Vahid and Golchin 2017: 131］。

さて，2011年3月にシリアで反政府運動が起こると，国境のイラク側（ニーナワ県）から「イラクのイスラーム国」の一部がシリア領内に展開を初め，それが翌2012年初めまでに「ヌスラ戦線」として，シリア内戦における政府軍と

対抗する勢力の一翼を担うようになった．すると，イランのクルディスタンからシリアへ渡航し，ヌスラ戦線が支配する領域において活動を始めるジハード型サラフィー主義者たちが出てきた．2013年4月に「イラクのイスラーム国」から「イラクとシリアのイスラーム国」（以下「イスラーム国」）へと改名宣言し（ジューラーニーが率いる「ヌスラ戦線」とは袂を分かつことになるものの），2014年6月にイラクの第2の都市モースルを攻略し，同年6月29日にアブー・バクル・バクダーディーがカリフ（khalīfa）宣言をすると，イランのクルディスタンで地元のサラフィー主義のネットワークに組み込まれていた若者の間から，「イスラーム国」のカリフへ忠誠を誓う者たちが現れ始めた．その後，2016年春までの2年間ほどの期間に，400名近くのイランのクルディスタンからの若者が，「イスラーム国」が実効支配していたシリアのラッカやイラクのモースル近郊へ潜行し，その統治や軍事作戦に参加し，その内170名程度が戦死したと推定されている［Hooshmand 2017］．

　イラン国内で起こった事件としては初めて「イスラーム国」が犯行声明を出した，2017年6月7日のテヘランの国会およびホメイニー廟の襲撃に関し，5名の攻撃部隊とその後方支援に関与したとして事件後に逮捕され，裁判を経て処刑された8名の全てが，イラクと国境を接するケルマーンシャー州の出身のスンナ派のクルド系イラン国民であったとされている．その大半が，2007年に公然活動を開始した上述の「カターイブ・クルディスタン」に過去10年間程度に亘り関わってきた，30歳代前半の若者であったとされる．国会を襲撃した3名の実行犯に関しては，検察の起訴状によると，数年に亘り「イスラーム国」に参加した後，事件に先立つ2017年2月半ばに同組織の実効支配下にあったモースル南のハウィージャ（キルクーク県）からサアディーヤ（ディヤーラー県）などを経て，ケルマーンシャー州の国境からイランへ密入国し，州都のケルマーンシャー市内の隠れ家に潜伏した後，犯行に及んだとされている［Fars News 2018a; 2018b］．

おわりに
——上からの宗教主義化への抵抗——

　2003年のイラク戦争後に，スンナ派対シーア派という枠付けによる「上からの宗派主義化」が，中東地域を広く巻き込む形で（またその少なくとも一部におい

て「安全保障化」された形で）顕在化してきている．その大きな流れの文脈の中で，一見したところ，イランの北西部に存在するスンナ派ムスリム・クルド系コミュニティは，全体としては，「上からの宗派主義化」に目に見える形で呼応することも，反発することもなしに過ごしているようにみえる．しかし，本章で考察したとおり，イランのクルディスタンで社会生活を送るクルド系イラン国民，とりわけスンナ派ムスリムのクルド系国民の場合は，テヘランの中央政府が領域主権性を主張すればするほど，抑圧的な関係に組み込まれる構造となっているため，その分析には，歴史的文脈および時に国境を越える重層的な関係性の通時的な交錯状況に着目することが必要となる．

　イランのクルディスタンにおけるスンナ派のクルド系国民が構造的に抑圧的な状態に置かれている一端は，現イスラーム共和国のものを含む歴代のテヘラン中心の近代イラン国家が，ペルシア人／ペルシア語を核とするイラン・ナショナリズム（国民主義）を下敷きとした統治を領域内の全てにおいて実現することを求めていることにあり，またそれに反発するクルド系国民は，クルド・ナショナリズム——当座のところは民族主義としてのクルド・ナショナリズム——をてこに，それに抗することを求めていることにある．加えて，シーア派イスラーム国家である現在のイスラーム共和制においては，非ペルシア・エスニシティと結びついたマイノリティ・カテゴリーが，別の種類のマイノリティであるスンナ派ムスリム・カテゴリーに包含される，入れ子の関係（nested relationship）になっているがゆえに，その抑圧感は（個々人のレベルで宗教的か世俗的かはともかく）スンナ派のクルド系国民の間でとりわけ強くなる構造がみられる．

　この点を踏まえて再考察すると，2003年のイラク戦争後に中東地域を広く巻き込む形で（またその少なくとも一部において「安全保障化」された形で）顕在化している，スンナ派対シーア派という枠付けによる「上からの宗派主義化」の展開は，いわば「罠」のようなものであるともいえる．本章で考察したとおり，イランのクルディスタンには，上述の入れ子構造に加え，イラク・クルディスタンから3波にわたるサラフィー主義の浸透が押し寄せてきている．これらのそれぞれの波が，国境のすぐ外側から不可抗力のように押し寄せてきている側面がある一方で，国境内においてそれらの浸透に庇護を与え，自らの国家としての対外的利害のために，互恵的に利用しようとしているのが，ローカルなコミュニティが対峙しているテヘランのイラン国家であるという別の側面が交錯する．

この視座から再考すると，近年の中東地域大での「上からの宗派主義化」は，ローカルな視点から眺めると，同じくアメリカのイラク戦争を契機とする，2003年3月以降の第3波の急進的サラフィー主義のローカリティへの到来と全く重なるものであることがわかる．その意味では，一方では，ローカル・コミュニティの一部において，それを受容し，それを巡る通時的関係性の中で，ローカルな標的に対する行動を起こす例や，対外的な母体の1つである「イスラーム国」のプロジェクトに参加をする者が出てきても不思議ではない．その一方で，ローカル・コミュニティにとっての目前の競合する相手はテヘランのイラン国家であるとするならば，いかにそれがシーア派イスラーム国家の側面を持つとはいえ，別の根本的な側面であるところのペルシア語およびペルシア・ナショナリズム（国民主義）を下敷きにしたものである以上，上からの宗派主義化に乗せられて「宗派対立」を安全保障化しても，全面的な問題解決につながり得ない．また，強大な中央の国家に対して幾度となく蜂起しその度に弾圧された通時的関係性の延長上において，その大半が二重マイノリティ状態に置かれている劣勢の辺境コミュニティとしてのクルド社会が，機を見ることに慎重になることも十分に予期できる．加えて，イラク国境に近いイランのクルディスタンのローカルなレベルでの視点に立つと，安全保障化を伴う宗派主義化は，上からというより，むしろ下から（すなわちローカル・レベルにおいて）進展している現象であるともいえる．そのような状況下では，上述の，目に見える形で呼応することも，反発することもなく対処する方策は賢明なものであるともいえる．

　以上を踏まえると，近年，中東地域を広く巻き込む形で，しばしば安全保障化された形で顕在化している，スンナ派対シーア派という枠付けによる「上からの」宗派主義化の流れに対し，イランの北西部に存在するスンナ派ムスリム・クルド系コミュニティが，いかに全面的に巻き込まれることに「下から」抵抗するインセンティブを持ち合わせているかが容易に理解できる．

注
　1）ペルシア語を母語とするペルシア系はイランの人口全体では約半数に留まり，ペルシア語以外の言語（アーゼリー［トルコ］語，クルド語，アラビア語，バルーチ語，トルキャマン語など）を母語とする非ペルシア系の民族的少数派が残り半数を占めている．しかし，アーゼリー（トルコ）系とアラブ系は12イマーム・シーア派ムスリムであり，ペルシア系と宗派的な差異はない．イランのクルド系は，スンナ派ムスリムが大半であ

るが，特にケルマーンシャー州東部においては12イマーム・シーア派，アフレ・ハック派など非スンナ派ムスリムを多数含む．

2）その唯一の例外が，1941年9月の英ソによるレザー・シャー強制退位からマハーバードのクルディスタン共和国が崩壊に追い込まれた1946年12月までの時期であった．とりわけマハーバードでは，クルド語で新聞，雑誌が発行され，学校での教育言語もクルド語に転換された．国軍を派遣し共和国を崩壊に追い込んだ後，テヘラン政府はクルド語書籍を焚書に処し，クルド語教育を再び厳禁とした［McDowall 2004: 237-242, 245; Vali 2011; Hassanpour 1994］．

3）2011年以降の中東におけるスンナ派対シーア派という宗派間の利害対立の「安全保障化」については，例えば［Malmvig 2013］を参照．

4）同条はその後半部分において，「イスラームの他の法学派である，ハナフィー，シャーフィイー，マーリキー，ハンバリー，ザイディー派は完全に尊重される．それらの法学派に従う者たちが宗教的儀礼をその法学者に従って行うことは自由であり，宗教教育および身分事項（結婚・離婚・遺産・遺言）およびそれらに関する訴訟は法廷で正規のものと認められる．またこれらの法学者に従う者が多数派を占める地域においては，それらに基づく地方条例を定めることは，他の法学者に従う者の権利を保障する限りにおいて，諸（地方）評議会の裁量内に含まれる」と定めている．しかし，革命後に施行されている刑法，家族法ともに，ムスリムに関しては宗派を問わず一律であり，スンナ派に関する特例は実際には全く認められていない．

5）ムスリム同胞団の思想潮流は，イランには1979年以降にイラク・クルディスタン経由で伝播し［Siwayli 2010; Vahid and Golchin 2017］，その影響は概ねイランのクルディスタンに限定されている．

6）もっとも，バルーチスターン（ザーヘダーンなど14の郡）やコルデスターン（州）ではスンナ派ムスリムが圧倒的大多数であり，これらの地域からは選挙を通じて指導部専門家会議（Majlis-i Khubrigan-i Rahbari）にスンナ派イスラーム法学者が選出されている．これらは，個々の立候補者がシーア派優位体制を容認していることとの引き換えであり，コオプテーションの事例であると考えられる．

7）後述のとおり，ここでいう「サラフィー主義」の中身も，1980年代初頭のムスリム同胞団系のものから，2001年以降の急進的なジハード型サラフィー主義により親和的なものへと変容していった．

8）例えば，国境のイラン側の町マリヴァーンの出身で地元の若者のジハード主義化に関する著作もある活動家のモフタール・フーシュマンドは，イラン政府がクルド・ナショナリズムを脇に押しやりたいがために，サラフィー主義者に活動のスペースを与えてきたと批判している［Hooshmand 2017］．

9）ここでは，イスラーム主義（イスラーム復興主義）を，「イスラームを手段として弱体化したあるいは試練に立たされた社会の復興を目指す運動」の意味で用いる（Matsunaga［2007: 320-321］を参照）．

10）バハーウッディーンは，1994年以降は，イラク・クルディスタンにおいてクルディスタン・イスラーム連合（al-Ittiḥād al-Islāmī al-Kurdistānī）という，選挙にも参加するムスリム同胞団系の穏健派イスラーム主義政党を率いている．

11) 1978年に秘密裏にスライマニーヤで結成されていて，1984年にイラク国外で公然活動を開始していた Ḥaraka al-Rābiṭa al-Islāmīya を指す［Siwayli 2010: 17–18; Vahid and Golchin 2017: 56］.

12) Cf. Vahid and Golchin［2017: 56］.

13)「ジハード型サラフィー主義」を含む，サラフィー主義の類型に関する議論については，［Wiktorowicz 2006］および［Wagemakers 2009］を参照．尚，付言ながら，一旦，対バグダード・ジハード（武装闘争）を宣言したクルディスタン・イスラーム運動（IMIK）は，1991年にイラク・クルディスタンに帰還後，1992年のクルディスタン「国民」議会選挙に参加し5％の得票を得た．その後，同運動は，1997年に武装闘争を放棄したとされる．IMIK は紆余曲折を経て現在も存続している（現党首はイルファーン・アブドゥルアズィーズ）．

14) このグループは，軍事組織としてのアルカーイダから派遣されてきた同組織メンバーや，他に行き場がなく同地に流れてきていた対ソ連・ジハード経験者のアラブ人（「アフガン・アラブ」）をもその一部に含んでいたという［Vahid and Golchin 2017: 72; 77］.

15) 逃避してきた者の中には，かつて第2波の一部としてイランに避難しており，その後急進化しタクフィールを行うイスラーム主義者となっていた者も含まれていたとされる［Vahid and Golchin 2017: 127］.

16)「アンサール・アッ＝スンナ」は2006年に2つに分裂し，その一方は「イラクのイスラーム国」（Dawla al-ʿIrāq al-Islāmīya）へ合流したとされる．残るシャーフィイーらは「アンサール・アル＝イスラーム」名に戻し，シャーフィイーが2010年にアメリカ軍により逮捕されるまで活動していた．その後，（非クルド人の）アブー・ヒシャーム・アール・イブラヒームが同グループを率いていたが2014年初めに逮捕され，その後大半の残存メンバーはモースル攻略中であった「イスラーム国」に合流したとされる．

17) なお，2007年に公然活動を宣言した際の「カターイブ・クルディスタン」も，直接にではなく，（2006年にザルカーウィーが殺害された後に改名され）アブー・ウマル・バグダーディーが率いていた「イラクのイスラーム国」を通じて，アルカーイダに忠誠を誓っていた．

◆参考文献◆
邦文献
松永泰行［1999］「ホメイニー師以後のヴェラーヤテ・ファギーフ論の発展とそれを巡る論争」『オリエント』42(2).

───［2005］「革命後イランにおける『ナショナル・アイデンティティ』──イラン・ネイションの「イスラーム革命」──」，酒井啓子・臼杵陽編『イスラーム地域の国家とナショナリズム』東京大学出版会.

外国語文献
Aghaie, K. S.［2014］"Islamic-Iranian Nationalism and Its Implications for the Study of Political Islam and Religious Nationalism," K. S. Aghaie and A. Marashi eds., *Rethinking Iranian Nationalism and Modernity*, Austin, TX: University of Texas Press.

Akhavi, S. [1980] *Religion and Politics in Contemporary Iran*, Albany: State University of New York Press.

Algar, H. [1972] "The Oppositional Role of the Ulama in Twentieth Century Iran," N. R. Keddie ed., *Scholars, Saints, and Sufis: Muslim Religious Institutions in the Middle East since 1500*, Berkeley: University of California Press.

Ashraf, A. [1988] "Bazaar-Mosque Alliance: The Social Basis of Revolts and Revolutions," *International Journal of Politics, Culture, and Society*, 1(4).

Atabaki, T. [2014] "Contesting Marginality: Ethnicity and the Construction of New Histories in the Islamic Republic of Iran," K. S. Aghaie and A. Marashi, eds., *Rethinking Iranian Nationalism and Modernity*, Austin, TX: University of Texas Press.

BBC Persian [2016] "I'dam-i Guruhi az Zindaniyan-i Sunni-Madhhab dar Zindan-i Raja'i-Shahr" (ラジャイーシャフル刑務所でスンナ派囚人の集団処刑), August 2 (http://www.bbc.com/persian/iran/2016/08/160802_nm_sunni_execution_rajashahr, 2018年11月30日閲覧).

Eslahe [2008] "Mukhtasari az Sharh-i Hal-i Ustad-i Nasir Subhani az Zaban-i Baradar-ish" (弟が語るナーセル・ソブハーニー師略歴) (http://eslahe.com/922, 2018年9月23日閲覧).

Fars News [2018a] "Tim-i Tirruristi-yi Da'ish Chagunah Khud ra bih Tehran Risanad?" (「イスラーム国」の襲撃犯はどのようにテヘランに到達したか?), 17 Khordad (June 7) (https://www.farsnews.com/news/13970317000313/, 2018年8月19日閲覧).

——— [2018b] "Muhakamah-yi Da'ish (1): Hasht Muttaham-i Radif-i Duvvum-i Hadithah-yi Tirruristi-yi Tihran chah kasani Budand?" (「イスラーム国裁判」(1): テヘラン・テロ事件の共犯容疑8名のプロフィール), 18 Khordad (June 8) (https://www.farsnews.com/news/13970317000742, 2018年6月10日閲覧).

Hassanpour, A. [1992] *Nationalism and Language in Kurdistan, 1918–1985*, San Francisco, CA: Mellen Research University Press.

——— [1994] "The Nationalist Movements in Azarbaijan and Kurdestan, 1941–46," J. Foran ed., *A Century of Revolution: Social Movements in Iran*, Minneapolis: University of Minnesota Press.

Hooshmand, M. [2017] "Da'ish Chagunah dar Kurdistan-i Iran Zuhur wa Nufudh Kard?" (「イスラーム国」はイランのクルディスタンにいかに出現し影響を与えたか?), *IranWire*, June 12 (https://iranwire.com/fa/features/22355, 2018年9月22日閲覧)

Kadivar, M. [2018] "Jafā'-yi Jumhuri-yi Islami bih Ahmad-i Muftizadah" (イスラーム共和国のアフマド・モフティーザーデに対する裏切り), 9 Ordibehesht (4月29日) (https://kadivar.com/?p = 16486, 2018年8月13日閲覧).

Leezenberg, M. [2006] "Political Islam Among the Kurds," F. A. Jabar and H. Dawod, eds., *The Kurds: Nationalism and Politics*, London: Saqi.

Malmvig, H. [2013] "Power, Identity and Securitization in Middle East: Regional Order after the Arab Uprisings," *Mediterranean Politics*, 19(1).

Matsunaga, Y. [2007] "Mohsen Kadivar, an Advocate of Postrevivalist Islam in Iran," *British Journal of Middle Eastern Studies*, 34(3).

McDowall, D. [2004] *A Modern History of the Kurds*, third edition, London: I.B. Tauris.

Moaddel, M.［1993］"The Egyptian and Iranian Ulama at the Threshold of Modern Social Change: What Does and What Does Not Account for the Difference?" *Arab Studies Quarterly*, 15(3).

Mojab, S. and A. Hassanpour［1995］"The Politics of Nationality and Ethnic Diversity," S. Behdad and S. Rahnema eds., *Iran after the Revolution: Crisis of an Islamic State*, London: I.B. Tauris.

Parsa, M.［1989］*Social Origins of the Iranian Revolution*, New Brunswick, NJ: Rutgers University Press.

Shourush, S.［2002］"Islamist Fundamentalist Movements Among the Kurds," F. Abdul-Jabar, ed., *Ayatollahs, Sufis and Ideologues: State, Religion and Social Movements in Iraq*, London: Saqi Books.

Siwayli, I.［2010］"Al-nash'a wal-taṭawwur: al-tayyārāt al-Islāmīya fi Kurdistān al-'Irāq"（転変と展開：イラク・クルディスタンのイスラーム諸潮流）, *Al-Ḥaraka al-Islāmīya fi-Kurdistān*（クルディスタンのイスラーム運動）, Dubai: Al Mesbar Studies and Research Center.

Vahid, A. and A. Golchin［2017］*Salafiyat-i Jahadi dar Kurdistan-i 'Iraq*（イラク・クルディスタンのジハード型サラフィー主義）, Tehran: Danishgah-i Ittila'at wa Amniyat-i Milli.

Vali, A.［2011］*Kurds and the State in Iran: The Making of Kurdish Identity*, London: I.B. Tauris.

Vezarat-i Ettela'at［2016］"Khulasah-yi Iqdamat-i Guruhak-i Terroristi-Takfiri-yi Sanandaj Ma'sum bih Tawhid wa Jihad"（サナンダジュのタクフィーリー・テログループ「タウヒード・ワ・ジハード」の行動の総括）, Mordad 13（8月3日）（http://www.vaja.ir/, 2018年8月10日閲覧）.

Wagemakers, J.［2009］"A Purist Jihadi-Salafi: The Ideology of Abu Muhammad al-Maqdisi," *British Journal of Middle Eastern Studies*, 36(2).

Wiktorowicz, Q.［2006］"Anatomy of the Salafi Movement," *Studies in Conflict and Terrorism*, 29(3).

トルコにおける宗派主義的傾向
―― 公正発展党政権期の社会的分裂の観点から ――

幸加木 文

はじめに

 8000万人を超える人口の大多数をムスリムが占め，そのうち，スンナ派ムスリムが多数を占めるトルコでは，スンナ派以外の宗派に起因する「宗派主義」の問題は，社会において相対的に可視化されておらず，トルコ人の意識の中でも希薄な傾向があった．トルコでスンナ派に次ぐ大きな宗派にアレヴィー派（Alevi）がいるが，彼らが基本的人権として訴えている信仰に関する要望に対し，トルコ政府の対応は十分ではない．後述するように，2007年からアレヴィー派への門戸開放政策が実施されるなど問題解決に向けた試みは存在したが，根本的な解決を見ないまま頓挫している．

 また近年，トルコでは社会的分裂が進行し，異なる他者間の分断が深刻化している．「トルコ系（Türk），スンナ派，男性」という属性が，多数派で強い立場として存在する一方で，それ以外の属性を持つ，トルコ系以外の民族，イスラーム以外の宗教，スンナ派以外の宗派，無神論者や理神論者，女性や性的少数派（LGBT）等は，少数派，社会的弱者として弱い立場にある．こうしたさまざまな多数派・少数派間，「異なる他者」の間で分裂が深まり，偏見や差別に基づく不寛容な社会状況が生じている．さらに，トルコではここ数年，「親エルドアン」か「反エルドアン」かという政治的立場で選別をする傾向が強まっている．レジェップ・タイイップ・エルドアン大統領を始め公正発展党（AKP）議員らの「多様な他者」への不寛容な言動も目立つようになっており，2018年6月の議会選挙および大統領選挙を経て，大統領一人に権力を集中させる実権型大統領制（Başkanlık sistemi）に移行した現在，その権威主義的かつ「宗派主

義」的な傾向がますます先鋭化する恐れがある.

こうした現状を踏まえ，本章では，エルドアン及び AKP 政権の権威主義的な傾向が徐々に顕在化してきた2010年頃から2018年までの，トルコのアレヴィー派やその他の宗教派[1]を事例に，AKP 政権の宗教政策及び教育政策，宗務庁の役割の変化等から，AKP 政権の「宗派主義」的な傾向を検討する.「宗派主義」の意味する範囲，定義についてはさまざまな議論がなされており，多様な現実に対して1つの定義を用いるのは困難である［Weiss 2017: 1; 13］.だが，トルコの文脈で狭義に捉えれば，スンナ派とアレヴィー派の間で生じる宗派の違いに基づく諸問題，そしてその根底にある思考を指して「宗派主義」と呼ぶことが可能だろう.より広義に捉える場合では，「宗派主義」とは「我々」と「他者」という社会的に分断された派閥意識とそこに生じる諸問題を包摂する概念とも定義し得る.したがって，本章では，社会的分裂を引き起こす二元論的な政治言説の傾向，政府寄りの強い立場の「我々」とそれ以外の「他者」の間の差別的意識や緊張関係，種々の社会的不公正の問題も「宗派主義」的な問題として捉えることとする.

1 公正発展党政権期の宗教政策とその変化

(1) 宗務庁の役割の変化

建国直後の1924年にトルコで宗務庁が設置された主な目的は，世俗主義体制において国家が宗教を管理・統制することにあった.世俗主義者のエリート層は，近代化を図るために宗教的団体やその活動を禁止して公共の場から宗教の痕跡を払拭する政策を実行し，宗務庁は多数派のスンナ派イスラームを軸に宗教を管理する役割を担った.共和国初期のトルコ民族主義に基づく政策が宗教管理にも及び，礼拝の呼びかけであるアザーンをアラビア語からトルコ語に変える等，宗教保守派にとっては急進的な政策が実施された[2].しかし，1946年の複数政党制への移行により，1950年に民主党政権が発足すると，アザーンを再びアラビア語に戻し宗教保守派を宥める政策がとられた.そして，1960年代の建国後40年を経た世俗主義体制でも宗教保守派の力は侮れず，適切な宗教行為やイスラームの道徳的な側面について社会を「啓蒙する」という新たな役割が宗務庁に課せられた.こうして宗務庁は国家イデオロギーを推進する機関として徐々に制度化されていったのである.

1980年代以降，宗務庁の役割が変化する2つの契機があり，同時にそれらは
トルコにおける宗教の位置づけが変わる契機でもあった［Öztürk 2016: 620-
621］．1つが1980年軍事クーデタ時の軍事政権により「トルコ・イスラーム総
合論（TİS[3]）」というイデオロギーが取り込まれたことであり，もう1つが
AKPの単独政権（2002年-）の成立であった．社会で左右両派の対立が深刻化し
ていった1960年代，70年代に，特に左派の勢力を押さえるために，民族主義の
枠内でイスラームを強調したTİSが取り込まれ，体制の中でイスラームが公的
イデオロギーを担うようになった［大島 2005: 15］．また，TİSはトルコ性とイ
スラームを「想像された」集団的アイデンティティの一要素とした半面，その
枠組みから外れた人々を「他者」化した．1980年代以降，トルコ系でスンナ
派，そして市場経済を肯定する人々が新たに支配層を占めるようになり，非主
流派，非多数派に属するアイデンティティを持つ人々は疎外され，社会的亀
裂，分断を深めることになった．1983年の民政移管後のオザル政権（トゥルグ
ト・オザル首相：1983-1989年，大統領1989-1993）下で，宗務庁には，この政治が主
導するTİSのプロパガンダを担う機関としての役割が課せられた．宗務庁の活
動は国内のみならず，トルコ系移民の多く住む国外でも顕著であった．そして
1990年代前半にオザル政権がトルコのEU加盟を外交目標としたことで，1990
年代には宗務庁がそれまで消極的であった他宗教との宗教間対話を推進する機
運が高まった［Yilmaz and Barry 2018: 4］．

　そうして，2002年以降のAKP政権期には，経済の発展，親EU政策に基づ
く国内民主化改革で成果を挙げ，宗務庁による宗教間対話も継続された．しか
し，2011年の総選挙で勝利を収めると，エルドアン首相（当時）及びAKP政権
は徐々に権威主義化しポピュリスト的な傾向を強めていった．そして，宗務庁
は国家イデオロギーに沿ったトルコ的なイスラームを推進する機関から，徐々
に政治の意思決定者の政策に従ってトルコ社会を規定し方向付ける役割を帯び
るようになったと指摘されるに至る［Öztürk 2016: 626-28; Yilmaz and Barry 2018: 2;
12］．宗務庁は，AKPの政策に呼応して，政治社会的問題にかつてないほど深
く関与するようになったというのである．

(2) 宗務庁の政治化

　この宗務庁の政治化の要因の1つは，メフメト・ギョルメズ前宗務庁長官
（任期 2010-2017）が政治家の要請に応じる姿勢をとったことにあった［Öztürk 2016:

627]．ギョルメズの姿勢は，前任のアリ・バルダクオール（任期 2003-2010）が，あくまで政治とは距離をとる姿勢を固持したことと対照的であった．例えば，女性のスカーフ禁止を撤廃する法案に関してエルドアンが宗務庁の見解を尋ねた際，バルダクオールは，宗務庁が政治家の要請に応じて見解を出すことはない，個人の自由の線引き等の問題は政治家が解決すべきだと返答したのである．宗務庁が見解をだすことで AKP 政権の政策を裏書きすることを拒否したバルダクオールは，後にエルドアンとの不和により辞任し，その後継のギョルメズによって宗務庁の政治化が進んだ．AKP 政権は，2010年の司法改革により，宗務庁の予算を2002年時と比較して４倍にし，職員には世俗的キャリアの持ち主より，敬虔なムスリムを採用して，政策に宗務庁の後押しを得られる体制を構築していったのである．

　さらに，政治と宗教の分離というより，政治による宗教管理を意味するトルコの世俗主義体制では，すべての宗教・宗派に対する国家の中立性が担保されるかが問題視されてきたが，AKP 政権期にはスンナ派イスラームへの偏りがより顕著になった．2012年に開始した宗務庁によるテレビ番組では，スンナ派イスラームに基づく解釈のみが放送されるなど，メディアに加えて金曜礼拝の説教においても，宗務庁は国民の日常生活に AKP 政権の政策に沿った思想を送る役割を果たすようになった．

　宗務庁の金曜礼拝における言説を分析したユルマズとバリーは，AKP 政権の権威主義化に伴い，宗務庁がいかに宗教間対話に関する見方を一変させたかを実証している［Yilmaz and Barry 2018: 8-9］．その変化の主原因として，まず政策がより権威主義的になり，少数派の権利や反体制派の福祉等が考慮されなくなったこと，そして宗教間対話の推進者としてトルコで知られてきた市民社会組織（civil society organization : CSO）のギュレン運動とエルドアンの関係が急速に悪化したことを挙げている．この２つの原因を機に，宗務庁の宗教間対話に対する態度は一変し，宗務庁長官がバルダクオールからギョルメズに変わって僅か１年以内に，宗務庁は「宗教間の対話など不可能だ」と主張するようになったと指摘する［Yilmaz and Barry 2018: 8］．エルドアンの政治的意図が宗務庁内で迅速に反映されただけでなく，トルコ系移民が多く暮らす外国では，宗務庁職員がトルコ系移民社会を監視するなど，宗務庁には反エルドアン・反 AKP 政権派を排除するための国家の道具としての役割も付され，ますます政治化していった．エルドアン・AKP 政権の強権的手法や，宗務庁と AKP 政権の密接な

連携に嫌気が差した人々や CSO，アレヴィー派等の宗教的少数派から抗議が増加したのは当然の帰結であった．

(3) 教育政策におけるイスラーム化——スンナ派偏重

エルドアンが2012年に「敬虔な世代」を育成することが目標と公言したことは，世俗主義の後背化，AKP 政権のイスラーム化志向を国内外に印象付けた．同年，教育課程を 4 + 4 + 4 と区分する新教育制度を導入し，中等教育のイマーム・ハティップ中学校（İmam Hatip Ortaokulu）に入学することが可能になった．これは，1997年の軍部の政治介入として知られる「2 月28日過程」により，8 年一貫の義務教育が導入されたことで廃止されたイマーム・ハティップ高校（İmam Hatip Lisesi）の中等部の再開を意味していた．他方で，一般校の中等教育でも義務の宗教科目を補足する目的で，3 つの宗教科目が選択科目として追加された［Karakaya-Stump 2018: 59］．しかも入試に関わるため，生徒たちは宗教科目を軽視できないという制度設計がなされた．高等学校では，2013-2014年度から公立の一般高校が廃止になり，進学先の選択肢が狭められた結果，イマーム・ハティップ高校の数が大幅に増加した．2018年には全81県のうち61県で，アナトリア高校よりイマーム・ハティップ高校の数が多い状況となったのである．また，公立学校職員が宗務庁職員によって大幅に入れ替えられ，2014年 9 月にはイマーム・ハティップ学校以外の中学，高校でもスカーフ着用が解禁された．

教育におけるトップダウンのイスラーム化政策は，宗教的権利の拡大を目標としてきた AKP 政権にとっては目標達成への道程の一歩であり，スンナ派の敬虔な人々にとっては望ましくかつ進学，就職において有利となった．しかし，スンナ派以外のアレヴィー派等の少数派，世俗的教育を望む世俗派にとっては，教育上の選択肢の減少のみならず，政治的，社会的な圧力の増加，スンナ派イスラームの強制の強化を意味することとなった．例えば，世俗派が多く暮らす大都市イズミルでは，無神論者の中学生と家族が義務の宗教科目の免除を申し出たが，当局の「宗教科目はすべての宗教と等距離にある」という紋切型の対応に遭い，キリスト教徒の生徒同様，無神論者も免除となるよう裁判所に訴えた事例がみられた．このような義務教育科目に関する裁判所への訴えは決して少なくなく，AKP 政権期の教育における宗派主義的な圧力の一事例と言える．

また近年，都市在住の青年層を中心に，イスラーム化した教育政策と権威主義化した政府に希望を失い，子女の教育のために西洋諸国へ移住する人が増加傾向にある[8]．2017年にはトルコを離れた人が25万人以上に上り，そのうち42%を25-34歳の青年層，57%を大都市圏出身者が占めた．彼らの多くは，2013年夏のゲズィ公園反政府抗議運動で中心になって活動した，いわゆる「ゲズィ世代」にあたる．次に，この世代間格差の問題をも含む大規模な反政府抗議運動について，宗派主義的な観点から検討する．

(4)　AKP 政権の市民社会への対応──ゲズィ公園反政府抗議運動

　2013年5月末にイスタンブルの新市街タクスィム広場近くにあるゲズィ公園の再開発に対する市民の反対行動を契機に，全国規模で反政府抗議運動が広がった．このゲズィ公園反政府抗議運動には，環境保護を訴える団体，個人に留まらず，AKP 政権に不満を持つ様々な背景とアイデンティティを持つ個人や団体（世俗派，宗教保守派，トルコ民族主義者，クルド系，アレヴィー派，女性，LGBT 等の団体，失業中の大学卒業者，都市在住の知識人など）が集結した．多様なアイデンティティが共通の場に集まることでエンパワメントの機会となった点に加えて，トルコ対クルド，スンナ派対アレヴィー派，男対女，異性愛者対性的少数派といった二元的対立を超えて団結する動きを生み出した．治安当局により鎮圧されたものの，ゲズィ抗議運動は，固定化したアイデンティティの二元的対立に対する異議申し立ての機会となったと言え，社会に残した影響は大きなものとなった．

　他方で，ゲズィ公園抗議運動は AKP 政権に対する警鐘となった．1950年代以降のトルコの中道右派政党が用いてきた「国民の意思（milli irade）」という概念を切り口にこの抗議運動を分析したビルギチは，AKP 政権は，抗議運動の参加者を「国民の意思」に反する者とレッテルを貼る一方で，AKP 政権こそが「国民の意思」の唯一の代表者であり擁護者であるとアピールしたと指摘する［Bilgiç 2018: 17］．エルドアンは，「国民の意思」の側に立っているのは AKP 政権であり，抗議運動に参加したエリート層を「国民の意思」に背き「本当の国民」を下に見ている「敵」であると巧みに主張したというのである．伝統的なエリート層出身ではなく，また世俗主義体制下で冷遇されてきた多くの社会層の代弁者として登場した政治家であるエルドアンにとって，こうしたアピールはお手のものであったと言えよう．

さらに，抗議者に対して，国際的な批判を集めた過度な武力行使以外に，
① 宗教保守派が抗議者に背を向けるような反宗教的な虚偽を流布，② 官製デ
モを組織，③ ゲズィは「選挙で選ばれた民主的な政権を覆そうとする試み」
だと喧伝する，というメディア戦略を実施した［Bilgiç 2018: 13］．その上，AKP
政権は，「西洋諸国がトルコ消滅を狙っている」というトルコ国民の脅威意
識，反西洋感情を刺激して，抗議者を「海外勢力と結託している」という言説
を用いて非難した．このトルコに根強い陰謀論的な対外脅威意識は，オスマン
帝国が第一次世界大戦で敗北し，その大半の国土を失い半植民地になりかけた
セーヴル条約（1920年）に因み「セーヴル症候群」と呼ばれ，政治家が対外的
な脅威を煽ることで国内問題から国民の目を逸らせる戦略として用いてきた．
こうした様々な言説や手段を用いて抗議者の主張を退けたエルドアン・AKP
政権は，2016年のクーデタ未遂事件以降も，その権威主義的な体制を維持する
ために同様の言説・手段を利用してゆくのである．

2　アレヴィー派を巡る宗派主義的諸相

(1)　アレヴィー派に関する主な論点

　次に，宗派主義に関する問題意識の希薄なトルコで宗派問題が生じる対象で
ある，スンナ派ムスリムに次いで大きな宗派のアレヴィー派に関する問題につ
いて検討してゆく．ベクタシー教団（Bektaşilik）等，共通する宗教的教義を持
つ人々を便宜的に「アレヴィー派」と一括して称することが多く，公式の統計
は存在しないが，およそトルコの人口の15-25％を占めると信じられている
［Lord 2017: 279］．

　トルコ政府に対するアレヴィー派の主要な要求を概括すると，① ジェムエ
ヴィ（cemevi）と呼ばれるアレヴィー派の礼拝の場を，モスクと同様に礼拝所
として法的に認可し，助成金を受給可能とすること，② アレヴィー派の村に
おける強制的なモスク建設を停止，③ 義務教育におけるスンナ派イスラーム
の教えのみに基づく宗教科目の廃止，④ すべての宗教，宗派に対して国家の
中立性を確保するため宗務庁の廃止または改革，という 4 項目が挙げられる
［Karakaya-Stump 2018: 58］．さらに，個別の要求として多くのアレヴィー派団体が
主張しているのは，⑤ 1993年にアレヴィー派が虐殺されたシヴァス事件の現
場であるマドゥマク・ホテルの記念博物館化，⑥ 国民 ID カードから宗教の欄

を削除，⑦ 教科書や辞書からアレヴィーフォビア（アレヴィー派嫌い）の文章を削除，⑧ アレヴィー派の信仰に対する中傷，脅しなどを分類して対処，⑨ 歴史上のアレヴィー派虐殺事件に対する国家の正式な謝罪，⑩ 公共の建造物にアレヴィー派にとって不快な名付けの停止，⑪ 国家に没収されたすべてのアレヴィー・ベクタシーの財産の返還，である [Karakaya-Stump 2018: 58]．

　これらの要求は民主的な規範や価値に照らして穏当といえる項目も多いが，AKP 政権は応じていない．そもそも「保守的民主」を旗印に結党した AKP は，政権に就いて以来，EU 加盟を目指すため民主化改革に積極的な姿勢を打ち出したが，一方で，宗教保守派であることも AKP の根本的なアイデンティティの一つであった．また，2005年より開始した EU 加盟交渉が難航し，EU 側から本加盟ではなく「特権的パートナーシップ」が提示されたことにトルコが反発，加盟交渉は事実上凍結となり，同時に AKP 政権の国内改革への意欲も低下していった．その上，2010年には憲法改正を問う国民投票を経て世俗派の牙城であった司法を改革し，さらに政府転覆を企てた容疑で軍人らを裁いたエルゲネコン（Ergenekon）裁判によって，世俗主義の擁護者と自認する軍を弱体化させることに成功した．こうして世俗派の権力を削ぐ一方で，2011年選挙でも勝利を収めた AKP 政権は，権威主義化，強権化が徐々に進むとともにますます保守的性格を強めることになった．中絶禁止法案を提案して世俗派の猛反発を招いて撤回するなど，国民のイスラーム化への過敏度を量るかのような動きもみられた．次に述べるアレヴィー派への門戸開放政策は，以上のような AKP 政権の権威主義化と宗教保守化が徐々に進行し，民主化への意欲が減少しつつある時期に実施された政策であった．

(2)　アレヴィー派への門戸開放政策の試み

　AKP 政権は2007年に，アレヴィー派に向けた門戸開放政策を開始した．これは，アレヴィー派のほか，トルコの様々な民族的，宗教的問題の解決に向けた AKP 政権による民主的門戸開放政策の一環であった．2009年6月から2010年1月にかけて，計7回のアレヴィー・ワークショップが開催され，ワークショップを総括する最終報告書をもって終了した．それまで，アレヴィー派が分裂状態にあるため交渉可能な統一団体が存在しないことを口実に，トルコ政府がアレヴィー派と正式な対話や交渉をせずきたことを踏まえると，歴史的な試みではあったが，アレヴィー派にとって実りある成果とはならなかった．

AKP 政権の対アレヴィー派政策の失敗の主な要因は，上記ワークショップにおいて「アレヴィー性」の定義付けをスンナ派神学者や宗務庁主導で行わせたことにあった［Bardakçı 2015: 363-364］．それに加えて，1978年のカフラマンマラシュにおけるアレヴィー派殺害事件の主要な容疑者であるオクケシュ・シェンディルレルという極右の人物が招待されたことも，ワークショップへのアレヴィー派の不信感を増大させた．抗議を受けて AKP 政権は招待を撤回したが，ワークショップに期待を寄せていたアレヴィー派を大いに失望させることになった．さらに，アレヴィー派への理解が，スンナ派・ハナフィー学派による解釈に留まり深化したとは言えず，またアレヴィー派の要求を基本的権利や人権の問題として議論しようとする姿勢に欠け，神学的議論に終始したこともワークショップの失敗の原因となった［Lord 2017: 287］．その上国家機関である宗務庁がワークショップを主宰したために，左派系のアレヴィー派団体の参加と協力が得られなかった．こうした理由から，アレヴィー・ワークショップは，スンナ派と平等の権利を要求しているに過ぎないと考えるアレヴィー派にとって肩すかしとなり，AKP 政権によるアレヴィー派の「スンナ派化」を狙った同化政策の一環だと危ぶんでいたアレヴィー派の疑念に信憑性を与える結果となった．

(3) AKP 政権のアレヴィー派への宗派主義的対応

2010年の国民投票で，保守的なスンナ派ムスリムの票固めを行った AKP が，その後権威主義的かつ宗派主義的な傾向をさらに強めた契機が，ゲズィ公園反政府抗議運動であった［Karakaya-Stump 2018: 56; Bardakçı 2015: 366-367］．前述のとおり，この運動は多様なグループや人々が参加していたが，AKP 政権はアレヴィー派が反乱を主導したと非難した．アレヴィー派側は，門戸開放政策が空振りに終わり AKP 政権への批判が高まっていたことに加え，治安当局の過剰な武力による取締りによってアレヴィー派に 6 名の死者がでていたことで，AKP 政権への反発を強めてはいた．しかし，AKP 政権は犠牲者にアレヴィー派が多いことを逆手に取り，あたかも「ゲズィ反政府抗議運動はアレヴィー派が主導した」かのような図式を描いて，スンナ派多数のトルコ社会における宗派主義的な分裂を煽ったのである．

また，2011年以降のシリア危機への対応でも AKP 政権の宗派主義的傾向が見て取れる．AKP 政権のシリア反体制派への積極的な支援策を，アレヴィー

派の出自である野党のクルチダルオール共和人民党党首が批判したことが「アラヴィー派であるアサド（シリア大統領）へのシンパシーのせいだ」とする主張や，「トルコのアレヴィー派はシリアのアラウィー派の延長であるため，同じ政治的忠誠心がある」と決めてかかる，正確な知識に基づかない宗派主義的な偏見と憶測が見られた[11]．なお，シリアから国境を越えて侵入する恐れのあったIS 等のスンナ派急進派に対し，AKP 政権が断固とした対応を渋ったことも，アレヴィー派の間で懸念と怒りを引き起こした［Karakaya-Stump 2018: 63-4］．さらに，トルコ全土でアレヴィー派の日常生活において種々のハラスメント事件が起きている．例えば，多くのアレヴィー派虐殺事件を想起させるような，アレヴィー派の自宅40カ所以上が何者かに赤いインクでマーキングされた事件や，中学校教師が宗教科目の授業で「アレヴィー派が作った料理は食べない」と発言し，アレヴィー派の生徒を泣かせ，スンナ派の生徒を不安にさせた事件等が報じられている[12]．

　しかし，アレヴィー派を巡る状況において最も問題であるのは，近年，司法ではアレヴィー派の権利を認め，モスクと同様にジェムエヴィの電気代を国家（宗務庁）が支払うべきとする判決が相次いでいるにもかかわらず，政府が履行を拒否している点であろう．さらには，2018年 6 月の議会選挙の前に，大統領，首相らがジェムエヴィの法的地位を認めると示唆していたが，選挙後に具体的な動きは見られていない．

　こうして，AKP 政権期においては，アレヴィー派の要求するジェムエヴィの法的な地位や平等の権利を認めないどころか，スンナ派を主流とするトップダウンのイスラーム化と，その裏返しとしてのアレヴィー派の同化政策が進行しているように見える．また，中東諸国における宗派主義的紛争を，AKP 政権が国内の分断を深め自らの勢力拡大に利用しようとする姿勢も懸念材料となっている．こうした AKP 政権の政治的目的に基づく宗派主義的傾向は，カラカヤ－スタンプによれば，1960年代，70年代の左右の対立が激化した時期に，コミュニズムと「異端の」アレヴィー派を結びつけて左派を中傷する手段として右派が用いた戦術を思い起こさせ，ただし AKP のほうがはるかに公然と行っているという［Karakaya-Stump 2018: 57］．次に，この AKP 政権と，宗教的CSO として一時は協力関係にありながら，後に激しく対立したギュレン運動について宗派主義的観点から検討してゆく．

3　スンナ派市民社会組織の他者化

(1)　ギュレン運動に対するトルコ社会の認識

　なぜ本章でギュレン運動（GM）を取り上げるのかを明確にするために，まずトルコ社会におけるGMへの見方や認識を明らかにする必要があるだろう．GMは，1960年代後半にイスラーム知識人のフェトゥッラー・ギュレンを中心に形成された宗教的CSOである．ギュレンは宗務庁職員の説教師（vaiz）としてトラキア，西アナトリアの諸都市で勤めていた経歴を持つスンナ派であるため，世俗派からは世俗主義を脅かす存在として攻撃を受けるも，宗派主義的観点からは攻撃対象とはならなかった．1980年代以降，オザル政権による経済自由化政策を機に人的，財政的資本を築き，TİSを基盤とした社会的雰囲気の恩恵を受けて活動を飛躍させた，言わばTİSの申し子のような位置づけにあったと言える．

　さらにGMは，AKP政権期の2002年から2018年現在までの16年間のうち，およそ半分以上は，AKPと暗黙の相互協力関係にあった．GMは種々の教育活動を通じて現代的教育を受けた敬虔な世代を育成し，彼らを警察，司法，官僚機構等の国家機関へ送り込むことによって国家や社会を内側から変えようと企図してきた［幸加木 2018: 7-8］．当然ながら，GMの目的は世俗主義を奉じる世俗国家トルコにとってはきわめて重大な脅威と捉えられていたため，GMは外部に対して目的を意図的に曖昧にしてきた．それは宗教的CSOが世俗主義体制下で活動存続を図るために，戦略的に選択した態度であったと言える．こうしたGMの「戦略的曖昧さ」［Hendrick 2013: 56-58］は，政党と宗教的CSOとの暗黙の協力関係が周知の事実となったAKP政権期には，その必要性が低下していった．しかし，GMとエルドアン・AKP政権との関係に徐々に綻びが見え始めていた2013年12月，与党AKP幹部らに対する警察の汚職捜査を機に，GMとエルドアン・AKP政権とは決定的な対立関係に陥った［幸加木 2014: 81-83］．エルドアンは，2016年5月にGMを「テロ組織」と指定し，さらに同年7月のクーデタ未遂事件を首謀したとして徹底的に粛清した．クーデタ未遂事件後に宣言された非常事態は2年に及んだが，その間にトルコ国内のGM関連団体のネットワーク及び財政的基盤はほぼ壊滅したと見られている．

　以上のような経緯を経てきたGMがトルコ社会でいかに認識されてきたの

だろうか．GM は，タリーカ（神秘主義教団）やワクフ（宗教的財団）とも異なる，トルコでジェマートと呼ばれる宗教的コミュニティ／ネットワークというべき形態をとっており（注1参照），さらに，宗教的に敬虔であることを社会的な行動で示す行動主義を旨としてきた．このような GM への一般国民の視線は複雑であった．トルコの世俗主義体制下では，宗教は個人の裡に留めるという考え方があることに加え，彼らの行動主義が，自らの利益のために宗教を道具主義的に利用していると映ったためである．つまり，世俗派のみならず，多数派であるスンナ派ムスリムからなる宗教保守派の中でも，GM には違和感を覚えるとする視点も存在したのである[15]．

　その上，ギュレンを始め多くの GM メンバーの間には，GM はトルコおよび世界の救済のために「アッラーに選ばれた」と信じる一種の選民意識があり，また上意下達で盲目的服従をメンバーに要請する体制であった．それゆえに，外部からいかに批判されようと，運動に背くことは自らの信仰への背信に直結する問題となり得る[16]．このような運動内部におけるある種の強靭さと信仰上の機微を踏まえつつ，主流派のスンナ派ムスリムであっても「他者」化され立場や評価が揺らぐ GM を取り上げ，AKP 政権期の対アレヴィー派活動を宗派主義的な観点から検討し，その後 GM 自体が置かれた状況から，AKP 政権期の宗派主義的な問題点を照射する．

(2) ギュレン運動の対アレヴィー派活動

　ギュレン運動の広報を担当していたジャーナリスト・作家財団（GYV, 1994年-2016年）が，1998年からトルコ国内外のジャーナリストや研究者を集め，トルコの政治社会問題を話し合う場として「アバント・プラットフォーム」という会議を開催していた[17]．第34回まで続いた会議のうち，2007年3月にイスタンブルで開催された第13回が，「アレヴィー性の歴史的，文化的，民俗的，現代的特徴」と題してアレヴィー問題を正面から取り上げた回であった．これは，先述の AKP 政権のアレヴィーへの門戸開放政策の開始と同時期にあたり，アバント・プラットフォームは AKP 政権の政策と歩調を合わせるように実施されていた．対するアレヴィー派の諸団体は，AKP 政権の政策と同様，スンナ派のギュレン運動が主催した会議に猛烈に反発し[18]，同会議は通例であった最終声明を発表せずに閉会し，「アレヴィー性」の定義や一般化は，アレヴィー派自身によって議論され解決されるべきだとの識者のコメントが出されたのみで

あった[19].

　また，2013年には，「ジャーミー（モスク）−ジェムエヴィ・プロジェクト」という試みを，アレヴィー派，スンナ派双方のビジネスマンらに加えて，アレヴィー派団体のジェム財団の支援を受け，アンカラを皮切りにトルコの5都市で実施した．同プロジェクトは，ジャーミーとジェムエヴィを隣り合わせで建て相互理解を促進することを主眼としたもので，ジェム財団会長イゼッティン・ドアンは，GMから提案されたこのプロジェクトはスンナ派国民のジェムエヴィに対する偏見を打ち破ることになるだろうと考えたという[20]．この試みに対しても，当然ながら，アレヴィー派の中には，GMの目的はアレヴィー派の「スンナ派化」「同化」だとして反発を示す団体も存在した．だが，GM系のアレヴィー派団体であるとされるハジュ・ベクタシュ・ヴェリ文化教育健康研究財団[21]（Hacı Bektaş-ı Veli Kültür Eğitim Sağlık ve Araştırma Vakfı）の会長ケマル・カヤは，これは国家プロジェクトではなく民間団体のボランティアによるものであり，すべての場所でジャーミーとジェムエヴィが同じ場所にあるべきだとは言っていない，と反論した．

　以上のようなGMの対アレヴィー派活動は，スンナ派団体による日常レベルでの偏見の緩和に向けた試みだったとは言えるが，すべてのアレヴィー派に受容されたわけでもなく，また抜本的な解決にも程遠いものであり，その点では頓挫したAKP政権の政策と変わりはない．しかし，AKPとの関係でいえば，対立を機にすべてのGMの活動への評価が反転し，AKP政権の政策と足並みを揃えたはずのアバント・プラットフォームは「AKP政権のアレヴィー派政策への（GMの）侵攻」とみなされた．さらには，種々の市民社会活動は「テロ組織に関与・支援」したとの容疑がかけられ，団体が閉鎖，関係者が逮捕拘束される要因となった．

(3)　クーデタ未遂事件以降の状況

　2016年7月のクーデタ未遂以降，エルドアン大統領は先述の「国民の意思」ロジックに則ってGMを「われわれ」ではない「敵」と措定して徹底的な排除に乗り出し，宗務庁はGM撲滅のために，AKP政権の手足としてますます政治化傾向を強めた．クーデタ未遂事件翌日の7月16日，宗務庁は管轄のモスクからアザーン（礼拝の呼びかけ）のための放送装置を使って，人々に街に出てクーデタ実行者らに抵抗するよう呼びかけ，同月19日には国家への反逆者に宗

教的葬儀を執り行わないと宣告，その上，クーデタ非難決議をした国会にギョ
ルメズ宗務庁長官（当時）が参謀総長と並んで参列するなど，きわめて政治的
な動きを見せた．さらに，ギョルメズは 8 月 4 日に，ギュレン運動を「偽のマ
フディ（救世主）運動」と呼び，宗教を自己目的のために利用していると厳し
く批判し，同月 9 日には職員2560名を GM 関係者として解雇した．

　この GM に関する状況は，冒頭に記した社会的分断という宗派主義の一解
釈からは，やや捉え方が難しい．つまり，GM に対する理由や証拠を示さない
逮捕拘束，裁判前勾留の長期化，拷問による証言，不当解雇・停職などが大幅
な人権侵害にあたるとして欧州を中心に批判の声が上がっているものの，トル
コ国内で GM を積極的に擁護しようとする機運は見られないのである．それ
は，AKP 政権のメディアへの圧力が増し政府批判が封じられていることが要
因の 1 つではあるが，そもそも AKP 政権下で勢力を拡大し増長していた GM
が，クーデタ未遂事件以降は憎悪と不信の的になっていた側面も指摘し得る．
社会的分断の観点からは，むしろ問題は，エルドアンが GM の撲滅を呼び水
にして，ゲズィ公園抗議運動の参加者などの反 AKP，反エルドアン派を「国
民の敵」とみなして広範囲に及ぶ抑圧を行っていることにある．しかも，反体
制派を弾圧する一方で，縁故主義に基づく登用，親エルドアン派や家族・親族
の運営する企業・団体[22]の優遇などが横行しており，ますます社会的亀裂が深ま
りつつあるのが現状である．

　さらに，AKP 政権と GM の宗教保守派同士の対立が，若年層の宗教離れ現
象に与えた影響も看過できない．ジャーナリストのチャクルは，この要因を，
AKP 政権が自ら国家機関等に引き込んだ GM を今や一斉に排除している様子
が，若者にとって非常に大きなトラウマとなっていると指摘する[23]．そして，
この責任は，第 1 に宗教を様々な形で道具とした人々にあり，筆頭には国家，国
家機関，宗教を冠した組織，ジェマート，これらを通じて活動してきたあらゆ
る種類のメディア，企業などにあると断罪するのである．AKP 政権のイスラー
ム化政策及び宗派主義的傾向，自他を敵・味方で区別し対立を煽る思考，宗務
庁の政治化，GM 等の宗教的 CSO の政治への関与等が，トルコにおける宗教
の在り方を歪め，それらが次世代の信仰心を傷つけ，無神論や理神論，ニヒリ
ズムといった宗教離れを引き起こす要因となっているのであれば，これは，ス
ンナ派イスラームを軸に「敬虔な世代」の育成に注力してきた AKP 政権に
とっては由々しき事態である．ゲズィ公園反政府抗議運動でも既にその萌芽が

みられていた，世代間の分断という亀裂への対応が新たな課題として浮上しているといえよう．

おわりに

本章では，権威主義化したエルドアン・AKP政権によって，宗務庁が政治化し政権の手足となって機能するようになった過程や，トルコでスンナ派に次ぐ大きな宗派であるアレヴィー派が，社会において宗派主義的な分裂を煽る存在として位置づけられ，またAKP政権の対アレヴィー派政策が頓挫した経緯及び原因を検討した．そして，スンナ派CSOの中でも「他者」化されるギュレン運動が，AKP政権のあらゆる反対派撲滅の口実となり，社会的分断を深めている現状を考察した．

最後に，トルコの現状はといえば，実権型大統領制に移行したことにより，政策決定におけるエルドアン大統領の意向がかつてないほど重要性を帯び，かつその動向に注目が集まっている．トルコ経済の悪化やエルドアンの政策への反発から，再度トルコ国民がゲズィ公園反政府抗議運動のような大規模な集団抗議行動を起こす可能性が指摘されてもいる[24]．経済の悪化は2019年にも継続すると予測されている中で，同年3月に控える統一地方選挙は，エルドアン体制の盤石化を目指すAKPにとって天王山となるだろう．今後のトルコ情勢分析においても，本章で検討したトルコの宗派主義的な問題の諸相と，「われわれ」とそれ以外の「他者」とを分けて敵対心を煽り社会的分断を深めるAKP政権の言説及び手法がいかに用いられているかという視点は，有意味であろう．

注

1）本章では，「宗教派」とは，各種スーフィー教団，ジェマート（cemaat）と呼ばれる宗教的コミュニティないしはネットワーク，信仰を基盤とする市民社会組織（CSO），宗教的財団（ワクフ）等の総称として用いる．なお，世俗派と対置する「宗教保守派」は，各種団体への帰属を問わず，「宗教派」よりも幅広い概念として用いる．

2）しかも，「アッラー」をわざわざ「タンル（Tanrı）」という一般名詞の「神」で言い換えている．

3）「トルコ・イスラーム総合論」とはトルコ国民のアイデンティティの構成要素として，トルコ民族性とトルコ文化の一要素としてのイスラーム的伝統を強調するイデオロギーである［大島 2005: 2-3; 澤江 2005: 101-2］．

4）高校入試では宗教に関する問いが10問含まれる.

5）公立ではアナトリア高校（成績優秀者向けの進学校）や科学高校に進学できない生徒には，職業高校，イマーム・ハティップ高校，あるいはオープンスクールしか選択肢がなくなった. Umay Aktaş Salman［2013］"Düz liseler tarih oldu,"（一般高校が歴史になった）*Radikal*, 25 Temmuz 2013（2013年7月25日閲覧）.

6）トルコ全土で計1367の高校があるうち，イマーム・ハティップ高校は298校，アナトリア高校は222校，職業高校は449校とのこと. Ayşegül Kahvecioğlu［2018］"İmam hatip sayısı Anadolu'yu geçti,"（イマーム・ハティップ高校の数がアナトリア高校を越えた）*Milliyet*, 12.04.2018（http://www.milliyet.com.tr/imam-hatip-sayisi-anadolu-yu-gecti-gundem-2646080/, 2018年4月12日閲覧）.

7）"Mahkemeden zorunlu din dersi kararı: 'Eşim de ben de oğlumuz da ateist',"（裁判所による義務の宗教科目の判決：「夫も私も息子も無神論者」）*Cumhuriyet*, 28 Eylül 2018（http://www.cumhuriyet.com.tr/haber/turkiye/1096232/Mahkemeden_zorunlu_din_dersi_karari_Esim_de_ben_de_oglumuz_da_ateist_.html, 2018年9月28日閲覧）.

8）Kadri Gursel［2018］"'Gezi generation' fleeing Turkey,"（「ゲズィ世代」トルコ逃れ）*Al-Monitor*, September 21, 2018（https://www.al-monitor.com/pulse/originals/2018/09/turkey-brain-drain-young-generation-fleeing.html, 2018年9月21日閲覧）.

9）近年では，イスタンブルのボスフォラス海峡にかかる第3大橋の名称が，アレヴィー派を処刑したことで評判の悪いスルタン，ヤヴズ・セリムに因んでつけられた事例がある.

10）特に2013年6月当時，14歳だったアレヴィー派のベルキン・エルヴァンという少年がデモと警察の衝突に巻き込まれ催涙ガスを頭に受けて昏睡状態に陥り，269日後に死去した事件はトルコ社会に大きなインパクトを与えた. またイスタンブルのアレヴィー派が多く住むオクメイダヌでは，2014年にも反AKP政権抗議活動が起きた.

11）この偏見の根底にあるのは，個々の歴史や教義，儀式の特殊性，コミュナルなアイデンティティの差異等を無視して2つのグループを同一視する見方である. 2つのグループとは，トルコに暮らす1000～1500万人ほどと信じられているアレヴィー派（民族的にはそれぞれトルコ，クルド，ザザなど）と，シリアに暮らす200万人以下のアラウィー派及びトルコ側で暮らす数万人のその親戚（民族的にはアラブ）を指す. 両派ともに秘儀的でアリー中心の教義ゆえに異端視されたが，各々別の異なる宗派である［Karakaya-Stump 2018: 63］.

12）"Din kültürü öğretmeninden Alevilere hakaret: Yaptıkları yemek yenmez!,"（宗教文化の教師がアレヴィー派を中傷：彼らが作った食事は食べない！）*T24*, 30 Eylül 2018（http://t24.com.tr/haber/din-kulturu-ogretmeninden-alevilere-hakaret-yaptiklari-yemek-yenmez,712168, 2018年9月30日閲覧）.

13）先駆者であるサイード・ヌルスィーのスーフィズムの影響を受けた教義や，ギュレン自身が少年期にアナトリア各地のシャイフの間を遊学して得た知識の影響も指摘される［Yavuz 2003: 181］.

14）ギュレン運動は世界中に広がっており，粛清の影響は国外のGM系団体にも及んでいるが，この点については別稿で改めて論じる.

15) 宗教保守派の人々でも，ギュレン運動と自分たちの信仰表現の仕方は異なる，違和感がある，などと発言．筆者による聞き取り調査（2008年11月）．

16) 筆者による聞き取り調査（2018年2月）．

17) アバント（Abant）とはアンカラとイスタンブルのほぼ中間に位置するボル県にあるリゾート地．1998年に初開催し，2016年1月末に第34回が開催された後，同年7月のクーデタ未遂事件を機にGYVが閉鎖されたため，アバント会議も終了した．

18) 例えば，100以上のアレヴィー派団体を統括するアレヴィー・ベクタシー連盟（Alevi Bektaşi Federasyonu；ABF）事務総長トゥラン・エセルは「ABFの管轄外で進められたこの企画は挑発的である．背後には，フェトゥッラージュ（訳注：GMを指す）の暗い意図と罠がある．暗い意図とは，アメリカを機軸とした『穏健なイスラーム』プロジェクトが，アレヴィー派を取り込み，同化を図るものである」と強調した．"Gülen Aleviliğe de el attı."（ギュレンがアレヴィー派にも手を出した）*Cumhuriyet*, 17. 03. 2007（2007年3月20日閲覧）．

19) "Alevilerden dayatma tepkisi,"（アレヴィー派が強制に反発）*Cumhuriyet*, 19. 03. 2007（2007年3月20日閲覧）．

20) "'Cami-cemevi' Gülen projesi çıktı!."（「ジャーミー・ジェムエヴィ」ギュレン・プロジェクト出現！）*Yeni Akit*, 28 Şubat 2017（https://www.yeniakit.com.tr/haber/cami-cemevi-gulen-projesi-cikti-284425.html, 2017年2月28日閲覧）．

21) GM系のアレヴィー派団体は17存在し，すべて2016年クーデタ未遂事件後に閉鎖された．"FETÖ, Alevi derneklerine de sızdı,"（FETÖがアレヴィー派団体にも浸透）*Yeni Şafak*, 06 Eylül 2016（https://www.yenisafak.com/gundem/feto-alevi-derneklerine-de-sizdi-2522672, 2016年9月6日閲覧）．

22) GMの国外での団体を引き継いだマアリフ財団や，エルドアンの息子ビラルが役員の1人であるトルコ青年教育奉仕財団（TÜRGEV），エルドアンと密接な繋がりのある人権・自由・人道的救済のための財団（略称 İHH）などが政府に優遇されている．同時に，これらの団体が宗教派の人材を国家機関に送り込む役割を果たしていると言われる．

23) Ruşen Çakır, "Meğer deizm ve ateizm gençlerde yaygın değilmiş!."（理神論も無神論も若者たちに広がっていなかったらしい！）*Medyascope*, 12 Eylül 2018（https://medyascope.tv/2018/09/12/meger-deizm-ve-ateizm-genclerde-yaygin-degilmis/, 2018年9月12日閲覧）．

24) Jasper Mortimer "Gezi protests return to Turkish headlines after latest arrests," *Al-Monitor*, November 21, 2018（https://www.al-monitor.com/pulse/originals/2018/11/turkey-erdogan-gezi-protest-arrests-academics-opposition.html, 2018年11月21日閲覧）．

◆参考文献◆

邦文献

大島史［2005］「トルコ『80年体制』における民族主義とイスラーム——トルコ・イスラーム総合論を中心に——」『イスラム世界』64.

幸加木文［2018］「公然化するギュレン運動の行方——2016年7月トルコのクーデタ未遂事件を機に——」『中東研究』531.

———［2014］「公正発展党との非対称な対立に見るギュレン運動の変動——2010年代トルコの政治情勢の一考察——」『中東研究』521.

———［2013］「イスラム政党とギュレン運動の新展開」, 新井政美編『イスラムと近代化——共和国トルコの苦闘——』講談社（選書メチエ541）.

澤江史子［2005］『現代トルコの民主政治とイスラーム』ナカニシヤ出版.

外国語文献

Bardakçı, M. ［2015］ "The Alevi Opening of the AKP Government in Turkey: Walking a Tightrope between Democracy and Identity," *Turkish Studies*, 16(3).

Bilgiç, A. ［2018］ "Reclaiming the National Will: Resilience of Turkish Authoritarian Neoliberalism after Gezi," *South European Society and Politics*, DOI: 10. 1080/13608746. 2018. 1477422.

Çelik, A. B., R. Bilali, and Y. Iqbal ［2017］ "Patterns of 'Othering' in Turkey: A Study of Ethnic, Ideological, and Sectarian Polarisation," *South European Society and Politics*, 22(2).

Gündem, M. ［2005］ *Fethullah Gülen'le 11 Gün, Sorularla Bir Hareketin Analizi*, İstanbul : Alfa Yayınları（フェトゥッラー・ギュレンとの11日：問いによるある運動の分析）.

Hendrick, J. D. ［2013］ *Gülen: The Ambiguous Politics of Market Islam in Turkey and the World*, New York: New York University Press.

Karakaya-Stump, A. ［2018］ "The AKP, Sectarianism, and the Alevis' Struggle for Equal Rights in Turkey," *National Identities*, 20(1).

Kaya, A. ［2015］ "Islamisation of Turkey under the AKP Rule: Empowering Family, Faith and Charity," *South European Society and Politics*, 20(1).

Lord, C. ［2017］ "Rethinking the Justice and Development Party's 'Alevi Openings,'" *Turkish Studies*, 18(2).

Öztürk, A.E. ［2016］ "Turkey's Diyanet under AKP Rule: from Protector to Imposer of State Ideology?," *Southeast European and Black Sea Studies*, 16(4).

Tittensor, D. ［2014］ *The House of Service: the Gülen Movement and Islam's Third Way*, Oxford: Oxford University Press.

Weiss, M. ［2017］ "The Matter of Sectarianism," *Oxford Handbooks Online*, Oxford: Oxford University Press.

Yavuz, M. H. ［2003］ *Islamic Political Identity in Turkey*, New York: Oxford University Press.

Yilmaz, I. and J. Barry ［2018］ "Instrumentalizing Islam in a 'Secular' State: Turkey's Diyanet and Interfaith Dialogue," *Journal of Balkan and Near Eastern Studies*, DOI: 10. 1080/19448953. 2018. 1506301.

あ と が き

　本書は，2016年度から３年間実施された科学研究費補助金基盤研究（A）「宗教の政治化と政治の宗教化：現代中東の宗派対立における社会的要因と国際政治の影響」（課題番号16H01894，代表：酒井啓子）の研究成果として編まれたものである．

　この研究事業が始まった2016年という年は，シリア，イラクを拠点として「イスラーム国」(IS) が勢力を振るっていた時期である．シリア内戦は解決の糸口も見えず，前年にはイエメン内戦も始まり，その年の年明け早々にはサウジアラビア政府がイランとの断交を決定した．「イスラーム国」は露骨な反シーア派姿勢を取り，シリアやイエメンの内戦はイランとサウジアラビアの代理戦争の様相を呈して，中東の紛争状況が一斉に「宗派対立」で語られた．

　そのようななかで，本研究事業に集った研究者たちは，中東（というよりイスラーム教の）宗派的差異が自動的に対立や暴力，紛争につながるとする，人口に膾炙した「もののみかた」に留保をつける必要があると考えた．どのような契機で，どのような環境のもとに「宗派」が対立要因になるのか，なぜ2016年という年に至る十数年間（具体的には2014年の IS によるイラクへの勢力伸長，2011年のシリア紛争開始，2006年のイラク内戦開始，そして2003年の米軍のイラク軍事攻撃まで遡る）において，人々は当たり前のように「宗派」が紛争の原因だとみなすようになったのか．中東は特殊だから，という文化決定論に依存することなく，その根幹にある歴史的，政治的要因，域内関係，国際関係の影響を解きほぐす必要があると考えた．それが，本研究事業のテーマである「宗教の政治化と政治の宗教化」という言葉に如実に表されている．

　そこでは，国内の研究者同士の密な意見交換に加えて，宗派問題に関する第一線の研究者たちを海外から日本に招聘し，直接議論を闘わせるワークショップを開催した（2017年９月）．その時の成果が，第１章から第３章の論文である．国際レベルの学界では，「宗派」が本質的に決定的な要因として社会に存在するものなのか，それとも政治的に利用され作り上げられたものなのかなどの論点を巡り，大議論が交わされ続けている．序章（酒井啓子）は，そうした

近年の「宗派」を巡る欧米の研究動向を概観し，「宗派」なるものがいかに複雑で深淵なテーマなのか，ナショナリズムやエスニシティ研究にもつながる学際的なアプローチが必要なことを示すとともに，「埋め込まれた関係性」という概念を提示した．続いて，「宗派」を巡る議論を国際的に牽引するファナル・ハッダードによる第1章は，「宗派主義」という用語がいかに否定的な意味を込めた用法の手垢にまみれてきたのかを分析した．彼は，「宗派主義」という言葉を捨て去ったほうがよいとまで提案する．

第2章を執筆したモーテン・ヴァルビョーンは，地域研究と国際関係論（コンストラクティビズム）の架橋を模索する野心的なプロジェクトを次々に繰り出す国際政治学者だが，中東における超国家的アイデンティティの役割の大きさを強調するなかで，「宗派」を取り上げる．そのトランスナショナルなアイデンティティの共有，普及には，情報流通のための技術のかつてない発達が背景にあることは紛れもない事実であろう．第3章と第4章はその点に注目したものであるが，マーク・オーウェン・ジョーンズによる第3章はツィッター空間に漂う「宗派」的ヘイト表現を取り上げ，第4章（千葉悠志）は中東地域における衛星放送の発展と役割を論じた．

第5章以下は，中東諸国における「宗派」を巡る問題の事例研究である．第5章（末近浩太）では「宗派対立」と単純化されがちなシリア紛争の事例を取り上げ，そこでのヒズブッラーの「宗派化」を論じた．第6章（山尾大）ではイラクで実施した世論調査から，イラク国民の宗派意識，政党選好傾向を分析した．第7章（保坂修司）は，ペルシア湾岸アラブ諸国が抱えるシーア派マイノリティ集団の問題とイランとの間の関係を歴史的背景から説き起こし，第8章（松本弘）は，サウジアラビアとイランの代理戦争としての宗派紛争と見なされがちなイエメン内戦の背景を，部族社会の観点から論じた．一方，第9章（松永泰行）は，イランのクルド民族が「上からの宗派主義化」にいかに抵抗し，かつ巻き込まれて影響を受けていったかを分析した．第10章（幸加木文）は，近年「可視化」されつつあるトルコのアレヴィー教徒に光を当て，トルコ政府の宗教政策を照射した．

本書に所収された論文は，いずれも中東における「宗派」問題の一部分を切り取ったものである．中東，あるいはイスラーム社会全体に，類型化された「宗派関係」が確立されているわけではなく，各地域での宗派関係は当該社会

を取り巻く政治的，経済的，社会的，対外関係的な状況によって個々に異なっており，変化する．

　冒頭に述べたような IS を巡る緊張状態は，2017年末にはシリア，イラクの多くの地域で沈静化した．シリア紛争はある程度収拾の方向で事態が進んでいるが，イランの伸長を過度に警戒するイスラエルとの間での緊張の高まりが懸念されている．2017年6月以降湾岸アラブ諸国からカタルが孤立を強いられている問題においては，宗派が原因ではないことは明らかだ．どのような環境で「宗派」が動員され，別の環境では別の社会的帰属意識が喚起されるのか，未ださまざまな事例が現在進行中で展開されている．

　ではなぜ，特定の期間に，一斉に「宗派」が問題化されるのか．対立軸がわかりやすく提示されれば，友敵関係は明確にされる．社会が暴力の方向に向いているとき，わかりやすい友敵関係はエリートから一般民衆まで広く人々を動員しやすい．「宗派」という社会的帰属意識は，わかりやすい対立軸として非常に便利なものであり，日常生活にも根差しやすいものであった．2017年7月12日付『ニューヨーク・タイムス』紙にオリビィエ・ロワの言葉として指摘されたように，それは，「イスラーム（宗教）の過激化」ではなく，「過激主義のイスラーム化（宗教化）」であるといえよう．

　だとすれば，問題の根源は，わかりやすい対立軸に事態を落とし込もうとする政治的，社会的環境である．こうしたメカニズムは，「宗派主義」に限ったことではない．移民・難民に対する排斥主義や人種主義などの問題を含めて，現在国際社会が直面する共生システムの危機をどう理解し，対処すべきかという課題にも直結する問題である．

　その意味で，本書が中東，イスラーム研究に留まらず，現代国際政治を研究する上で何らかの貢献ができたとすれば，この上ない幸せである．

　2019年2月

編　　者

人名索引

本書でのアラビア語，ペルシア語，トルコ語などの原語転写表記については，基本的には岩波書店『イスラーム辞典』の転写方法に準ずるものとする．ただし，そこではアラビア語の定冠詞については原則，省略して表記することとなっているが，一部一般化した固有名詞については（アルカーイダ，アルジャジーラなど），例外的に定冠詞付きで転写表記する．

〈A〉────────────

アバーディー（ハイダル）（al-'Abādī, Ḥaydar）
155, 156, 166

アッバース I 世（サファヴィー朝）（'Abbās I）
180

アブドゥルアジーズ（サウジアラビア初代国王）
（'Abd al-'Azīz Āl Su'ūd）183, 184

アブドゥッラー（ヨルダン国王）（'Abd allāh
al-Thānī bin Ḥusayn）1, 68

アハマル（アブドゥッラー）（al-Aḥmar, 'Abd
allāh）211, 212, 221, 222

アハマル（アリー・ムフシン）（al-Aḥmar, Alī
Muḥsin）207–209, 212, 224

アハマル（サーディク・アブドゥッラー）
（al-Aḥmar, Ṣādiq 'Abd allāh）208, 212, 222

アフサーイー（アフマド）（al-Aḥsā'ī, Aḥmad）
180

アサド（バッシャール）（al-Asad, Bashshār）
129, 254, 129, 145

アサド（ハーフィズ）（al-Asad, Ḥāfiẓ）131,
144

アッザーム（アブドゥッラー）（'Azzām, 'Abd
allāh）234

〈B〉────────────

バフラーニー（ユースフ・ディラージー）
（al-Baḥrānī, Yūsuf al-Dirāzī）180

バルダクオール（アリ）（Bardakoğlu, Ali）248

ビン・ラーデン（オサーマ）（Bin Lādin, Usāma）
193

〈E〉────────────

エルドアン（レジェップ・タイイップ）（Erdoğan,
Recep Tayyip）245

エスマーイール I 世（サファヴィー朝）（Esmā'īl I）
175

〈F〉────────────

ファイサル（サウジアラビア第 3 代国王）（Fayṣal
bin 'Abd al-'Azīz Āl Sa'ūd）116

〈G〉────────────

ギョルメズ（メフメト）（Görmez, Mehmet）
248

ギュレン（ムハンメド・フェトゥッラー）（Gülen,
Muhammed Fethullah）225

〈H〉────────────

ハーディー（アブドラッボ・マンスール）（Hādī,
'Abdrabbuh Manṣūr）214, 217, 218

ハキーム（アンマール）（al-Ḥakīm, 'Ammār）
170

フセイン（サッダーム）（Ḥusayn, Ṣaddām）47,
84, 233

ホーシー（アブドゥルマリク）（al-Ḥūthī, 'Abd
al-Mālik）212

ホーシー（バドルッディーン）（al-Ḥūthī, Badr
al-Dīn）211

ホーシー（フサイン）（al-Ḥūthī, Ḥusayn）211

〈I〉────────────

ビン・アブドゥルワッハーブ（ムハンマド）（Ibn

'Abd al-Wahhāb, Muḥammad) 181-183

イブン・バットゥータ（Ibn Baṭṭūṭa） 179, 182,
203

イマーム・フサイン（12イマーム派3代目イマー
ム）（Imam Ḥusayn bin 'Alī） 21, 182

〈K〉

ホメイニー（ルーホッラー）（Khomeini, Rūḥ
allāh） 5, 6, 7, 18, 57, 194, 200, 229-231,
238

クルチダルオール（ケマル）（Kılıçdaroğlu,
Kemal） 254

キシュク（アブドゥルハミード）（Kishk, 'Abd
al-Ḥamīd）

クレカール（マラ）（Krêkar, Mela） 234, 236

〈M〉

マフムード（ムスタファー）（Maḥmūd, Muṣṭafā）
108

マーリキー（ヌーリー）（al-Mālikī, Nūrī） 154,
156, 166

マウドゥーディー（アブール・アアラー）
（Mawdūdi, Abū al-A'lā） 234

〈N〉

ナセル（ガマール・アブドゥン）（al-Nāṣir, Jamāl
'Abd） 74, 107, 116, 186, 187

ナスルッラー（ハサン）（Naṣr allāh, Ḥasan）
12, 22, 57, 68, 78, 132, 135, 137, 140-142, 145

ニムル（ニムル・バーキル）（al-Nimr, Nimr
Bāqir） 196

ヌジャイフィー（ウサーマ）（al-Nujayfī, Usāma）
161

〈Q〉

カラダーウィー（ユースフ）（al-Qaraḍāwī, Yūsuf
'Abd allāh） 68, 69, 144

クトゥブ（サイイド）（Quṭb, Sayyid） 234

〈S〉

サドル（ムクタダー）（al-Ṣadr, Muqtaḍā） 94

サドル（ムハンマド・バーキル）（al-Ṣadr,
Muḥammad Bāqir） 7

サーレハ（アハマド・アリー）（Ṣāliḥ, Aḥmad
'Alī） 207, 211

サーレハ（アリー・アブドゥッラー）（Ṣāliḥ,
'Alī 'Abd allāh） 207, 209-219, 221-224

シャアラーウィー（ムタワッリー）（al-Sha'rawī,
Muḥammad Mutawallī） 108

シーラージー（ムハンマド）（al-Shīrāzī,
Muḥammad） 7, 21, 188, 189, 202

〈U〉

ウイェイリー（ユースフ）（al-'Uyayrī, Yūsuf）
193, 194

〈W〉

ワリード・ビン・タラール（al-Walīd bin Ṭalāl）
122

〈Z〉

ザルカーウィー（アブー・ムスアブ）（al-Zarqāwī,
Abū Muṣ'ab） 12, 17, 18, 183, 236, 242

ザワーヒリー（アイマン）（al-Ẓawāhirī, Ayman）
234

ズベイリー（アイドルース）（al-Zubayrī, 'Aydrūs）
218

事 項 索 引

〈ア 行〉

アイデンティティ　　ii, 3, 16, 34, 38, 43, 63-70,
　　73-77, 83, 87, 115, 130, 144, 153, 169, 198,
　　219-225, 247, 250, 252, 259, 260, 264
　　宗派――　　i, 13-15, 31-33, 35, 38, 40-55, 63,
　　71, 86, 118
　　――・ポリティクス（アイデンティティ政治）
　　ii, 13, 63-67, 69-71, 77, 219-222, 224, 225
アサド政権　　11, 18, 129-132, 134, 135, 137-139,
　　141, 143-147
アーシューラー（'Āshūrā）　　5, 21, 44, 185, 189,
　　202
アバント・プラットフォーム　　256, 257
アフガニスタン　　202, 233-236
アフバーリー学派（Akhbārīya）　　180, 181
アマル（Ḥaraka Amal）　　10, 114, 144
アメリカ　　18, 19, 31, 33, 90, 92, 94, 95, 100, 132,
　　134, 138-140, 142-145, 151, 190, 202, 211, 220,
　　235, 236, 240, 242
アメリカ同時多発テロ　　8, 211
アヤム（'Ayam）　　186, 197
アラウィー派（'Alawīya）　　11, 38, 131, 139, 144,
　　254, 260
アラビア語　　31, 32, 35, 42, 43, 54, 55, 87, 88, 90,
　　92, 93, 100, 105
アラビア半島イスラーム解放機構（Munaẓẓama
　　al-Thawra al-Islāmīya fī Jazīra al-'Arab）　　189
アラビア半島カーイダトゥルジハード組織（アラ
　　ビア半島のアルカーイダ, AQAP）（Qā'ida
　　al-Jihād fī Jazīra al-'Arab, Tanẓīm al-Qā'ida fī
　　Jazīrah al-'Arab（AQAP））　　193, 207
アラビーヤ（国民対話戦線, イラク）（'Arabīya）
　　156, 163, 164, 166, 167
アラブ・イスラエル紛争　　17, 65, 74
アラブ主義（アラビズム）（Arabism, 'urūba）

63, 65-67, 75
アラブ首長国連邦（UAE）　　96, 97, 177, 183, 191,
　　209, 210, 217, 218, 223, 224
アラブの声（Ṣawt al-'Arab）　　74, 120
アラブの春（Arab Spring）　　ii, 5, 14, 17, 56, 64,
　　66-68, 72, 76, 77, 101, 119, 120, 132, 134, 135,
　　145, 146, 148, 154, 178, 194, 195, 201
アラブ民族主義（アラブ・ナショナリズム）（Arab
　　Nationalism）　　107, 157, 159, 173, 186-188
アラブ有志連合　　209, 215, 218, 224
アラブ冷戦　→　新中東冷戦
アーラム（Qanāt al-'Ālam）　　114
アルアラビーヤ（Qanāt al-'Arabīya）　　117, 118
アルカーイダ（Al-Qā'ida）　　12, 17, 18, 76, 137,
　　151, 154, 193
　　アラビア半島の――　→　アラビア半島カーイダ
　　トゥルジハード組織
　　メソポタミアの――（Qā'idat al-Jihād fī Bilād
　　al-Rāfidayn）　　193
アルジャジーラ（Qanāt al-Jazīra）　　102, 117
アレヴィー派（Alevi）　　245, 246, 249-254, 256,
　　257, 259, 261, 264
アワーミーヤ（'Awāmīya）　　94, 98, 183, 185,
　　195, 196
アンサール・アル＝イスラーム（Anṣār al-Islām）
　　235
アンサール・アル＝シャリーア（Anṣār al-Sharī'a）
　　207
安全保障　　6, 14, 44, 105, 117, 129, 135, 138, 145,
　　183, 200, 229
安全保障化　→　セキュリタイゼーション
イエメン　　iv, 4, 73, 84, 87, 92-97, 99, 100, 112,
　　194, 195, 201, 205-214, 216-224, 263
イエメン内戦　　iv, 206, 209, 219, 221, 263
ISCI　→　イラク・イスラーム最高評議会
イスラエル　　12, 17, 65, 75, 78, 92, 114, 132, 134,

136, 138-140, 142, 143, 145-147

イスラーム国（Islamic State（IS）; al-Dawla al-Islāmīya（Daesh, Daish）） iv, 2, 12, 83, 129, 155, 201, 207, 209, 218, 227, 235-238, 240, 242, 263, 265

イスラーム主義 iii, 1, 6, 8-10, 39, 109, 113, 129-132, 136, 139, 142-145, 151, 152, 154, 157, 159, 167, 173, 230-234, 237, 241, 242

イスラーム復興 108, 230, 231, 241

イバード派（Ibādīya） 177, 178

イラク ii, iii, 1-14, 17, 18, 20-22, 34, 35, 38, 40, 46, 47, 49, 55, 57, 73, 75, 84-86, 88, 90, 92-100, 102, 105, 112, 114, 118, 121, 139, 141, 144, 147, 151-154, 156, 163, 168, 169, 179, 181, 182, 188, 190, 192-194, 197, 202, 205, 227, 229, 231-235, 237-239, 241, 242, 263, 264

イラク・イスラーム最高評議会（Majlis al-A'lā al-Islāmī al-'Irāqī（ISCI）） 154, 161, 162, 166, 170

イラク戦争（イラク侵攻）（Iraq War, US-led invasion of Iraq） iii, 1, 3-5, 12, 13, 17, 18, 31, 66, 67, 68, 100, 105, 151, 154, 178, 182, 193, 202, 211, 229, 235, 238, 239, 240

イラク統一同盟（al-I'tilāf al-'Irāqī al-Muttaḥid） 154

イラク同盟（al-I'tilāf al-'Irāqī） 156, 163, 164, 166, 167

イラン → イラン・イスラーム共和国

イラン・イスラーム革命防衛隊（革命防衛隊）（Sepāh-e Pasdarān-e Enqelāb-e Eslāmī） 2, 132, 139, 140, 144, 147, 212, 237

イラン・イスラーム共和国 iii, 1, 12, 14, 17, 18, 20, 22, 44, 57, 67-69, 72-78, 84, 89, 90, 93-96, 98, 102, 105, 115, 118, 119, 129, 131, 132, 139, 144, 145, 151, 164-167, 173, 175, 178-181, 183, 186, 188-191, 193-200, 202, 205, 206, 212, 215, 219, 223, 227-241, 263-265

イラン・イラク戦争 10, 18, 190, 232, 233

イラン革命（イラン・イスラーム革命，イスラーム革命） i, iv, 5-10, 18, 67, 105, 129, 188, 189, 198, 200, 227, 229, 232

インターネット 87, 120, 138, 175

陰謀論 251

ウィファーク（Jam'īya al-Wifāq al-Waṭanī al-Islāmī） 192, 195

ウスーリー学派（Uṣūlīya） 180, 181, 196, 197

ウトゥーブ（'Utūb） 182, 185

ウラマー（'ulamā） 5, 6, 16, 21, 37, 48, 49, 55, 68, 86, 91, 94, 99, 121, 212, 215, 230, 231, 233

衛星放送 ii, 102, 105-107, 109-113, 115-117, 119, 120

AKP → 公正発展党

エジプト 1, 8, 21, 22, 35, 43, 45, 56, 66, 68, 75, 76, 78, 93, 95, 96, 98, 107, 119-121, 134, 145, 146, 195, 224, 230, 232

SNS → ソーシャルメディアサービス

STC → 南部移行評議会

エスニシティ 3, 11, 21, 39, 41, 43, 50, 67, 70, 71, 83, 220, 239, 264

MBC （中東放送センター）（Middle East Broadcasting Center）

エリート 10-12, 32, 44, 131, 154, 155, 167, 168, 185, 219, 246, 250, 265

オイルショック 187

オスマン帝国（Ottoman Empire） 175, 180-183, 251

〈カ 行〉────────────

階級 3, 9-11, 17, 38, 39, 55

学派（madhhab） 48, 57, 177, 180, 181, 196-198, 253

革命防衛隊 → イラン・イスラーム革命防衛隊

ガージャール朝（Qājār） 178, 228

カセットテープ 108, 120

カタル 76, 93-95, 97, 100, 115, 122, 175-177, 182, 183, 191

ガッラーフ家（al-Qallāf） 197

カティーフ（Qaṭīf） 96, 184, 195

カリフ（Khalīfa）　48, 49, 141, 146, 238

カルマト派（Qarmaṭīya）　178-180, 201

犠牲者　9, 17-20, 253

ギュレン運動（Gülen Movement（GM），Gülen Hareketi）　248, 254-256, 258-262

脅威　1, 5, 13, 20, 22, 45, 70, 75, 76, 108, 117, 119, 129, 133, 134, 138, 140, 141, 144, 183, 184, 187, 188, 251, 255

キリスト教　21, 83, 86, 112, 115, 131, 180, 186, 194, 231, 249

クウェート　iv, 6, 16, 85, 86, 88, 92, 93, 95-100, 112, 114, 121, 175-178, 182-193, 197-202, 224, 229

──国民議会（Majlis al-Umma）　187, 191, 198, 202

クーデタ未遂事件（トルコ）　251

クルアーン（Qur'ān）　113, 120, 231

クルディスタン（Kurdistan）　229, 230, 232-239, 241, 242

──愛国同盟（Patriotic Union of Kurdistan（PUK））　156, 162, 233, 235

──民主党（イラク）（Kurdistan Democratic Party（KDP））　156, 233

──民主党（イラン）　231, 237

クルド（Kurd）　iv, 21, 39, 43, 152-154, 156-162, 165, 173, 227-231, 233-236, 238-240, 250, 260, 264

──・ナショナリズム　232, 234, 236-239, 241, 242, 244

ゲズィ公園反政府抗議運動　250, 253

権威主義　11, 18, 21, 42, 139, 228, 245-248, 250-253, 259

抗議行動　154-156

合従連衡　155

公正発展党（Adalet ve Kalkınma Partisi（AKP））　iv, 8, 245-260

構造調整　216, 217, 221

構築主義（constructivism）　3, 19, 130, 264

国民統合　107, 109, 111

〈サ　行〉────────────────

サイクス＝ピコ（Sykes-Picot）　135

ザイド派（Zaydīya）　210, 212, 215, 221, 222

サウジアラビア　1, 105, 112, 116-119, 121, 122, 129, 165, 205, 207, 208, 210, 212, 215, 222

サドル潮流（al-Tayyār al-Ṣadrī）　12, 154-156, 163, 164, 166

サファヴィー（Safavi）　88, 89, 95, 175, 178, 180

サブ国家（サブナショナル）　65-67

サラフィー　16, 112-114, 121

──・ジハード主義（Salafi-Jihadism）　17, 131-133, 137-144, 234

──主義（Salafism）　iv, 16, 76, 89, 113, 115, 201, 205, 208, 212, 224, 227, 230, 232, 234-242

シーア派系政党　152, 156, 167

シーア派三日月地帯　68, 194

ジェマート（cemaat）　256

ジェムエヴィ（cemevi）　251, 254, 257

GCC（湾岸協力会議）（Gulf Cooperation Council）　175-178, 195, 207, 208, 214, 215

支持政党　160

実権型大統領制（Başkanlık sistemi）　245, 259

ジハード（Jihad）　17, 84, 131, 182, 193, 233, 234

──型サラフィー主義　234, 236-238, 241, 242

──主義（Jihadism）　17, 18, 182, 193, 201, 234-237, 241

シマーリー（Shimālī）　197

シャイヒー派（Shaykhīya）　181, 197

ジャーナリスト・作家財団（Gazeteciler ve Yazarlar Vakfı）　256

シャーム自由人イスラーム運動　（Ḥaraka Aḥrār al-Shām al-Islāmīya）　137

12イマーム派（Twelver Imamate）　5, 89, 102, 175, 179, 180, 192, 224, 230

宗派化（sectarianization）　13-16, 63, 69, 77, 129-133, 136, 138-140, 143, 144, 169, 264

宗派的メディア空間　112, 114-116, 119

宗務庁　246, 251

——の政治化　247

シーラージー派（Shirāzīyūn）　7, 21, 188, 189, 196, 202

シリア　i, iii, 2, 4, 5, 8, 11, 12, 18, 33, 37, 38, 42, 43, 45, 55, 67, 69, 73, 75, 88, 93, 95-98, 131-147, 195, 205, 237, 238, 253, 254, 260, 263, 265

シリア紛争（シリア危機，シリア内戦）　i, iii, 4, 16, 17, 129-146, 257, 263-265

ジルーウィー家（Āl Jilūwī）　184, 189

人種主義（racism）　35, 40, 41, 46, 265

新中東冷戦（アラブ冷戦）（New Middle East Cold War）　ii, 63-66, 71-74, 77, 118

人民動員隊（Al-Ḥashd al-Sha'bī（PMU））　2, 155, 170

スウード家（Āl Su'ūd）　181, 182-185, 189

スバーフ家（Āl Ṣubāḥ）　182, 184-186, 201

スーフィー（Ṣūfī）　99, 259

政治不信　159, 168

セキュリタイゼーション（安全保障化）（securitization）　14, 20, 129, 229, 238-241

世俗主義（secularism; laiklik）　38, 42, 129, 131, 137, 145, 161-163, 165-167, 170, 230, 246, 248-250

ソーシャルメディア　85

——サービス（SNS）　16, 106

〈タ　行〉————————————

ダアワ党（イラク）（Ḥizb al-Da'wa al-Islāmīya）　7

ターイフィーヤ（ṭā'ifīya）　i, 31-33, 35, 42, 54, 55, 57

タウヒード・ワ・ジハード（al-Tawḥīd wa al-Jihād）　236

タクフィール（takfīr）　48, 138, 140-142, 235, 242

ダシュティー家（Dashtīya）　198

多チャンネル　110-112, 115, 119

ターリバーン（Ṭālibān）　235

チュニジア　90, 93, 113, 119, 134, 145, 146, 194

超国家　63, 64-67, 69, 70, 73-77, 86, 264

テレビ　107, 108, 110, 111, 114, 115, 117, 120, 121

同化政策　253, 254

道具主義（近代主義）（instrumentalism（modernism））　3, 4, 13, 15, 19, 44, 54

投票政党　157

トランスナショナル　5-7, 20, 21, 53, 54, 146

トルコ　8, 76, 93, 95, 228, 230, 240, 245-260

トルコ・イスラーム総合論（Türk-İslam Sentezi（TİS））　247

〈ナ　行〉————————————

ナショナリズム　9, 10, 15, 21, 22, 86, 220, 228, 231, 232, 234, 239-241, 264

ナハーウィラ（Nakhāwila）　201

南部移行評議会（al-Majlis al-Intiqālī al-Junūbī（STC））　209, 218

南部諸勢力　209, 216, 221, 222

2月14日騒擾／真珠騒擾（Intifāḍa 14/2）　195

ヌスラ戦線（Jabha al-Nuṣra li-Ahl al-Shām）　137, 237, 238

〈ハ　行〉————————————

バアス党（Ḥizb al-Ba'th al-'Arabī al-Ishtirākī）　10, 11, 15, 21, 38, 55, 75, 129, 232, 235

パキスタン　75, 90, 201, 224, 229, 230, 234

ハサー／アフサー（Ḥasa/Aḥsā）　96, 98, 178-181, 183, 184

ハサーウィーヤ（Ḥasāwīya）　181

ハーシド・バキール（Ḥāshid-Bakīl）　216, 221, 222

バハールナ（Baḥārna）　180, 197, 202

バハレーン　6, 9, 14, 21, 33, 38, 42, 45, 46, 84-86, 88, 95, 97, 100, 101, 112, 119, 122, 145, 175-180, 182-189, 191-198, 200-202

——解放イスラーム戦線（al-Jabha al-Islāmīya li-Taḥrīr al-Baḥrayn）　189

——自由運動（Ḥaraka Aḥrār al-Baḥrayn）　192

ハマース（Ḥamās）　69

ハリーファ家（Āl Khalīfa）　182, 184, 185

パレスチナ　8, 68, 93, 141, 202

パワーシェアリング　216, 217

反米　12, 17, 19, 22, 190, 193, 211, 215, 221, 222

PMU → 人民動員隊

ヒザーム（セキュリティ・ベルト）（al-Ḥizām al-ʿAmnī）　218

ヒジャーズ・ヒズバッラー（Ḥizballāh al-Ḥijāzī）　193

ヒズブッラー（Ḥizb allāh）　ii, 2, 7, 10, 12, 57, 68, 69, 78, 113, 129, 131-146, 190, 193, 196, 264

ヒラーク（南部運動）（al-Ḥirāk al-Junūbī）　209, 216, 217, 222

ファクシミリ　121

ファタハ同盟（Iʾtilāf al-Fatḥ）　156

部族　3, 9, 38, 39, 41, 46, 55, 67, 78, 144, 162-164, 169, 170, 175, 198, 201, 208-212, 216, 219, 221, 222, 224, 228, 229, 264

プロパガンダ　72, 84, 85, 105, 147, 191, 247

ヘイトスピーチ　ii, 83-88, 90-92, 94, 96-101, 114

ベフベハーニー家（Behbehānīya）　197, 198, 200

ペルシア　197, 227, 228, 231, 239, 240

辺境化（marginalization）　9, 11, 18

法学者の統治（velayat-e fagih）　5, 189, 198

法治国家同盟（Iʾtilāf Dawla al-Qānūn）　156

　　——アバーディー派　162

　　——マーリキー派　162

暴力　1, 2, 16, 18, 35, 36, 40-42, 47, 50, 70, 83-88, 95, 100, 130, 133, 134, 140, 144, 147, 151, 201, 263, 265

ホーシー派（al-Ḥūthiyūn）　84, 205, 210, 212, 221

ポピュリスト　247

ポルトガル　145, 179, 180

ホルムズ王国（Mamlaka Hurmuz）　180

本質主義（原初主義）（essentialism（primordialism））　3, 13, 19, 105, 151

〈マ　行〉────────────

マァラフィー家（al-Maʿrafī）　197, 198, 200

マイノリティ　4, 8, 11, 13, 14, 16, 17, 19, 21, 43, 84, 86, 227-229, 231, 239, 240, 264

マッカ（Makka）　96-98, 190

マナール・テレビ（Qanāt al-Manār）　114, 137, 142

マナーマ（al-Manāma）　177

マーリキー政権　154

ムスリム同胞団（al-Ikhwān al-Muslimūn）　8, 17, 18, 76, 131, 216, 230-233, 241

ムッタヒドゥーン（Muttaḥidūn）　161

ムハッラク（Muḥarraq）　177

メディア　ii, 1, 5, 44, 56, 69, 83-87, 92, 93, 105-122, 129, 144, 146, 175, 195, 202, 248, 251, 258

モロッコ　22, 93, 112, 120, 224

門戸開放政策（アレヴィー派）（Alevi opening; Alevi açılımı）　120

〈ヤ　行〉────────────

ユダヤ教　136, 194, 231

ヨルダン　1, 13, 22, 68, 75, 93, 95, 97, 98, 201, 224

ヨーロッパ　65, 109, 110, 131

世論調査　156

〈ラ　行〉────────────

ラジオ　107, 108, 120

ラーフィダ（ラーフィド）（Rāfiḍa）　84, 88, 89, 95, 179, 181, 182

領域国家（territorial state）　63, 65-67, 69, 77

レバノン　2, 6, 7, 9, 10, 12, 18, 21, 22, 32, 35, 38, 42, 52, 53, 55-57, 73, 78, 90, 93, 95, 97, 100, 109, 113, 116, 117, 121, 129, 132, 134-147, 190, 193, 198, 202

レバノン・イスラーム抵抗（al-Muqāwama al-Islāmīya fī Lubnān）　132

レバノン内戦　105, 121, 145

〈ワ　行〉────────────

ワタニーヤ（waṭanīya）　166

ワッハーブ派（wahhābīya）　17, 210, 224

湾岸諸国（湾岸アラブ諸国）　iii, 1, 2, 4, 6, 7, 9, 13, 14, 116-119, 122, 145, 175, 176, 178, 179, 181, 185-189, 191-195, 201, 264, 265

湾岸戦争（Gulf War）　iii, 10, 11, 191, 192, 200, 233

《執筆者紹介》

ファナル・ハッダード（Fanar Haddad）[第1章]

　　1980年生まれ

　　エクセター大学．博士（アラブ・イスラーム研究）

　　現在，シンガポール国立大学中東研究所上席研究員

主要業績

Beyond Sunni and Shia: Sectarianism in a Changing Middle East（共著），Oxford University Press, 2017.
Sectarianization: Mapping the New Politics of the Middle East（共著），Oxford University Press, 2017.
Understanding 'Sectarianism', Oxford University Press（近刊）.

モーテン・ヴァルビョーン（Morten Valbjørn）[第2章]

　　1971年生まれ

　　オーフス大学．博士（政治学）

　　現在，オーフス大学政治学部准教授

主要業績

"Bringing the 'Other Islamists' Back in: Sunni and Shia Islamism(s) in a Sectarianized New Middle East", *POMEPS Studies*, 28, 2017. "Unpacking a Puzzling Case: on How the Yemeni Conflict Became Sectarianised". *Orient*, 59 (2), 2018. "What is so Sectarian about Sectarian Politics," *Studies in Ethnicity and Nationalism*, 19 (1), 2019.

マーク・オーウェン・ジョーンズ（Marc Owen Jones）[第3章]

　　1985年生まれ

　　ダーラム大学．博士

　　現在，ハマド・ビン・ハリーファ大学中東研究・デジタル人文学部助教

主要業績

The Middle East and North Africa（共著），Routledge, 2016. "Social Media, Satire and Creative Resistance in the Bahrain Uprising: From Utopian Fiction to Political Satire," *Communication and the Public*, 2 (2), 2017. *Gulfization of the Arab World*（共編），Gerlach Press, 2018.

千 葉 悠 志（ちば　ゆうし）[第4章]

　　1985年生まれ

　　京都大学大学院アジア・アフリカ地域研究研究科5年一貫制博士課程修了．博士（地域研究）

　　現在，公立小松大学国際文化交流学部准教授

主要業績

『現代アラブ・メディア──越境するラジオから衛星テレビへ──』ナカニシヤ出版，2014.「アラブ革命の余燼──政治変動を前後とした中東メディアの変容──」『マス・コミュニケーション研究』94，2019年.

末近浩太（すえちか こうた）［第5章］

1973年生まれ

京都大学大学院アジア・アフリカ地域研究研究科5年一貫制博士課程修了，博士（地域研究）

現在，立命館大学国際関係学部教授

主要業績

『イスラーム主義と中東政治——レバノン・ヒズブッラーの抵抗と革命——』名古屋大学出版会，2013年．『比較政治学の考え方』（共著），有斐閣，2016年．『イスラーム主義——もう一つの近代を構想する——』岩波新書，2018年．

山尾　大（やまお　だい）［第6章］

1981年生まれ

京都大学大学院アジア・アフリカ地域研究研究科5年一貫制博士課程修了，博士（地域研究）

現在，九州大学大学院比較社会文化研究院准教授

主要業績

『現代イラクのイスラーム主義運動』有斐閣，2011年．『紛争と国家建設』明石書店，2013年．『「イスラーム国」の脅威とイラク』（共編著），岩波書店，2014年．

保坂修司（ほさか　しゅうじ）［第7章］

慶応義塾大学大学院文学研究科修士課程修了

現在，日本エネルギー経済研究所研究理事

主要業績

『サウジアラビア——変わりゆく石油王国——』岩波書店，2005年．『サイバー・イスラーム——越境する公共圏——』山川出版社，2014年．『ジハード主義——アルカイダからイスラーム国へ——』岩波書店，2017年．

松本　弘（まつもと　ひろし）［第8章］

1960年生まれ

イギリス・マンチェスター大学文学部中東学科博士課程修了，Ph.D.

現在，大東文化大学国際関係学部教授

主要業績

『現代アラブを知るための56章』（編著），明石書店，2013年．『アラブ諸国の民主化——2011年政変の課題——』山川出版社，2015年．『ムハンマド・アブドゥフ——イスラームの改革者——』山川出版社，2016年．

松 永 泰 行（まつなが　やすゆき）[第9章]

1963年生まれ

ニューヨーク大学大学院政治学科博士課程修了，Ph.D.（比較政治学）

現在，東京外国語大学大学院総合国際学研究院教授

主要業績

『中東政治学』（共著），有斐閣，2012年．*Between Dissent and Power: The Transformation of Islamic Politics in the Middle East and Asia*（共著），New York, Palgrave-Macmillan, 2014.『途上国における軍・政治権力・市民社会』（共著），晃洋書房，2016年．

幸 加 木 文（こうかき　あや）[第10章]

1974年生まれ

東京外国語大学大学院地域文化研究科博士後期課程修了，博士（学術）

現在，千葉大学大学院社会科学研究院特任研究員

主要業績

『イスラムと近代化——共和国トルコの苦闘——』（共著），講談社，2013年．「公然化するギュレン運動の行方——2016年7月トルコのクーデタ未遂事件を機に——」『中東研究』531号，2018年．『トルコ（仮題）』（共著），ミネルヴァ書房（近刊）．

曺　　明 玉（ちょう　みょんお）[第1章訳，第2章訳，第3章訳]

1969年生まれ

早稲田大学大学院社会科学研究科博士後期課程単位取得満期退学，博士（学術）

千葉大学大学院社会科学研究院特任研究員（2018-2019）を経て，

現在，早稲田大学平和学研究所招聘研究員

主要業績

「近代中国の政教関係」『ソシオサイエンス』（早稲田大学）17，2011年．「申采浩の『我』言説研究——アイデンティティの政治という視座から——」『ソシオサイエンス』（早稲田大学）18，2012年．「ナショナリズムを包摂する『文明』と超克する『文明』——天道教の民衆的功利主義，申采浩の道徳的自由と，近代東アジア——」（博士論文），2016年．

《編著者紹介》

酒井啓子（さかい　けいこ）［序章，あとがき］

　1959年生まれ
　1982年　東京大学教養学部卒業
　1991年　英ダーラム大学修士
　現在，千葉大学大学院社会科学研究院教授

主要業績

『イラクとアメリカ』岩波書店（岩波新書），2002年.
『イラク・フセイン政権の支配構造』岩波書店，2003年.
『中東政治学』（編著），有斐閣，2012年.
『途上国における軍・政治権力・市民社会──21世紀の「新しい」政軍関係──』
　（編著），晃洋書房，2016年.
『9.11後の現代史』講談社（講談社現代新書），2018年.

シリーズ　転換期の国際政治　10

現代中東の宗派問題
──政治対立の「宗派化」と「新冷戦」──

2019年4月10日　初版第1刷発行	＊定価はカバーに 表示してあります

編著者　酒　井　啓　子 ©

発行者　植　田　　　実

印刷者　藤　森　英　夫

発行所　株式会社　晃　洋　書　房

〒615-0026　京都市右京区西院北矢掛町7番地
電話　075（312）0788番代
振替口座　01040-6-32280

装丁　尾崎閑也　　　　　印刷・製本　亜細亜印刷㈱
ISBN978-4-7710-3193-7

JCOPY 〈（社）出版者著作権管理機構　委託出版物〉

本書の無断複写は著作権法上での例外を除き禁じられています．
複写される場合は，そのつど事前に，（社）出版者著作権管理機構
（電話03-5244-5088，FAX 03-5244-5089，e-mail:info@jcopy.or.jp）
の許諾を得てください．

大串和雄 編著
21 世 紀 の 政 治 と 暴 力
——グローバル化，民主主義，アイデンティティ——

A5判 272頁
本体3,800円（税別）

酒井啓子 編著
途上国における軍・政治権力・市民社会
——21世紀の「新しい」政軍関係——

A5判 328頁
本体4,000円（税別）

菅 英輝 編著
冷 戦 変 容 と 歴 史 認 識

A5判 320頁
本体4,500円（税別）

増島 建 著
開発援助アジェンダの政治化
——先進国・途上国関係の転換か？——

A5判 314頁
本体3,800円（税別）

玉田芳史 編著
政 治 の 司 法 化 と 民 主 化

A5判 292頁
本体4,000円（税別）

葛谷彩・小川浩之・西村邦行 編著
歴 史 の な か の 国 際 秩 序 観
——「アメリカの社会科学」を超えて——

A5判 258頁
本体3,000円（税別）

月村太郎 編著
解 体 後 の ユ ー ゴ ス ラ ヴ ィ ア

A5判 316頁
本体4,300円（税別）

菅英輝・初瀬龍平 編著
ア メ リ カ の 核 ガ バ ナ ン ス

A5判 328頁
本体4,500円（税別）

劉 仙姫 著
朴正煕における民族主義の本質
——1970年代の核開発と「自主韓国」——

A5版 218頁
本体3,500円（税別）

菅 英輝 著
冷 戦 期 ア メ リ カ の ア ジ ア 政 策
——「自由主義的国際秩序」の変容と「日米協力」——

A5版 346頁
本体4,800円（税別）

月村太郎 編著
地 域 紛 争 の 構 図

A5判 312頁
本体3,000円（税別）

井内敏夫 編
ロシア・東欧史における国家と国民の相貌

A5判 248頁
本体3,800円（税別）

アラン・ハンター著／佐藤裕太郎・千葉ジェシカ 訳
人 間 の 安 全 保 障 の 挑 戦

A5判 226頁
本体2,500円（税別）

晃 洋 書 房